U0165637

應用外語
45

日本近現代史

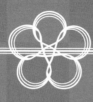

張修愼 編著

五南圖書出版公司 印行

にほんし

自　序

　　本書的內容，除了我的研究之外，也翻譯自東京堂出版的《日本近代史研究事典》和新人物往來社的《日本の近現代史》的內容，同時亦參考了其他日本近現代史的相關書籍。

　　本來，我的研究主要以日治時期台灣史為主，也就是戰前台、日重疊的五十年歷史。台灣知識分子研究，和日本近現代史的制度和思想的確是息息相關。2002 年回國之後，本人開始在大學的日本語文學系教書；其中所開課的課程，不管是「日本近現代史」或是「台、日關係史」的自編教材，也都列入本書內容的參考。

　　一直以來的台、日研究中，我在爬梳很多內容時，發現很多問題，已經無法在台灣史的範疇中，找到完整的答案。譬如台灣知識分子在面對「現代化」的解釋和反應；其中也包括了，台灣知識分子對日本「大正民主思潮」的對應等相關的議題。日本「現代化」的起點就是明治維新，明治帝國借助「西化」的輸入，開始了一連串的改革。台灣是明治帝國第一個海外殖民地，也是日本「現代化」實驗的場所。因此，解決殖民地台灣知識分子的相關疑問，當然無法單純只在台灣史的範圍內尋找解答。也是經過如此體認之後，我才開始回頭研究日本近現代史。

　　日本近現代史是延續著，戰前的諸多議題，直到戰後七十六年

的今天，仍然留下許多問題尚未解決。因此，在看日治時期的台灣史時，我特別將日本史放入思考，同時也對照了整個世界變動的局勢。基於這樣的思維，本書內容的編排，也考慮到台、日歷史的相對立場；因此本書設定的讀者，也就不只是日本語文學系，其他也包含了台灣史學系和台灣文學系的範圍。

透過本書的編寫，自己再一次仔細地回顧了東亞的歷史。本書從編寫之初，內容始終在心中溫潤，卻因為大學雜事和個人私事的處理，無法順利地完成。承蒙五南書局的支持和體諒，拖了很長的時間，才完成本書的初稿。最後，又因為內容過多，經過整整一年多的刪除作業，重新思考、編排才正式定稿。

因此，這篇自序只敘述了出版的心境，和個人長期以來對台、日歷史糾葛的心情。不論如何，對五南圖書日本學部前、後任編輯親切的提醒，獻上我內心由衷的感謝。

2021 年 7 月 10 日於台中大肚山

目　錄

現　代

近　代

第一章　幕末動亂及明治開國

第一節　幕末‧維新期的外壓及國際情勢

概說幕末情勢

　　幕府末期，日本政治的「尊皇攘夷」及「開國佐幕」模式，只是一個名目或政治性的口號而已。但是，排斥外國意圖侵略日本的「攘夷」論，從幕府末期到明治年間，始終是日本人的共識[1]。直至 1853 年（嘉永 6）培里帶著東洋艦隊前來叩關之前，日本仍然實施鎖國的幕藩體制。培里來航後，隔年日、美兩國簽訂「日美和親條約」，很快地 1858 年（安政 5）又與美、荷、俄、英、法各國相繼締結「安政五國條約」，日本受到歐美各國半強制的「外壓」，不得已而「開港」。當時，主導對日政策的是英國。

　　在 1860 年代初期，基於東漸的炮艦外交政策，加上發生了「生麥事件」，導致英、法兩國軍隊在 1863 年至 1875 年間派軍駐紮橫濱。陸續接踵而來的事件，被認為是迫使日本轉型，成為獨立國家的重大契機。換言之，日本帝國的建立，意味著西方列強藉著重整世界市場，企圖將資本主義導入亞洲，將東亞諸民族置於資本主義的支配下，強制編入世界的過程。幕府末期，日本雖然圖謀轉型，但是未能一蹴而就，日本真正的轉變，是到甲午戰爭之後才得以真正實現。

---

[1]　「鎖國」是日語，將國家鎖住不與外面溝通的意思。此語被認為是1801年（享和元），長崎著名的荷蘭學者志筑忠雄，翻譯Englbert Kampfer的著作《日本誌》中的一章，提名為「鎖國論」之後，日本國內開始用「鎖國」一詞。參考：高橋幸八郎等編，《日本近代史要說》，東京大學出版會，2002年，頁57。

　　當時大部分的日本人都已經意識到，必須先以「開國」來爭取時間。因此，討幕派向幕府要求「攘夷」，將不可能執行的事實，作爲政府的主張及對外對應的材料，成爲日本參與世界政治的籌碼。至今，學界一致認爲，日本近現代史的全面定位，與「外壓」和對幕府末期經濟發展的評價，以及明治維新和明治政府內部的結構等都有重大關連。當時的「尊皇」及「佐幕」也不是對立的概念，幕府欲獲得朝廷的支持，極力奔走於「公武合體」運動，最後在孝武天皇在位期間成功達成[2]。

　　以當時的情勢而言，誰能獲得天皇最後的支持，才是幕府末期政治眞正的主角。政爭的主體是德川（幕閣及一橋派）、薩摩、長州的三方人馬。因此，本章接下來所要論述的幕府末期政治局勢，是依照此三者的敵我關係分成三期來討論。第一期是 1853 年至 1862 年（嘉永 6 至文久 2）之間。當時，面臨是否放棄傳統「鎖國」局勢的艱困之際，對於守住本來以諸侯爲中心的政權，以改革爲志向的阿部正弘、堀田正睦、井伊直弼、安藤信正等幕閣，德川（水戶）齊昭、松平春嶽等親藩諸侯擁護一橋慶喜，其他薩摩及長州等外圍雄藩，也要求參加政權。最後，幕府的改革，因爲發生「坂下門外之變」，而面臨了重大的挫折。

　　第二期是從 1862 年（文久 2）開始的改革，至 1866 年（慶應 2）成立薩長同盟爲止；因爲文久的政變，政治中心從江戶移轉到京都。由於薩摩的主導，成立了以一橋慶喜爲中心的政權，軍事力量的中心，則是會津與薩摩的「薩會同盟」。以會津及桑名爲根基的一橋慶喜，則以將軍監護人的身分行使執政權，是實質上的政權交替。但是，一橋派強化了獨佔政權的性質，另一方面，長州藩也舉起「攘夷」的口號，獨自接近朝廷，公然揭起反抗之意。

　　第三期則是在薩長同盟成立之後。薩摩拋棄一橋緊跟著長州，對於不穩定的一橋政權如同雪上加霜；也因爲長州征伐的失敗，慶喜就任將軍，孝明天皇逝世之後，全國各地急速地展開「大政奉還」的活動。一直以來，長州是典型的武士階級，屬於草莽的軍事改革派[3]。初始，「大政奉還」還是慶喜設計的最後圈套，因爲德川家被排除，薩長主導的新政府剛成立，情勢仍然處於無法預測未來的緊張狀態[4]。

　　以 1840 年至 1867 年間的世界情勢而言，歐洲列強開始對亞洲虎視眈眈。首先是北方俄國，因爲資源不足，考慮南下尋求不凍港之際，與在各地持有殖民地的大英帝國發生了激烈的衝突。當時世界五大強國，長期處於平穩的安定期，英、俄、法三國則是意圖擴大自己在世界的勢力範圍。英國握有壓倒性的海洋霸權，和不斷挑戰大陸國家的俄國之間，存在著對立的「冷戰」狀態。兩國活動的舞台是土耳其、波斯、印度、清等區域，就是比歐洲更爲繁榮的亞細亞帝國[5]。

　　因爲鴉片戰爭，完全暴露了大清帝國的弱勢，也幾乎在同一時期，日本開始對外貿易；俄國則強制以「瑷琿條約」及「北京條約」，將中國沿海變更爲其領土。大清帝國末期，受到西方諸國的圍剿，對於鄰近的日本而言，英、俄兩國的抗爭，已經迫近到眼前。日本幕府閣員及知識分子，眼見鄰近的大清帝國遭受西方列強的蹂躪，清楚意識到國家眼前的危機，日本面臨的正是國土安全保障的問題。

　　日本的「外壓」呈現出政治外交、軍事及經濟的三個面向，幕府末期至明治初期，國內政局的展開和對外政策，也正是圍繞著此三項爲前提，發展與世界各國的關係。當時，在歐洲的英、法兩國與俄國之間，爆發了「克里米亞戰爭」，此戰爭也波及到東亞。如此帝國交

3　歷史學研究會・日本史研究會編集，《講座日本歷史 7 近代1》，東京大學出版會，1992年。
4　倉山滿編，《總圖解 日本の近現代史》，新人物往來社，2010年，頁24。
5　同前揭書，頁26。

相爭取利益的狀況下,美利堅合眾國的培里提督攜帶美國總統的親筆函,從印度來到日本,西方各國正式展開了全面競爭的局面。

東亞的開港及國內改革

1793 年至 1853 年間,因為西方各國的壓境,日本啟動了幕藩體制的變革。1793 年(寬政 5),老中松平定信被罷免後,十一代將軍德川家齊以將軍兼大御所玩弄權力,開始了長達四十八年的大御所時代。這段期間,西方安全保障體制崩潰,特別是在 1808 年(文化 5)拿破崙戰爭中,發生「費頓號事件」後,英國船隻來到東方,恣意入侵長崎[6]。

同時期,日本對於由北逼近的俄國勢力,也無法做出實質的對應。緊接著是 1840 年(天寶 11)的英、清鴉片戰爭,這場戰爭在日本的傳聞,是由於清國拒絕鴉片的輸入而遭受蹂躪。即便是是非曲直如此清楚的戰爭,清國仍被奪取領土,甚至還得支付賠償金;清國對於外國裁判,完全不具備任何權力,連關稅自主的權力都喪失。鴉片戰爭的情報震驚了幕府,日本知識分子痛感國家改革的必要性,至此東亞迎接了前所未有的動亂時代。

此時,日本國內經濟停滯,天保大饑荒引起了「大塩平八郎之亂」的暴動。寬政改革不但未能提出任何績效,反而擴大了農民的暴動,在此混亂之中,國內諸藩不斷地提出對策,薩摩藩及長州藩因為藩政改革的成功,陸續累積了力量,成為國內兩大「雄藩」。1841 年(天保 12)閏 1 月,大御所家齊逝世,水野忠邦和十二代將軍家慶合力,開始肅清家齊的親信,這是日本史上的「天保改革」。幕府用統制經濟,來對應不景氣的策略仍然失敗,更引起百姓的不滿,反對派勢力隨之擴大。連續的短命政權,在完全看不到前景下,終於在

---

6 倉山滿編,《總圖解 日本の近現代史》,新人物往來社,2010年,頁28。

1853 年（嘉永 6），迎接了培里的來航[7]。

正當日本處於鎖國之際，歐洲卻發生了市民革命，完全改變了封建社會的結構。1850 至 1860 年代開始，諸如工業生產、世界貿易、海運、金融、海外投資到領有殖民地等，世界自由貿易體制開始運作。因爲產業革命的發展，逐漸確立了資本主義市場，十八世紀後半，歐洲商人開始進出，本來是亞洲商人從事的貿易區域。當時英國的地方貿易商人（country trader），從印度輸向中國的鴉片貿易，完成了英國、中國、印度的「三角貿易」模式。換言之，英國的產業革命，改變了世界資本主義的商業模式，因而帶動了霸權的資本主義體制，亦加深了以印度爲主亞洲市場的依存度。

十八世紀以來，英國從印度、中國輸入茶葉，以三角貿易的方式運作；1833 年（天保 4），東印度公司在中國貿易的獨佔權被廢止，歐洲自由商人積極展開對中國的貿易。西方勢力東漸，鴉片戰爭的結果，1842 年（天保 13）中、英兩國締結了「南京條約」，清國開放了上海、寧波、福州、廈門、廣州等五港通商；同時割讓香港島，也廢止了一向獨佔仲介貿易的公行，可以說中國開國歷史的起點就是鴉片戰爭[8]。

大致而言，英國主導了中國的開港，美國則主導了日本的開港。在 1858 年（安政 5）簽訂的「日美修好通商條約」中，決定了日本橫濱、長崎、函館、新潟、神戶的開港以及江戶、大坂（大阪）的開市，繼而和英國、法國締結通商條約，此爲歷史上的「安政五國條約」。另一方面，1876 年（明治 9）日本也逼迫鄰近的朝鮮開國，締結了「日朝修好條約」，條件是對日開放釜山等三港。進入 1880 年代，朝鮮也和美、英、德等歐美各國簽訂條約，開放釜山、仁川、

---

7 東京大學教養學部 日本史研究室編，《日本史概說》，東京大學出版會，2000年。
8 鳥海靖・松尾正人等編，《日本近現代史研究事典》，東京堂出版，1999年，頁10。

元山等港口，整個東亞進入門戶洞開的局面。

貿易開港的經濟性影響

　　大致上，1850 至 1860 年代，是屬於自由貿易體制的時代。從幕府末期到明治初期，日本的貿易以橫濱爲中心，外國商社介入的比例相當高。當時，握有工業生產、世界貿易、海運、金融、海外投資和殖民地最多資源的英國；率先以棉製品進行輸出貿易，在非歐地區更是特別仰賴以印度爲主的亞洲市場[9]。1859 年（安政 6），因爲橫濱、長崎、箱館等地的開港，以輸出物的生產地爲領地的藩主，更加積極地進行對外活動，因此日本對外貿易量也急速增加。

　　日本貿易以生絲、蠶紙、茶、燈油和海產等五種爲主要輸出。其中對歐洲是以生絲、茶葉爲主要輸出品，對亞洲中國的輸出則有海產物、雜糧等，皆達到一定的額度，比較其他三港的貿易額，橫濱仍以壓倒性的高額度領先。但是，貿易興盛也導致國內市場的紊亂，爲了對應諸多問題，幕府於 1860 年（萬延元）公布「五品江戶迴送令」，以此統管橫濱的貿易。但是，這項法令只是單純規範貿易品的流動通路，並未規範輸出量的關係，因此沒有達到具體的成效[10]。

　　明治開國之後，日本從英國進口棉織品、毛織品、棉絲等物品，往外輸出則有生絲、茶等，國內外貿易持續擴大。因此，輸出國及貿易物品的種類也逐年增加；到了 1881 年（明治 14）爲止持續大幅入超，導致大量貨幣流出海外。對外貿易的擴大，對國內產業也造成很大的影響，甚至國內養蠶業及製絲業等部分產業，發生異常發展的現象，因爲輸入貿易的興盛，造成本土產業毀滅性的衰退。

　　開港除了對國內貿易造成影響之外，西洋文化的輸入，對日本生活及社會的影響也無法漠視。在國家政策的積極主導下，導入許多

9　歷史學研究會等編，《講座 日本歷史 7 近代1》，東京大學出版會，1992年。
10　烏海靖‧松尾正人等編，《日本近現代史研究事典》，東京堂出版，1999年，頁10。

「西方文明」的作法；百姓與西方接觸後，許多新觀念傳入，不但啟蒙大眾，進而也改變了既存的生活觀。開港之後，帶入西方的作法和日本傳統社會風俗逐漸交替融合，徹底改變了國內市場的結構。因為習慣的不同，民間陸續發生許多的爭執，自古以來的流通機構和貨幣體系隨之瓦解，連帶產生許多混亂也是可以預期的[11]。

第二節　幕末政治的轉變

國內政局的轉變和「安政大獄」

德川家光實施貿易統制的二百五十年間，本來與日本有通商關係的歐洲國家只有荷蘭。十七世紀的荷蘭還是歐洲大國，但是到了十九世紀，美國順勢取而代之。一開始美國也還只是新興國家，比任何歐洲五大國都弱小，最初來日本的畢德，被幕府不客氣地請回之後，美國印度艦隊司令的培里，經過多方斡旋之後，從經驗判斷唯有以武力脅迫，才能有效促使日本開國。

因為「黑船」的來臨，1853 年至 1858 年之間（嘉永 6 至安政 5），日本開始進行一連串的改革。老中阿部正弘驚覺，已經無法單獨以幕府之力處理外壓，決定放棄獨佔的政權。1854 年（安政元）培里帶著艦隊來到江戶灣，與幕府進行交涉；「日美和親條約」的締結，滿足了美國開港和食品補給等需求。培里來航的同年，歐洲發生土耳其對蘇聯宣戰，戰火持續到 1856 年（安政 3）為止。因此日本開國的過程，對外的交涉僅限於美國而已。

當下，幕府的當務之急，就是必須調整政治模式，因而挑動了天皇和公家之間的政爭[12]。培里來日之前，備受關心的還是俄國的動

---

[11] 東京大學教養學部 日本史研究室編，《日本史概說》，東京大學出版會，2000年。
[12] 高橋幸八郎等編，《日本近代史要說》，東京大學出版會，2002年，頁142。

向，日本當時被捲入「克里米亞戰爭」中，被迫必須在英、俄兩國間選擇結盟對象。依當時的狀況來看，與俄國結盟將立刻成為屬國，靠近英國則一樣予以侵略的口實。當時，美國雖然不是大國，但是不像荷蘭那麼弱勢，也是不爭的事實[13]。觀看當時的政治，直屬將軍及小藩，獨佔了幕府政治，除了朝廷、御三家及御三卿之外，諸侯已被排除。在「黑船」壓境之際，阿部正弘急需聽取諸侯的意見，由於阿部的廣聽眾議，也正式開啓了幕府末期廣聽眾議的政治模式[14]。此舉被多數史學家，視為是日本「議會政治」的開端。

經濟因素之外，西方基督教傳教士的東渡，在文化傳入的過程中，也擔負著重要的角色，甚至也間接替西方帝國主義完成宣導的作用。幕府與雄藩眼見西方文明開化的實力，朝野紛紛意識到輸入新文化的迫切性。諸藩中，除了水戶藩外，以賢君聞名的越前松平春嶽，和尾張藩的勢力亦逐漸抬頭，外藩的伊達宗城及土佐的山內容堂也與他們同調。外圍雄藩則有薩摩及長州，長州主張「尊皇攘夷論」，多方議論幕府之非，企圖接近上流公家中心。但是薩摩並不樂見長州領先，企圖以德川的輔助參與政權，而接近中流公家的代表則是岩倉具視[15]。

「日美和親條約」中，日本開放下田、箱館等兩港之後，1859年（安政 6）又開了兵庫和新潟兩港。不但喪失了自主裁判權，連關稅自主權和最惠國待遇，也完全無權過問，日本面臨了世界資本主義全面入侵的局面。開國不僅是封建制度的危機，同時也是日本民族的危機；西方資本主義的長驅直入，不但迫使幕府權力瓦解，國內產業結構也遭到破壞。兩相拉扯下，導致外部事態和統治階層內部分裂，形成抗爭激化的緊張局面。三種型態的抗爭，都是以樹立絕對權力為主要導向；結果由西南雄藩主等下層武士主導的尊王討幕派，聯合上

13 倉山滿編，《總圖解 日本の近現代史》，新人物往來社，2010年，頁30。
14 同前揭書。
15 同前揭書，頁32。

層武士階層的公武合體路線，打倒了以幕府主導的「公武合體」路線，幕藩體制陷入空前危機。

1858年到1860年之間（安政5至萬延元），日本國內發生「安政大獄」，加上急欲處理的將軍繼嗣問題。在列強強烈要求締結諸多不平等條約的氛圍中，堀田向朝廷要求必須共同負擔責任。但是，孝明天皇反對締結不平等條約，岩倉具視等攘夷派公卿又在旁煽動，這就是日本史上的「廷臣八十八卿列參事件」[16]。最後，井伊直弼就任臨時政權的大老之職，在「日美修好通商條約」之後，又逕自締結「安政五國條約」，確立了政治獨裁的局面。

井伊為了鎮壓政局的混亂，也打壓進步派，斷然實行「安政大獄」[17]。從水戶齊昭起，一橋派幾乎全軍覆沒，彈壓的範圍擴及朝廷及幕臣；吉田松陰、橋本左內等一流志士也相繼被處死。1860年（安政7）3月開始，陸續發生暗殺井伊的「櫻田門之變」，1861年（文久元）又有「東禪寺事件」，以及隔年的「坂下門事件」。諸多事件導致的結果，已經開啓了幕末整肅及暗殺等動亂的政局，顯示幕府完全喪失了封建領導階層的協調性，面臨必須調整姿態、改變方向的局勢。

「攘夷論」中的「公武合體運動」

因為井伊直弼被暗殺，一橋派的人員也在未被允許的狀況下得以復權，整個政治情勢，很明顯可以看到極限。繼井伊之後的老中安藤信正，體會到幕府力量的侷限，因而斷然施行「公武合體」的路線[18]。

令人質疑的是，日本中世以來，幕府力量已經持續高漲，為何到了幕末，天皇的影響力卻突然增高呢？依照當時的狀況判斷，總結原

16 倉山滿編，《總圖解 日本の近現代史》，新人物往來社，2010年，頁34。
17 同前揭書，頁32。
18 倉山滿編，《總圖解 日本の近現代史》，新人物往來社，2010年，頁34。

因可以列舉以下四點：首先，是江戶期間知識分子階層擴大，而且大部分都具備「尊皇」意識。其次，1789 年到 1801 年間，歷代天皇個人威嚴高漲，特別是光格天皇英邁賢明，得到世間廣泛的讚許；相對於阻塞不前的幕府，大眾開始提出批判。三、因為西方列強「外壓」的迫近，日本國內開始確認對外意識；大眾廣泛認識到，將軍只不過是被天皇委任的政治體而已。四、針對威脅日本的西方人，以野蠻人「夷」及「征」視之的將軍，其存在的意義開始感到懷疑。幕府已經面臨，無法漠視輿論，可以持續獨自掌握政治的時刻 [19]。

　　1862 年（文久 2）發生的「文久政變」，是幕府末期政治的轉捩點。決議改革的島津久光，企圖破壞將軍的權威，率領了兩千名兵將從薩摩出發，於 4 月中旬上京，向孝明天皇提出改革建言書。並在 6 月提出具體的改革案，使京都的政治氛圍一夕豹變，從此決定了一橋派的復權，政局中心由江戶轉移到京都。1864 年（元治元），桑名藩主松平定敬成立「一會桑政權」，確立了京都最大的軍事力量。此政權的成立，更加確保了所有天皇的支持者，足以繼續持「公武合體」的路線前進。換言之，經歷了「文久政變」，在一橋、薩摩和長州三者的對立關係中，已然形成何方能獲得朝廷的支持，即獲有實權的競爭局面。

　　在江戶完成改革案後，1862 年（文久 2）8 月 21 日，島津久光在歸鄉隊伍經過生麥時，英國人橫行其中，因而違規被斬。幕府允許英國與薩摩直接交涉，薩、長向大英帝國挑戰，拒絕支付賠償金，隔年 7 月薩、英戰爭爆發，鹿兒島成為一片火海。經過此事件，薩摩知道「攘夷」的不可能，英國也領悟到與薩摩連結的有利之處；整個事情的結果，就是急速深化了薩、長與英國的友好關係 [20]。

---

[19] 同前揭書，頁36。
[20] 同前揭書，頁40。

　　長州藩主張，以 1863 年（文久 3）5 月 10 日爲攘夷期限，炮擊通過關門海峽的法國、美國、荷蘭等外國船隻，因而遭受各國的反擊。8 月 18 日一橋派發起政變，將長州派的三條實美等人趕出京都；隔年 8 月，長州率兵上京，試圖以武力反擊一橋派，這是「禁門之變」。但是，由於西鄉隆盛所率領薩摩藩的參戰，長州因而敗走，第一次長州征伐就此展開序幕[21]。以一橋派及薩摩爲主力的追討隊伍，面臨了大英帝國率領的法、美、荷等四國聯合艦隊從海上的攻擊。長州的重要港口下關，在壓倒性的艦炮射擊和陸戰隊入侵前，就已被襲擊破壞；爲了應付西方四國的對外關係，長州對幕府逐步進逼，內外夾擊的狀況下，日本陷入了空前的危機[22]。

　　從 1864 年到 1866 年間（元治元至慶應 2），幕府兩度命令大名出兵，攻擊以「攘夷運動」爲先的長州藩，這是歷史上的「長州戰爭」。最後，經過坂本龍馬的斡旋，西鄉得與木戶會談，西國的二大雄藩，薩摩與長州終於攜手合作。薩、英戰爭的結果，薩摩獲得與大英帝國的友好關係，因而得到大量的特殊新武器。長州藩則公然對皇宮炮擊而成爲叛賊，此污名一直延續到 1867 年（慶應 3），幕府才解除對長州的武裝[23]。久坂玄瑞於「禁門之變」戰死，桂小五郎（之後的木戶孝允）被放逐，正義派幾乎潰滅瓦解。1865 年（元治元）1月 12 日，正義派的高杉晉作於功山寺起義；因爲元治內亂獲得勝利的高杉，又找回桂小五郎（木戶孝允）樹立了正義派政權[24]。

　　幕府從山陰及山陽兩道和九州，聯合全國大名意圖包圍長州，開始準備第二次的長州征伐。但是，從 1964 年（元治元）開始，各地百姓起而叛亂，政治陷入困境，物價上漲所帶來的米價爆漲，造成民

21 倉山滿編，《總圖解 日本の近現代史》，新人物往來社，2010 年，頁 40。
22 井上清，《日本の歷史 中》，岩波新書，2000 年，頁 98。
23 倉山滿編，《總圖解 日本の近現代史》，新人物往來社，2010 年，頁 42。
24 東京大學日本史研究室編，《日本史概說》，東京大學出版會，2000 年，頁 191-193。

間反幕意識更加強烈。贏得時間的長州藩，經由土佐藩的坂本龍馬與中岡愼太郎與薩摩進行同盟交涉，終於在 1866 年（慶應 2）1 月 21 日訂立秘密盟約。長州經由薩摩的支援得以成功，之後致力於充實現代化的武器設備，以及培育訓練西洋式的軍隊；大村益次郎深知西方炮彈的屬害，更是巧妙用兵，打敗了幕府的軍隊。

薩摩雖然宣布中立，實質上是暗地裡支援長州，成立「薩長同盟」。幕府在軍事上處於持續劣勢，之後更是以將軍家茂的死亡爲理由，單方面中止了戰爭，此番舉動表面達到「雄藩和解」的效果。但是，國內人心離亂，德川政權已經面臨分崩離析的局面；對大部分朝廷公卿而言，有必要再度解釋天皇的地位，同時以理念型國家爲主軸，將全部精力放在天皇和朝廷的時刻已經來臨。

「公議論」及幕末的政治

終於，1867 年（慶應 3）10 月 14 日，十五代將軍德川慶喜向朝廷提出「大政奉還」的上奏文。文中可見「廣盡天下公議」的文字，這個「公議」與幕府末期以來，不斷出現的「公議輿論」、「公論」、「眾議」等語詞，是相關意涵的語言。以日本歷史的意義而言，那是幕府採取「大政奉還」捨命行動的原動力。但是，在後來的「五箇條御誓文」中，第一條出現的「萬機公論」，此般意識也並非只限定於幕府末期的政治而已，大致與日本邁向現代化國家途中，與其他重要理念的形成也有極大的相關性。

若要探討形成明治維新「公議輿論」的社會氛圍，首先要先問何謂「公議」？「公議」的意涵包括：1. 具備何種意義；2. 發生的契機爲何；3. 產生尊重「公議」風潮的背景；4. 歷史上的意義等。以歷史的時間和意義來解釋，「公議」問題發生的契機，通常被解讀成，源自於培里黑船來航時，日本面臨對外問題時態度的轉變。但是，近

年來的研究中，也有回溯到之前海防問題的見解[25]。從「公議」尊重的背景來探討，因為外壓導致國家的危機，幕藩體制下統治正統性的變化，以及關於國家體制的本質等諸多面向，明顯與幕府的對外統一國家形象的問題，有著相當密切的關係。

「公議輿論」一詞，要明確說明其意義並不容易，日本學界亦嘗試，從諸多面向來解釋並進行討論；有時被視為是「公議」和「輿論」的複合，學者將前者視為日本國家的意志，後者為構成國家單位的各式各樣的意見。其中，井上勳的見解，完全從政治思想的觀點，把「公議」的發生，歸於德川將軍家統治的正當化。從聖德太子以來，受到儒教的影響，而被強烈論及的還有儒教的「天」，乃至「天道」觀念因而建立的社會[26]。松本三之助也明確指出，近世初期儒教思想的「天」（天下）與「公議」的關連。檢討此思想的源頭，兩者都可以連接自中世以來，存在於日本社會的合議制傳統。

當時，不管政治援助，或是對之後新政權的構想，倒幕派都積極求助於英國的力量。值得評價的是，即便幕府與倒幕派是對立的立場，卻始終尊重彼此，只憑藉自主性的力量，並未因為冀求政治權力，而在武力上求助於外國。大致上，學者論及「公議輿論」和「一君萬民」論，共同形成日本「nation」的思考，以及內含理論機能性的說法，是可以成立的。另外，從世界史的視野來看「明治維新論」，此問題的相關範圍，應該也不只限於幕府末期的政局而已；甚至連結到明治開國之後，制度改革、士族叛亂、自由民權運動，以及帝國議會開設等相關問題。此番延續性的議題，始終具備重要的影響，構築了明治開國後的日本近代史，已然成為日本史學者的定論。

---

25 鳥海靖・松尾正人等編，《日本近現代史研究事典》，東京堂出版，1999年，頁29。
26 井上勳，《王政復古》，中公新書，1991年。

1867年的「大政奉還」

1866 年（慶應 2）8 月，幕府正式公布了將軍家茂的死亡。12 月慶喜就任將軍，隨即招聘軍事顧問，以法國式訓練重建軍隊等作法，亦加速了國內現代化的改革。

1867 年（慶應 3）10 月 14 日，慶喜實行「大政奉還」。本來，「大政奉還」只是慶喜最後的賭注及設計而已；慶喜估算薩、長和朝廷的政權擔當能力不足，遲早會返回向擁有巨大官僚機構的幕府哀求。但是，薩摩藩的大久保利通決定排除慶喜，毅然向慶喜提出返還將軍職、所有的官職及領土，其中最重要的要求就是辭官納地。12 月 9 日發出「王政復古」的大號令，宣言以天皇為中心，並要求新政府必須樹立新方針。大久保的盟友西鄉隆盛火燒江戶，慶喜面臨了前所未有的挑戰。「王政復古」的大號令一出，幕府將政權歸還朝廷，德川家康以來，歷經十五代二百多年的德川幕府至此結束[27]。

1868 年（明治元）年初開始，從幕府與薩、長在伏見鳥羽的激戰，到函館的五稜郭之戰為止，這就是「戊辰戰爭」。當時日本人仍然無法想像薩、長會勝利，也根本無法預知，明治政府之後的運作方式。1868 年（明治元）1 月 4 日，薩、長軍舉起了錦旗，3 月薩長、土肥的官軍進軍江戶，經由西鄉隆盛和勝海舟交涉，江戶城得以不流血地開城。東北、北陸諸侯，欲結成奧羽越諸侯同盟與之對抗，尤其是熟習萬國公法的國際法等西洋知識的長岡藩，早已經從國外輸入最新銳的機關槍，用於實際的戰役[28]。

同盟的會津藩陷落，戰爭中也導致了少年武士集體自殺的「白虎隊悲劇」。榎本武揚率領餘黨逃亡到北方的蝦夷地（北海道）；榎本一舉打敗了松前藩，最後在箱館構築要塞，擺出五稜郭抗戰的姿

---

27 烏海靖・松尾正人等編，《日本近現代史研究事典》，東京堂出版，1999年，頁56。
28 同前揭書，頁56。

態。但是，新政府在最短時間和極小犧牲的限度內，結束了「戊辰戰爭」。進入明治新時代，政府延攬黑田清隆、赦免榎本等有爲的人才，對新政府做出貢獻。

第三節　明治新政府的出發

王政復古政府論

1867 年（慶應 3）12 月 9 日，「王政復古」的大號令一出，表明基於「神武創業之始」，公布無關身分、集結公議來決定朝政方向的作法。在此大號令中，廢止攝政、關白，另外設立總裁、議定、參與等三職爲替代機構。此三職的設立，完全標榜「王政復古」，採用「公武合體」運動的方針，企圖確保討幕派的指導權。新政府開始起用太政官，改正朝廷的禮式，同時開放言論及起用人才、救濟貧戶等事項。府內的三職，則在朝內親王中，任命總裁、議定和公家；諸侯則有參加政變的尾張、越前、土佐、藝州、薩摩等五藩的藩主或前藩主、世子被任用。參與的角色統籌從公家內啓用，雖然排除了舊幕府勢力，但是依照政變時，需要宮廷勢力和公議政體派諸侯相挺的結果來看，不得已把討幕派和公議政體派予以合併，稱爲「王政復古府」的架構 [29]。

對於初期「王政復古」的新政府，學者認爲當時的政變，是武力討幕派和公議政體派合作的結果，仔細地和後來的維新政府予以區別，稱爲「王政復古政府」。原口清否定一向把「王政復古」的政變，列爲是武力討幕派完全勝利的說法；原口認爲有必要把公議政體派的抵抗，和武力討幕派的讓步，以及後來政局演變之間的關連仔細

---

[29] 鳥海靖・松尾正人等編，《日本近現代史研究事典》，東京堂出版，1999年，頁32。井上清，《日本の歴史 中》，岩波新書，2000年，頁114～116。

分析[30]。

當時的政局，雖然將「王政復古政府」視為實現「公議政體論」的政府；論及政府內部狀況，有武力討幕派和公議政體派之間，內含武力相爭的過程，以及和平妥協之間的矛盾。觀看當時局勢，各國帶給幕府末期的社會，急欲開國的壓力，整體而言就是公議政體派佔了優勢。本質上是封建領主階級獨裁的政府，但是實質上是替代舊政府雄藩的聯合政權，而且將範圍擴大到一般諸藩，並以完成諸藩聯合政權為志向。

主張雄藩聯合政權的理由，也是因為當時朝廷的主力，完全由諸藩代表所構成，他們擁有獨自的經濟基礎及政治路徑，顯示出可以依自我意識決定國家未來的姿態[31]。換言之，「王政復古政府」只是「公武合體」和「雄藩合議制」的綜合形態；初期的明治政府，僅僅還只是一個名義上的政權，根本不具任何實力，這也是新政府急欲「廢藩置縣」及「版籍奉還」的理由。

「五箇條御誓文」的宣言

發出「王政復古」的大號令之後，首先廢止了攝政、關白、征夷大將軍等三職，並強調天皇原來的統治權。直到 1885 年（明治 18）間，內閣制度創設之前，明治政府每年都有大規模的行政改革，而且改革所發生的摩擦，超越了戊辰內亂及士族叛亂的程度，呈現出更複雜的情勢。新政府宣布承襲舊有政策的「五榜揭示」，由於內容有嚴禁基督教的緣故，遭受西方列強的抗議。經歷了這樣的經驗，政府指

---

[30] 原口清，《戊辰戰爭》，塙書房，1963年。原口的研究中，把從政變到鳥羽‧伏見之戰的期間，定位為王政復古政府。此番論點，在之後的《日本近代國家的形成》，岩波書店，1968年的著作中，亦完全繼承。原口著作再論及，由政變起步的新政府，是以公議政體論為基本的理念；那是以雄藩為中心的聯合政權，古代的王土王民思想在當下尚未能貫徹，而王政復古政府內，所支配的就是天皇下永續封建領主制的想法。

[31] 原口前揭書。

導者深切體悟到，宗教的自由是絕對必要的。

　　「民選議院設立建白書」的內容，也關係到日後的民權運動；建白書內容提到，樹立立憲政體、輕減地租、條約改正等自由民權的三綱領。其他，副島種臣和福岡孝悌起草「政體書」的內容，則是以美國的三權分立為範本[32]。諸多意見皆從現實經驗中得知，在位者也清楚意識到，新時代新政策的制定，各有各的需求和條件，無法完全抄襲西方。諸多狀況的考量下，伊藤博文等人，於制定大日本帝國憲法之際，仔細地列出了條文規定。

　　明治天皇向皇祖宗發誓，將「五箇條御誓文」作為國家精神支柱的決心不變；「五箇條御誓文」具備「萬機公論」的意義，也成為日後日本議會制度的主要依據。御誓文內容是：1. 上下一心，盛行經綸；2. 光興會議，萬機決於公論；3. 武官一途以至庶民，各盡其志，使人心不倦；4. 破除舊有陋習，以天地的公度為依歸；5. 廣求知識於世界，大振皇國之基業[33]。新政府藉著頒布「五箇條御誓文」的宣言，呈現出以天皇為首的變革，欲將國家帶入一個嶄新時代的意義。「五箇條御誓文」象徵新時代的開始，對國民的心情具有整肅的作用，也是近代日本國家的基本宣言及精神象徵。

「版籍奉還」

　　「戊辰戰爭」後，政府集中權力，開始實行中央集權的政策。新政府最大的問題在財政，國家實力尚未完全確立時，一邊對外顯示和平姿勢，一邊另圖增強軍事力的「武備恭順」，是當下唯一的現實考量。而且，政府已經拋出「富國強兵」的口號，對經營強大的軍隊而言，迫切需要的就是財源。新政府強調「神武建業以來天皇親政」的方針，中央集權是必行之路；而且必須是全國各地相互依存的經濟，

32 倉山滿編，《總圖解 日本の近現代史》，新人物往來社，2010年，頁62。
33 坂本太郎，《新訂 日本史概說》，志文堂，昭和61年，頁144。

才足以鞏固資本主義的國民經濟體制。

　　1868 年（明治元），長州藩的木戶孝允考慮「版籍奉還」的必要性，秘密向岩倉具視等人提出建言。長州藩首先提出返還兩地的意願，希望眾藩群起效仿，薩摩藩緊跟在後，提出十萬石奉還願。接著在閏 4 月，新政府發布政體書訂定地方爲府、藩、縣等三制，木戶開始積極對藩主毛利敬親遊說，9 月又說服了薩摩的大久保利通，接著姫路藩也表明願意配合版籍奉還的意願，兵庫縣知事伊藤博文則向政府提出建言，希望准許同藩的「版籍奉還」[34]。

　　1868 年（明治元）12 月，中央對藩加強統治，透過全國的統一化，設定統籌統治機關，試圖打破舊藩體制。新政府因爲嚴重的財源不足，以對抗各藩的封建割據爲首要課題，意圖快速達到中央集權的目的。隔年 1 月，爲了「版籍奉還」，薩摩、長州及土佐等三方聚集在京都開會，薩、長、土、肥四藩主繼而連署提出，認爲有必要集合各藩代表到朝廷，討論和海外各國共存的上奏文。政府透過公議所會議的諮詢後，於 6 月 17 日斷然實行「版籍奉還」，廢止舊藩主之後，任命爲新政府的知藩事，公卿、諸侯等稱之爲華族。

　　「版籍奉還」後，政府向各藩下達各種政務改革，上繳舊幕臣和寺社領地，1870 年（明治 3）又公布了徹底集權化和郡縣制度的藩制[35]。雖然，舊藩主以原來姿態被任命爲藩知事，維持原來的支配權；但是不同於以往，主張必須服從中央集權的明治政府，強力縮減了諸藩的獨立性。其他全國性的改革幾乎未見端倪，之後更積極要求全面進行「廢藩置縣」[36]。新政府基於財政改革的需要，積極籌備全國的育成產業，以籌畫現代化國民軍的財源。1873 年（明治 6），政府斷然實行地租改正之後，將收取地價 3% 的繳納金，集中至新首都

---

[34] 鳥海靖・松尾正人等編，《日本近現代史研究事典》，東京堂出版，1999年，頁56-57。
[35] 加藤文山，《日本近代史の發展 上》，新日本出版社，1994年，頁50。
[36] 同前揭書，頁64。

的東京。就是將江戶改稱為東京，京都則稱為西京。

「廢藩置縣」的斷行

　　隨著強化的集權政策和徹底的郡縣制，中小藩面臨了財政惡化的難題，請求廢藩的聲音陸續出現。不管是經濟性或是政治面的考量，諸藩的分散割據，對於資本主義經濟的發展，以及防止民眾鬥爭等現實條件，都不是很好的狀況。同時，面對政府的中央集權化，各地農民暴動激烈，攘夷派等反政府士族的運動也逐步深化。新政府急於與海外列強並列共存的同時，如何快速安定國內的政局，強化新政府力量，也成為燃眉的課題[37]。

　　1870年（明治3）12月，新政府任命岩倉具視為敕使，大久保利通、木戶孝允等人隨行，派遣到薩摩（鹿兒島）、長州（山口）兩地。1871年（明治4）西鄉隆盛上京，集合薩、長、土三藩的兵士到東京，成為天皇隨身的近衛兵。6月又任命西鄉和木戶為參議，開始進行新政府的改革。長州藩出身的官僚直接提出廢藩論，木戶、西鄉兩參議和大久保等人進行秘密協商，終於在7月14日實行「廢藩置縣」。也在7月，頒發了「廢藩置縣」的詔書，成功地完成了無血革命。之前諸侯的知事成為華族，否定了世襲支配者；也就是土地所有者的觀念，轉換為由天皇派遣的官吏，來管理土地的形態[38]。

　　全國廢止了二百六十一藩，新縣暫時由舊藩大參事繼續施政。政府繼承舊藩的債務，促成藩幣和金幣的交換，以便達成新稅的支付。11月將府、縣調整為三府七十二縣一使，「廢藩置縣」後立即改變太政官制，以強化中央集權體制。廢止民部省，在大藏省（財政部）下，設立府、縣，強力推動近代化國家的各項改革。也在「版籍奉還」的過程中，任命諸侯為天皇官吏的知藩事，統一集中住在東京，

37 井上清，《日本の歷史 中》，岩波新書，2000年，頁127。
38 倉山滿編，《總圖解 日本の近現代史》，新人物往來社，2010年，頁66。

建立了明治政府新官僚體。爲了對應新集權統一的國家，新的政治官制上，採用了太政官制，實現了一元化的國政處理體系[39]。

一切開始改變，武士攜帶刀劍的習慣被禁止，武士的特權被剝奪，也開始允許平民擁有姓氏，日本大眾開始接受，武士成爲普通的國民。雖然多數的武士歸爲士族，但仍與平民有所區別，受到社會的尊敬。一開始，新政府給予薪水，但是因爲財政的困難而逐漸削減，武士階級快速崩解；士族階級開始對新政府不滿，這就是日後造成士族叛亂，以及展開自由民權運動的原因。

第四節　經濟與軍政的革新

國家財政和地租改正

1868 年（明治元）閏 4 月，爲了完成全國統一的政權，在「政體書」中，設置府、縣，正式確立太政官制[40]。政府沒收舊幕府領，以及收納敵對的各藩領爲直轄地，把本來的鎮台、裁判所或各藩假支配地改爲府、縣，與藩合併成府、藩、縣的三治制。8 月，基於國家財政的需求，對於直轄的府、縣，以推動強化徵收租稅爲目標，地方支配則以直轄的府縣爲中心，面對地域性負擔不均衡的地方，積極催促民部、大藏兩省，著手進行根本性的租稅改革[41]。

1871 年（明治 4）7 月，「廢藩置縣」後，設置三府三百零二縣一使，對於舊藩大參事，政府則指示繼續處理原來的事務，把舊藩發

---

[39] 西岡虎之助・鹿野政直，《日本近代史 黑船から敗戰まで》，筑摩書房，1973年。

[40] 1868年頒布的「政體書」，有三個特徵：1.採用以太政官爲首的三權分立主義；2.採用議會制度；3.採用官吏公選制度。可以說「政體書」的頒布，是經過內亂的過程中，公卿和諸侯達到某種共識的結果。請參考：東京大學教養學部日本史研究室編，《日本史概說》，東京大學出版會，2000年7月19日，頁202。

[41] 東京大學教養學部日本史研究室編，《日本史概說》，東京大學出版會，2000年7月19日，頁208。

行的藩幣兌換成政府的金幣，明確表示繼承藩債。大藏省租稅改革的內容，包括：1. 否定領主的土地所有，也就是否定領主階級轉化爲體制性地主；2. 依地方場所「永代買賣」的方式解禁，隨著發行地券，承認農民擁有土地的法權；3. 以地券作爲租稅賦課的手段，將租稅形態從現物轉移成貨幣，以便將財富集中於國庫[42]。

甚至，進一步取消全國的無稅地，開始針對東京府下市街地，發行地券和賦課地租。直到 1872 年（明治 5）2 月，由於「永代買賣」解禁，方便買賣讓渡時地券的發行，於同年 7 月擴大及郡村，以廢藩置縣爲契機加速租稅改革[43]。由於實施廢藩制度，政府負擔了龐大的家祿支給和藩債支付，因此急於將「秩祿處分」與租稅、土地改革合併實施。1872 年（明治 5）2 月，因爲大藏省立案的「家祿處分」，對領主階層的處分過於苛刻，所以比起初期實現租稅改革，更需要確立國家財政的基盤。最後在 1873 年（明治 6）7 月，公布了地租改正法；以達成繼承舊貢租稅的水準，優先實現地租負擔的平準化。

1875 年（明治 8），政府進一步設置地租改正事務局，派遣全國的同局官員直接指導，推動政府的改租方針；同年 7 月又制定地租改正條例細目，促使各府、縣的地租改正事業，達到飛躍性的進展。但是，在此過程中，不僅否決地主、農民所提出的多項地租改正方案，改採政府的各種強制措施，卻也引發全國各地農民對地租改正的不滿。

徵兵制的展開及四民平等

地方制度完備之後，接下來就是對外關係。在「富國強兵」的口號下，首先考慮的就是整備軍需。新政府糾合了鄉士、流浪武士等軍事力爲「親兵」，陸軍的編成則由各藩的兵源統合徵兵而成。顯然，

---

42 鳥海靖・松尾正人等編，《日本近現代史研究事典》，東京堂出版，1999年，頁74。
43 同前揭書。

日本兵權的確立，與封建制度的撤廢有其因果關係。

從幕府末期開始，各藩極力推進西洋兵制的改革，大村爲了養成西洋軍備的幹部，於大坂（大阪）設立兵學寮，著手訓練法國式兵學的軍官與士官，最後因被殺而壯志未酬。「戊辰戰爭」後，廢除了徵兵制，到了 1869 年（明治 2）6 月，指揮倒幕戰爭的大村益次郎，因爲東京警備的問題，計畫以一般募集的士兵，培育成政府的直轄軍。但是，大村與希望以藩兵爲骨幹，來強化政府軍勢力的大久保利通發生爭執，最後採用薩、長、土、肥的「四藩徵兵」。

1870 年（明治 3）3 月，依「兵賦略則」的條例，開始實施四民皆兵的制度。隔年 2 月，兵部省制定「常備編隊規則」，規定一萬石成一小隊，禁止新規兵隊採用編入的藩軍勢力。同年 9 月公告「藩制」，以藩費的 9% 爲軍費，要求其中一半做爲海軍軍費繳納給政府。但是，鹿兒島藩因爲藩的軍事力及軍費繳納，拒絕補充替代的駐京兵，四藩徵兵制因而動搖[44]。1870 年（明治 3）8 月，山縣及西鄉從歐洲考察兵制返國，回國後的山縣就任兵部少輔，重新開啓直轄軍隊編成的作業，11 月制定府藩縣的「徵兵規則」。

之後，近衛軍將軍事力最強的薩、長、土佐的軍力變換成直轄軍；需要鎮壓騷動時，政府把各藩常備兵的指揮權，交予派任的官員手中。從 4 月開始著手設置鎮台以整合常備兵，「廢藩置縣」也是在這種背景下斷然實行的[45]。依各藩軍隊集合的模式，因而頻頻發生士兵不服從、脫逃等問題，如何實施具有強制力的徵兵制，也成爲當務之急[46]。1871 年至 1873 年（明治 4 至明治 6）之間，明治政府導入徵兵制及四民平等政策；1873 年（明治 6）1 月，正式公布徵兵令，

[44] 鳥海靖・松尾正人等編，《日本近現代史研究事典》，東京堂出版，1999 年，頁78。其他請參考：古屋哲夫，〈近代日本における徵兵制度の形成過程〉，《人文學報66》，京都大學人文科學研究所，1966 年。
[45] 鳥海靖・松尾正人等編，《日本近現代史研究事典》，東京堂出版，1999 年，頁78。
[46] 同前揭書。

解散本來各藩的封建武士團，擴及國民的徵募軍隊，授予西洋式的訓練，成爲新政權的武力支柱[47]。

雖然是國民皆兵的原則，但是也需要保留現代化建設所需的人才，以及考慮生產活動可能造成的影響，和對「家」制度的顧慮等，因而設定的免役規定較寬鬆[48]。經過1879年（明治12）及1889年（明治22）的二次改制後，廢止免役條例；明治憲法正式明訂兵役的義務，藉以確保志願兵制，以及高學歷階層後備軍官的兵源。也考慮一直以來的鎭壓暴動，都是仰賴士族協助的脆弱軍事力量有關，因此更積極建構有外征能力的國家軍隊[49]。

一開始，幕府募集的治安維持組織，新撰組的近藤勇、土方歲三等都是以農民、商家出身爲主體。長州藩的高杉晉作編成的奇兵隊，也是由各類身分的人民所組成。之後，大村益次郎開始利用現代化武器和規律，訓練集團戰鬥組合體，得以擊破了幕府軍。歷經幾次的改革後，政府於1876年（明治9）公布「金祿公債處分條例」，至此幕藩體制終於眞正解體。基於國民皆兵的理念，大村積極創設國民軍，卻引起反動武士的怨恨而遭到暗殺。

山縣有朋繼承大村的作法，進一步創設日本陸軍，統一整理一元化的戶籍，公告以成年男子爲對象的徵兵令[50]。徵兵令實施後，同時發出武士帶刀的禁止令，規定只限於天皇邊側的高級官吏、軍人和警官才允許佩刀。帝國憲法將納稅及徵兵，列爲臣民的二大義務，從1873年（明治6）徵兵令公告開始，到戰時體制白熱化的昭和十年代爲止，由於民間對徵兵令的誤解，因而發生了多起暴動。初期軍部也對平民納爲士兵的可能性產生質疑，直到平定西南戰爭之後，反對

---

[47] 同前揭書。
[48] 東京大學日本史研究室編，《日本史概說》，東京大學出版會，2000年，頁207-208。
[49] 鳥海靖・松尾正人等編，《日本近現代史研究事典》，東京堂出版，1999年，頁78。請參考：加藤陽子，《徵兵制と近代日本1868-1945》，吉川弘文館，1996年。
[50] 井上清，《日本の歷史 中》，岩波新書，2000年，頁128。

聲音才逐漸平息。

明治陸海軍與統帥權

明治憲法的規定，國家體制屬於天皇和直屬文武官僚體制的「絕對君主制」。為了完成與歐美列強並肩的目標，於1872年（明治5），創設了現代化的帝國陸海軍。根據1868年（明治元）閏4月的「政體書」的官制，軍務官在1869年（明治2）改稱為兵部省，大村益次郎擔任兵部大輔，實行法國式軍制，並創立現代化的軍制。

1871年（明治4），政府設立御親兵，是帝國陸海軍的前身，由薩摩、長州、土佐等三藩所組成的。廢藩的同時，解散藩兵改設於兵部省之下，全國每一萬石徵兵五名，組成為明治維新直轄軍。因為沒有實際作為，於1872年（明治5）改為近衛兵，日後更發展成為近衛師團[51]。明治初期的常備陸軍，在各地設置了鎮台，以對付脫隊引起的騷動及農民的反彈。1871年（明治4）首先於東京、大阪、熊本及仙台等地設置鎮台，之後在名古屋及廣島也增設，到了1888年（明治21）鎮台制度改編為師團。1872年（明治5），鎮台從兵部省分離，成為軍政機關，又設置了陸軍省和海軍省。

同年，全國徵兵的詔示，以太政官布告發出徵兵告諭。隔年，依據國民皆兵的方針發布了徵兵令，後來陸軍設立參謀本部，海軍也設立軍令部。四鎮台設置之後，全國的各常備兵常駐，全國的城郭、兵器及艦船移交兵部省管轄，完全掌握了全國的兵權。根據1889年（明治22）發布的大日本帝國憲法，規定了天皇大權第十一條軍隊指揮的統帥權，以及第十二條明訂天皇為陸海軍的統帥權。

---

[51] 倉山滿編，《總圖解 日本の近現代史》，新人物往來社，2010年，頁92。

第二章　明治政府的諸改革

第一節　新政府的政治與外交

領土與國境劃定

　　近現代的日本，存在著國境紛爭的地方是小笠原、北方、南方、半島四個地方。早在1675年（延寶3），江戶幕府在小笠原設置了「日本領」的標的木；到了幕府末期，因為英、美列強強行送進開拓者，與日本引發糾紛。培里來航時，美國獨斷宣布小笠原為其領土，新政府內也有主張放棄的意見，但是遭到副島種臣的反對，最後決議由海軍省派軍艦與之對應。直到1876年（明治9）3月4日，日本將小笠原歸劃為內務省管轄，同年10月17日通告各國管轄權；到了1882年（明治15）所有居住外國人都歸化，問題就此解決[1]。

　　江戶時期以來，日本北方最大的威脅就是俄國。幕府末期時，將樺太設定為日、俄兩國的共有之地；然而俄國將樺太當成流刑地，移入自國的犯罪者，因此與當地日本人之間的摩擦不斷。早從1870年（明治3）以來，日本即重視北海道的開拓，將劃定國界視為急務，著手進行交涉。1875年（明治8），明治政府派遣榎本武揚為全權代表與俄國交涉，要求將千島列島作為放棄樺太的代償，最後簽訂「千島樺太交換條約」。此條約也是明治以來，小國日本與大國俄國首度簽訂的對等條約。

　　南方交涉的對手則是清國。由於台灣人在琉球持續發生犯罪事

---

[1] 加藤文三，《日本近現代史の發展 上》，新日本出版社，1994年，頁68-69。

件，新政府急於劃定國界；日本以台灣高砂族殺害琉球人為藉口，派外務大臣副島種臣向清國交涉，李鴻章答以台灣是「化外之地」，拒絕支付賠償金。1874 年（明治 7），日本以琉球為日本領土，需要防衛為理由，強行執行征台之役。琉球在江戶時期，屬於薩摩，同時也向清國朝貢，隸屬「兩屬體制」。1871 年（明治 4），明治新政府將琉球歸為鹿兒島縣的管轄，隔五年分離為琉球藩，台、琉問題至此結束，日、清兩國相剋的聚焦場轉向朝鮮半島 [2]。

顯然，明治政府對朝鮮和中國的態度，不同於對歐美諸國的屈從外交，呈現出強硬的姿態。1873 年（明治 6），西鄉、板垣等人提出的「征韓論」，就是一個鮮明的例子。岩倉等人回國後，「征韓論」遭到否決，雙方各持一方論調，處於對立無法妥協的狀態。雖然 1871 年（明治 4）締結「日清修好條約」，當時日本政界主張，應該藉由條約取得利益，結果卻只是相互承認領事裁判權和相互協定關稅等內容而已。

條約改正‧岩倉使節團‧「征韓論」

新政府成立之初，首要目標為改正與各國簽訂的不平等條約。初期明治政權的中樞，並沒有通曉外交實務的人才，因此雇用舊幕府的官吏辦理外交事務。1858 年（安政 5），德川幕府和美、俄、英、法與荷蘭等五國簽定「安政條約」，內容包含領事裁判權、協定關稅率、最惠國待遇等特權，完全是單方面授與的不平等條約。

一開始，政府也沒有改正條約的具體方向，1870 年底（明治 3）才正式開始準備，在外務省設立條約改正司，具體擬定新作法。隔年，新政府作成「擬新訂條約草本」，於 6 月 30 日再度把條約改正的意向通知各國代表。政府開始檢討改正的方針，隔年 5 月由津田眞

---

2 同前揭書，頁69。

道等人，起草「擬新定條約草案」。「廢藩置縣」後，聘僱外國人富爾培基；富爾向大隈重信提出建言，建議派遣外國調查使節團，將西方交涉列為首要事務。大隈在閣議上提議，並通過條約改正使節團的派遣。

1871 年（明治 4）11 月 12 日，以岩倉具視為首的歐洲使節團從橫濱出航，使節團的目的是向建交的國家元首，呈遞日本國書及視察西洋文明的各種建設。成員中除了大久保利通、木戶孝允、伊藤博文等政府要員之外，文化界還包括：金子堅太郎、中江兆民、牧野伸顯、久米邦武，及當時五歲的津田梅子等少年留學生。這些人回國後，陸續活躍於日本政治、經濟、教育、文化等各個領域，對日本的文明開化有很大的貢獻[3]。

使節團因為知識不足，出國前並未準備天皇的全權委任書，導致條約改正無法順利進行，此外交禮儀的失敗，成為使節團痛苦的經驗。在等待伊藤和大久保返國取得天皇委任書之際，使節團一行人先轉往英國、法國、荷蘭、丹麥、蘇聯、瑞典等西方先進國家，參訪各種現代化建設，學習現代化的經營。1873 年（明治 6）9 月 13 日，歷經一年十個月的西方巡覽後，使節團終於回到橫濱港。留守的政府閣員，針對朝鮮的問題，發生了「征韓論」論戰，使節團回國後，雙方便發生了意見分歧的對立。

當時，清國和朝鮮對努力於現代化的日本，皆心存輕蔑的態度，奉清國為宗主國的朝鮮，持續抱著不承認內有「天皇」文字的國書，進而演變成拒絕日本國書等無禮行為。針對征韓與否的爭議，大久保等人以留守期間，不做重要決定的承諾為理由而反對。岩倉與大久保等人回國之後，以改革內政為理由，強烈反對「征韓論」。諸

---

[3] 田中彰，《岩倉使節團「米歐回覽實記」》，講談社現代新書，1977年／岩波現代文庫，2002年。

多爭議後，在岩倉和大久保的強行運作下，中止了西鄉的派遣，政府內一半的閣員為此紛紛下野，這是「明治六年的政變」，留下的大久保，只得持續強行孤高的政權。

西鄉的本意是期待以征韓之路，樹立以士族為中心的軍事政權，甚至思考可以提供沒落的武士，足以起死回生的道路；不僅提供士族一個活動的場域，亦可以回頭對國內改革提出貢獻。此番考量，正是當時征韓論爭的意義。面對征韓的議題，本來大久保、木戶和西鄉之間不存在對立，但是「征韓論」的主軸，其實隱藏著朝野內部政治權力的鬥爭。西鄉、板垣等人下台兩年後，大久保以「江華島事件」的衝突為由，強行訂立了「日朝修好條約」。多年來日本企圖施加壓力的結果，促使朝鮮逐步淪為大日本帝國的半殖民地[4]。

開國‧和親外交與國內政策的關連

即便，明治政權已經誕生，但是外交上和歐美各國締結通商條約，維持國交關係的還是幕府，日本的元首權仍然掌握在將軍手中。甚至，1868 年（慶應 4）1 月 27 日伏見鳥羽戰爭爆發時，幕府向駐日歐美外交團要求，勿出售軍艦及武器給維新政權中心的薩摩藩。從國際法來說，當時日本仍然被認為是處於內亂狀態，維新政權則被視為叛亂的交戰團體，是一個沒有權力基礎的諸藩集合體而已。因此，明治政府苦心積慮，欲圖通告諸外國新政權的存在。

1868 年（慶應 4）2 月 4 日，在兵庫港附近，發生了岡山藩兵對歐美人開槍的「神戶事件」。明治新政府急於向外國道歉，於 2 月 8 日派遣敕使東久世通禧到兵庫港，命令東久世向駐留兵庫的歐美各國外交團體，交付新政府的國書通告。對外交代政權的同時，也正式宣布維新政權欲遵照萬國公法，執行日後的外交關係。很快地，新政府

---

4 倉山滿編，《總圖解 日本の近現代史》，新人物往來社，2010年，頁72。

透過開國和親政策，正式宣布繼承幕府締結的條約，因此成功地建立了與歐美各國的外交關係[5]。

倒幕成功的維新政權，即便已經向各國宣示，開國親善的方針，國內仍然存在著根深蒂固的排外主義，持續討論攘夷的論調。1868 年（明治元）3 月 23 日，發生了英國公使派克斯一行人被兩名兇手襲擊的事件。為此，維新政權派遣特使東久世通禧到兵庫的同日，向國內宣告遵守對外和親、萬國公法，表明必須改正舊幕府締結的條約[6]。

同年 4 月至 6 月，幕府向國內通告，持續基督教的禁制政策，將長崎浦上約四千多人的基督教徒分開移到三十四藩地。6 月，考慮國內「攘夷」的勢力，更為了確立國內的財政基礎，作為殖產興業政策的一環而設立了商法司，買斷主要貿易品的生絲，以紙幣支付，策劃謀取利潤。隔年 3 月，又設立通商司，擴大採用相同的政策，最後遭到各國激烈的責難，以失敗收場。最後，在 1869 年（明治 2），向公議所提出「外國官問題十七條」及「外國官問題四條」，極力採用提問的方式，代替攘夷論點的方式，使社會認清開國是不可避免的趨勢。

第二節　世界中的明治政府

初期的「亞細亞政策」

「亞細亞政策」的議題中，與日本最相關的就是清國與朝鮮。新政權成立之初，即積極和鄰近的朝鮮及清國建立正式的國交關係。1868 年至 1869 年間（明治元至 2），幕府時代與朝鮮通商交往的仍

---

[5] 鳥海靖・松尾正人等編，《日本近現代史研究事典》，東京堂出版，1999年，頁42。
[6] 同前揭書。

是對馬宗家;新政府成立之初,也向朝鮮傳達了政權輪替及開國和親的旨意,但是朝鮮以維持鎖國政策爲由斷然拒絕。1870年(明治3),政府又提出與朝鮮締結外交關係的構想,直接派遣全權外務大使交涉,結果仍然失敗;最後是在1876年(明治9)與朝鮮締結「江華島條約」,才正式建立了國交關係。

與清國的關係,則早在1870年(明治3),明治政府即開始積極進行與大清帝國的關係;派遣外務大臣柳原前光,試探建立國交關係與締結條約的可能性,卻遭到清國的拒絕。隔年,又派遣伊達宗城爲全權交涉者,即便訂立了「日清修好條規」,但是延到1873年(明治6)條約才正式生效。對應俄國南下的樺太政策,則是1870年(明治3)派遣外務大臣丸山作樂到樺太,隔年再度派參議副島種臣,前往俄國試探確定國界的可能,但是皆未能成功。

1867年到1877年的十年間,國際情勢發生巨變;俄國因爲「俄土戰爭」全國捲入動盪之中,致使交換千島樺太條約得以順利達成。林肯以解放奴隸爲由,引發「南北戰爭」,使美國成爲統一的國家。美國長達四年的內戰結束後,大量武器流入日本,並在幕末動亂中被使用。在歐洲最重要的是德意志,普魯士宰相俾斯麥贏得德意志的統一戰爭,建立了德意志帝國[7]。

歐洲在普法戰爭中,法國因爲皇帝拿破崙三世被俘虜而戰敗,巴黎公社發生三天的大暴動,血染紅了塞納河。當時,年輕的西園寺公望正在法國留學,因爲目睹了動亂的始末,西園寺深切領悟到護持皇室是不可或缺的任務。在俄土戰爭的前二年,雖然已經締結了千島樺太交換條約,日本的全權代表榎本武揚推斷,由於巴爾幹半島緊迫的情勢,逼使俄羅斯在遠東地區無法太強勢,因而成功締結了,以國力之差無法想像的對等條約。

7 倉山滿編,《總圖解 日本の近現代史》,新人物往來社,2010年,頁58。

　　明治初年，政府積極革新的同時，所面對的正是歐美各國的改革，成為現代化國家的時期。日本將解除不平等條約，作為帝國出發的第一步，自然也必須考慮到內外情勢的發展。換言之，幕府以來的亞洲政策，與西方列國的外交走勢是息息相關；歐美忙於改編，無暇顧及與東方交流的時刻，也正好讓日本取得時間，得以整頓新成立的帝國。

「征韓論」和明治六年的政變

　　歷史上，幕府末期至明治初期的朝鮮侵略論，就是「征韓論」。早在幕府末期，吉田松陰等人，即倡導以征韓作為對抗歐美列強的策略。幕府末期眼見朝鮮西岸，經常有西方船隻路過遇到海難，但是朝鮮仍處於鎖國狀態，導致西方各國諸多不便。本來因為外交交涉停滯，而延誤多時的朝鮮問題，在明治政府成立後，因為與日本國內問題的連結而再次登場。

　　1873 年（明治 6）5 月，朝鮮政府在禁止日本人走私的布告上，帶有侮辱日本的語句，留守政府因而主張派兵朝鮮，同時提出需要另外派遣使節的強硬意見。當時，西鄉隆盛反對立即派兵，並提出自己以非武裝使節赴朝鮮交涉的構想。西鄉的本意，只是反對在欠缺名義的狀況下出兵，並非真正迴避日、朝戰爭。西鄉構想的「征韓論」，是在顧全名義之下，促使政府派遣外交使節，若遭受朝鮮拒絕才開戰的模式，完全是站在不平士族的立場下提出的。

　　1873 年（明治 6）8 月 17 日，閣議會議決定派遣西鄉為朝鮮使節，同時決定岩倉使節團歸國後再評議的結論，也獲得天皇的裁可[8]。西鄉使節派遣論，遭到岩倉具視、大久保利通、木戶孝允、伊藤博文等人強烈反對。即便有反對意見，政府仍然決定派遣西鄉出使，大久

8　烏海靖・松尾正人等編，《日本近現代史研究事典》，東京堂出版，1999年，頁88。

保和木戶因而提出辭呈，但是大久保和岩倉仍然私下圖謀對策。23日岩倉上奏後，西鄉提出辭呈，24日天皇裁定使節的派遣，閣議的正式決定被否決後，板垣退助、後藤象二郎、江藤新平及副島種臣等四參議請辭，此爲岩倉‧大久保的政變。四參議的下台，也正式確立了，之後以大久保利通爲政治中心的薩、長政權模式 [9]。

直到 1875 年（明治 8），發生「江華島事件」，大久保立即派兵朝鮮。江華島位於朝鮮首都首爾的入口，是爲朝鮮的要塞。當時，因爲日本軍艦的侵入，江華島的守衛雲陽號炮擊攻擊，大久保巧妙地利用了此事件，順利處理了停滯多時的朝鮮問題。不久，朝廷全權代表黑田清隆帶兵登陸，與朝鮮訂立了「日朝修好條約」。內容雖然明定朝鮮是「自主的邦地，和日本握有平等的權利」，卻仍然開了釜山、元山及仁川等三港，日本在朝鮮境內，進一步掌握了治外法權以及關稅自主的特權 [10]。

明治的西化，本來是意圖脫離西方帝國主義侵略，而力圖西化改革；日本卻在西化的過程中，自己也走上了和西方帝國同調的命運。與朝鮮締結的「江華島條約」，明白地顯示了，日本承受來自西方帝國主義的壓力，卻反加諸於朝鮮的作法；呈現出日本對西方帝國迎合的態度，以及對亞洲弱小國家侵略的野心。對待東、西方態度，如此迥然的差異，就是明治帝國典型的外交政策。

征台之役與琉球處分的原委

即便，日本對美國或蘇聯的國界爭論，完全沒有自主性的立場，但是對與琉球相關的清國，卻是秉持相當高壓的態度。「征台之役」就是台灣出兵，這是近代日本第一次出兵海外的戰役。其原因始於 1871 年（明治 4）年底，琉球船漂流到台灣東岸，遭到多數漁民

---

9 加藤文三，《日本近現代史の發展 上》，新日本出版社，1994年，頁67。
10 同前揭書，頁66-67。

殺害。隔年 7 月生還者才返回琉球，此事件的原委，成爲日後日本政府重要的政治議題。

　　雖然，早在 1871 年（明治 4）7 月，兩國就簽訂了，互相承認領事裁判權的「日清修好條約」，但是直到兩年後，雙方政府才正式交換批准書。日本爲了解決此事件，還派遣外務卿副島種臣到清國交涉，李鴻章提出了，台灣爲清朝政教不及的「化外之民」的宣言[11]。在副島主導下，欲將台灣殖民地化爲目的，企圖對台灣正式出兵。但是，同年國內發生「征韓論政變」，導致副島下台，之後大久保亦持續謀求解決之道。

　　1874 年（明治 7）2 月，明治政府內由大久保利通、大隈重信等，連名向閣議提出「台灣蕃地處分要略」的解決條例。「要略」的內容，以加害琉球人民的「台灣生蕃」爲重點，主要目的是希望將當時日、清兩屬的琉球，劃爲日本所有。同年 4 月確定方針後，任命陸軍中將西鄉從道爲台灣蕃地事務總督，同時也任命大隈重信爲台灣蕃地事務局長官。對台灣出兵一案，雖然受到木戶孝允爲首的長州派政府要員的強烈反對，以及外國的譴責而暫時中止，但是西鄉無視諸多的反對意見，強行決定出兵台灣。

　　西鄉的台灣出兵，雖然受到士兵的疾病和台灣當地住民的強烈反抗所苦，最後還是平定歸朝。政變之後，政府的政治權力轉移，大久保以全權大臣身分赴北京與會，經由駐清英國公使韋德的斡旋，於 1874 年（明治 7）10 月締結了「日清互換條款」，最後以清國支付賠償金交換日本的撤兵，結束了此次的事件。在「日清互換條款」中，清國承認日本的出兵，是由於台灣的「生蕃」，加害於「日本國屬民」而發生的「義舉」。

　　日本的盤算，是清國政府承認琉球爲日本屬領，正式締結條款之

---

[11] 鳥海靖・松尾正人等編，《日本近現代史研究事典》，東京堂出版，1999年，頁90。

後，實質上可以漸次推進合併琉球的對策。到了 1875 年（明治 8），日本對琉球藩和清國提出，停止派遣朝貢使及慶賀使的要求，而且必須關閉福州的琉球館，停止清國與琉球間的直接交涉，要求琉球放棄對中國朝貢。1879 年（明治 12）4 月，明治政府新設沖繩縣，這是歷史上的第一次「琉球處分」，琉球正式劃入日本的領土[12]。

第三節　明治政府的國土開拓及武裝暴動

日俄國界的劃定─樺太·千島的交換條約

　　北海道舊名蝦夷，從 1799 年（寬政 11）到 1821 年（文政 4）之間，幕府沒收松前藩的蝦夷地變成直轄領地，此為第一次幕領期。到了明治初期，日本和俄國的國界議題急轉直下，確認國家領界成為明治政府迫切的問題。到了 1854 年（安政元），培里艦隊來箱館時，再度規劃蝦夷為直轄領[13]。直至 18 世紀後半，俄國覬覦蝦夷地和千島之地，企圖南下的行動更加活躍。諸多事態的推移中，1853 年（嘉永 6）開始，劃定日、俄兩國國界的交涉，隔年訂定「日露和親條約」，千島的撫島以北定為俄國領地，擇捉島以南則為日本領土。

　　初期，日本主張以北緯五十度，俄國則強調同島南端的樺太，結果只定為「分界」，仍然互相往來。此後繼續進行劃定國界交涉，終於在 1867 年（慶應 3），簽訂了日、俄兩屬及雜居的樺太島假規則。到了 1869 年（明治 2），俄軍進駐函泊，北方的樺太成為雜居之地；日、俄兩國之間的對立逐漸激烈，也因為雜居之故，兩國國民間的爭鬥事件頻傳[14]。1870 年（明治 3）政府雖然開始設置樺太開拓使經營，

---

[12] 同前揭書，頁91。
[13] 同前揭書，頁92。
[14] 加藤文三，《日本近現代史の發展 上》，新日本出版社，1994年，頁68。

但是仍然留下許多必須優先解決的問題。新政府提出，購買全島、島上分界或放棄全島的三種選擇，但是隨著國際局勢的發展，政府內部逐漸傾向獲得代償的放棄論。

1874 年（明治 7），政府選出熟悉國際法的開拓中判官榎本武揚爲駐俄全權公使，授權榎本處理對俄的政治交涉工作。同年 8 月，在首都聖彼得堡舉行有關樺太的會議，最後日、俄雙方取得最後的合議，將樺太和得撫島到占守島之間的千島十八島予以交換。隔年（明治 8）5 月在聖彼得堡簽訂了樺太・千島的交換條約，同年 8 月在東京交換批准書[15]。諸多事項判斷，北方四島的國土問題，從明治時期延續至今，仍然是一道難題。

北海道開拓

近代以前的蝦夷島，被松前藩劃分爲和人地與蝦夷地，只有在以渡島半島爲中心的和人地有漁業人口移住。明治維新後，新政府急於劃定國界，將蝦夷島定位爲「皇國北門」，秉著開拓成爲重要區域的立場，終於在 1869 年（明治 2）設置開拓使。隔年 8 月，明治政府正式將蝦夷改稱爲「北海道」，明確劃入日本國的版圖[16]。

從 1872 年（明治 5）開始的十年間，明治政府積極開拓北海道，策劃開拓計畫的投資總額達到一千萬日幣，將全北海道認定爲「無主之地」，劃編爲官有地，同年制定地所規則，一人十萬坪爲限度的土地處分。初期，從本州來的移民並不多，主要以士族移民和屯田兵等的保戶移民爲主流。1882 年（明治 15）廢止開拓使後，北海道分割爲札幌、函館、根室等三縣，到了 1986 年（昭和 61）1 月，政府廢除三縣，設立北海道廳。

第一代開拓長官岩村通俊，以「不殖貧民而殖富民」的誘招內

---

[15] 鳥海靖・松尾正人等編，《日本近現代史研究事典》，東京堂出版，1999年，頁92。
[16] 同前揭書，頁93。

地資本政策，從直接保護轉換爲間接保護爲原則，公布北海道土地買辦規則，開啓了以內地資本，積極投資北海道之路。1886年（明治19）起約四十年間，全國有將近二百萬人移居北海道，成爲當時明治政府開拓計畫的基本勞力。1897年（明治30），明治政府又公布，無償付與的北海道國有未開發地處分法[17]。1910年（明治43）起，北海道開始實行第一期拓殖計畫，前後經過十七年試行的結果，北海道的經營終於步上內地化的路途。

　　直至1920年（大正9）前後，北海道大部分的國有未開發地都被私有化，以華族和內地資本爲主的北海道型地主制全部規畫完成[18]。但是，也因爲國家建設的開拓方式，直接影響了愛奴原住民的基本生活模式，導致愛奴的傳統文化被破壞。除此之外，無法漠視的是開拓犧牲者的囚犯勞動者，以及被強制勞動者的生活情況。

士族叛亂與西南戰爭

　　明治政府開化的進程中，打出開國和親的方針和士族解體政策，在推行「廢藩置縣」的過程，導致士族喪失既有的權利。從1875年到1876年（明治8至9）之間，引發了士族的反政府暴動，其他還包含未遂事件和政府高官的暗殺事件，日本面臨了重大的危機。換言之，明治政府成立之初，就排斥「攘夷論」，而採用開國和親政策，本來在「尊王攘夷」的口號下，自主性地參加了倒幕運動，完成建國的士族，卻在政府政策的改革中，喪失既有權力，導致遭到背叛而反彈的情緒應運而生。

　　也在1869年到1870年（明治2至3）之間，因爲政府削減各藩軍力的方針，長州藩發生多起叛亂，甚至一部分與農民暴動結合[19]。

---

17 同前揭書，頁94。
18 同前揭書，頁94。
19 鳥海靖・松尾正人等編，《日本近現代史研究事典》，東京堂出版，1999年，頁96。

最早的士族叛亂，以攘夷派的政府高官暗殺事件及反政府陰謀事件爲主。1869 年（明治 2）6 月開始，陸續有橫井小楠，9 月有大村益次郎等，直到 1871 年（明治 4）1 月爲止，暗殺事件持續不斷。同年，橫井和大村遭受反對開化政策的攘夷派士族襲擊，也在同年，公家的愛宕通旭與久留米、柳川、秋田藩等也企圖聯合叛亂。

1873 年（明治 6）10 月，因爲「征韓論」導致政府的分裂，「明治六年政變」之後，士族叛亂的規模逐漸擴大。即便西鄉隆盛、板垣退助、江藤新平等征韓派下台後，各地的不平士族，仍以「征韓」爲共同的訴求，陸續進行各種叛亂活動。大致而言，「戊辰戰爭」是平定東日本的內戰，而士族叛亂主要是鎮壓西日本的不滿分子。1876 年（明治 9）2 月，政府以「征韓論」爲前提，不但妥善處理了與朝鮮的國交關係，進而締結「日韓修好條約」。從 10 月到 11 月間，面對一連串的士族解體政策之後，不管倡導征韓或反對開化政策者，都陸續在各地發起了武裝暴動[20]。大致上，1874 年（明治 7），從江藤新平引發佐賀之亂開始，到西鄉隆盛的西南戰役爲止，日本的內戰完全結束，日本進入一個完全中央集權的時代。

1873 年（明治 6），政府秉持國民皆兵的理想，制定了徵兵令，並且於 1876 年（明治 9）實施了「廢刀令」和「秩祿處分」，導致本來在幕藩體制內享有特權的士族，瞬間被剝奪了所有的權力。相對於華族或上層的士族，可以用公債私買土地成爲地主，或是投資銀行或鐵道企業成爲資本家；下級的士族不但被剝奪原有的特權，甚至在以公債的利息也無法生活的窘困下，只剩下戶籍上的士族身分。多數轉入教師及警察等職業，得到可以獲得社會尊敬的地位，但是也有從事非擅長的商業活動而失敗的例子。於是，思念過去榮光的武士階

---

20 同前揭書，頁95。

層，集結民間的不滿分子，引發了一連串的叛亂[21]。

　　前後四年的士族叛亂中，實屬1877年（明治10）西鄉隆盛的「西南戰爭」爲最大規模。身爲日本最初，而且是唯一的陸軍上將而贏得尊敬，同時是大久保好友的西鄉，回到故鄉的鹿兒島。爲了栽培後進，於1874年（明治7）自費設立私立學校，專注於以私校爲中心的士族獨裁體制，始終無視中央政府的指令。由於設立學校的教師和學生的暴動，引發了對新政府的叛亂，以鹿兒島縣的士族爲中心，爆發了日本近代史上有名的「西南戰爭」。

　　1877年（明治10）2月，西鄉軍與政府軍對抗，從熊本城開始，西鄉軍在九州各地，與政府的徵兵制軍隊激烈交戰。9月政府軍攻入鹿兒島，西鄉在城山自殺，近代日本國內最大的叛亂事件，長達七個月的內戰終於落幕。西鄉軍的活動，不止限於鹿兒島，還擴及九州各地的士族，影響了包含警察及臨時徵募士族兵的政府軍[22]。叛亂軍與政府軍在各地發生激戰，對照只靠個人力量的西鄉軍，政府軍則依賴國民軍的集團戰鬥力，加上現代武器的支援，最終平定了叛亂。

　　西鄉自決後內戰終結，平定西南之役的過程中，木戶孝允在掛念戰爭的結果中病逝，隔年大久保被暗殺。維新三傑相繼的去世，政權移轉到大隈重信、伊藤博文及井上馨等新一代的手中。此時，不滿階層和地主等的地方富裕階層，亦領悟到武力暴動是無意義的；逐漸和江藤一樣，與1873年（明治6）政變失腳的板垣退助所主導的自由民權運動合流，促使日本國家進入一個嶄新的時期。

---

[21] 加藤文三，《日本近現代史の發展 上》，新日本出版社，1994年，頁70。
[22] 鳥海靖‧松尾正人等編，《日本近現代史研究事典》，東京堂出版，1999年，頁96。

第四節　文明開化的世態

何謂「文明開化」

　　「文明開化」是 Civilization 的譯語，此語由福澤諭吉首次使用。1869 年（明治 2）正月，在大久保利通提出的建言書中，明示仿傚歐美各國實施「文明開化之教」，內容涵蓋設立學校制度，以及「洋行遊學之法」、「造就人才」等綱要，被列爲是明治初年國家設定的急務。

　　「文明開化」不只是一種新觀念，也具備日後得以啓蒙國家、加強專制性格的作用。「富國強兵」的標語，指的是儲備的科學技術，不但是明治政府前進的要素，也含括「自由」和「民權」的啓蒙思想。「文明開化」更是一種思想和行動的大革新，內容具備了克服傳統志向的社會意識；文明＝西化的概念，在明治立國之初，完全是全國上下一致的課題。

　　如何憑藉國家政策，建構並汲取西洋文化的風潮，進而巧妙地融入傳統文化，並非一件簡單的事情。除了自主性的學習西方現代化之外，思想層面的西化，包含基督教傳教士傳入現代化的民權自主、博愛的新思想，讓後來知識階級得以利用媒體和雜誌來教化大眾，帶動了之後大正民主主義風潮。甚至，日本天皇制也以文明開化的觀念爲先導，以啓蒙性的權威等同權力的樣貌，展現在國民面前。

　　「文明開化」的政策，首先從食、衣、住、行的面相進行革新；其他如電信、鐵道的開通、郵便制度、太陽曆等皆包含其中，傳統封建的生活樣式，在國家政策的西化中逐漸瓦解。雖然國家主導的「文明開化」政策，因爲具備極爲強烈的意識，得以獲得嶄新概念的正統性；但是政府設定文明開化的各項政策，卻是到了 1871 年（明治 4）「廢藩置縣」後才正式啓動。文明開化的日常，從官方的「廢藩置

縣」政策開始，遍及文化性的改曆（修改曆法）、新貨幣條例、斷髮
令等，事關民眾的政治、經濟、社會生活等層面；全盤改革的內容，
亦擴及矯正日常生活裸體、撒尿等傳統陋習。

西化也不單純只是替換新輸入的西洋文化而已，明治政府更是
具體創造新國家的實質政策，以解除民眾的民俗世界，以架構國民的
「身體」。因為政府積極輸入西洋文化，年輕人開始對西方，懷著羨
慕及憧憬的心情。新世代充滿向學心，努力學習傳自西方「自由」、
「平等」、「權利」的法則，完全以「立身出世」為主要目標。受到
西洋文化的影響，不只國民生活方式隨之改變，伴隨文明開化而來
的，也興起對舊思想的批判，知識分子開始廣設新團體發表新思想；
1873 年（明治 6）森有禮設立的「明六社」，就是一個啓蒙結社。

軍事力的強化

明治開國後，政府列出「富國強兵」及「殖產興業」的兩項主
軸，官方具體實踐經濟發展和強化軍事力的目標，官民一體圖謀國力
向上。強化軍事力首先考慮的，是必須把散布在諸藩的兵力，結合成
超越藩意識的國家軍隊。

一開始，長州藩的大村益次郎，決定不靠藩兵，而以國民皆兵
的觀念，建立國家的現代化軍隊。大村被暗殺後，朝內繼承大村構想
的，是同為長州出身的山縣有朋。山縣將薩摩、長州、土佐為中心而
組成的御親兵改稱為近衛兵，1872 年（明治 5）發徵兵告諭，隔年
依徵兵令，實現了國民皆兵的狀況[23]。徵兵令雖以成人男子為對象，
但是有特殊條件得以免除規定，譬如：身高不足規定者、繼承家業
者、公立學校學生、繳納代人費 270 元以上者、出國赴西洋者等。

諸多考慮下，實際上構成軍隊的成員，只是農家的次男及三

---

23 鳥海靖・松尾正人等編，《日本近現代史研究事典》，東京堂出版，1999年，頁77。

男，同時也以舊佐幕派的士族出身者為主。初期，因為百姓對外來軍制和設備的不熟悉，諸多的不安心理之下，出現逃避徵兵者。從傳統進入現代化的過程中，雖然有些混亂，但是透過政府的宣導，堅持強化國民皆兵的一貫宗旨，可以說現代化軍隊的目標，初步已經達成。

明治初期，日本陸軍最初採用法國式兵制，後來改採德國式兵制，海軍則是採取英國式兵制。實施西方現代化軍隊的成效，就是國內發生最大的叛亂「西南戰爭」時，因為依靠徵兵的政府軍隊，得以很快地鎮壓了西鄉的士族部隊，可以說現代化軍隊的實力很快獲得證實。現代化軍隊的效率，更是在日後的日清、日俄戰爭時，發揮了極大的成效。

新聞文化與太陽曆的導入

不只外在的生活樣態，西方思想也逐漸滲透，進入日本人的精神層面，知識分子啓蒙自由平等，以及西洋思想的各式出版刊物，競相被傳閱。由於本木昌造成功鑄造了鉛製活字版印刷，可以大量印刷宣傳新式思想。政府亦積極派出海外留學生和徵募外國人教師，傳入現代化知識啓蒙大眾。

隨著現代化的進展，替代瓦版登場的就是報紙；因為刻版印刷的發達，讓文明開化的思想迅速流行[24]。1870 年（明治 3），最初的日刊邦字報紙《橫濱每日新聞》正式發刊；隨著報紙的普及，全民對自由民權運動及條約改正的關心度提高。1872 年（明治 5）《郵便報知新聞》正式創刊，後來也成為立憲改進黨系的報紙，其他還有立憲帝政黨系的《東京日日新聞》。到了 1882 年（明治 15），自由黨創刊機關報的《自由新聞》，以及福澤諭吉創刊的《時事新報》，已經成為日本的五大報紙。

---

24 倉山滿編，《總圖解 日本の近現代史》，新人物往來社，2010年，頁80。

　　這些報刊不只是各政黨的專用機關報，自由民權論者也利用報
紙宣揚國權論。特別是 1873 年（明治 6）創刊的《明六社》雜誌，
基於啟蒙批判的精神，不但批判了舊有的思想，更是積極介紹許多西
方文明開化的思想。到了 1889 年（明治 22），陸羯南在創刊的《日
本》雜誌上，也積極提倡近代民族主義；隔年德富蘇峰更是在《國民
新聞》上，提倡平民的歐化主義等。留學法國的中江兆民，更是極力
介紹盧梭的思想，對之後的自由民權運動發生極大的影響力。知識分
子各持的政治主張，對於啟蒙國民政治思想有很大的功勞。

　　而且，各家報社有特約文藝作家，固定在報上發表小說，對於
近代文學的普及也深具貢獻。如：黑岩淚香創刊的新聞《萬朝報》，
廣為滲入國民生活之中；到了 1898 年（明治 31），《大阪朝日新
聞》、《萬朝報》及《大阪每日新聞》等報紙的發行，發行部數都超
過預期的數量。各種報紙，在火車站及街頭販賣，廣為宣傳各種現代
化的知識；各種新思想及觀念，藉由報紙的介紹，廣泛地被大眾接受。

　　新政府在改革制度的同時，也努力引進西方的技術，為了趕上歐
美列強，積極地破除陋習。改革的內容也延伸到曆法，1872 年政府
對照西方的作法，修改日本的曆法，廢除舊曆的太陰太陽曆，而採用
新曆的太陽曆；並以 24 小時為一天、七天為一週，訂定星期日為假
日的習慣。新政府將舊曆的 1872 年（明治 5）12 月 3 日，改定為太
陽曆的 1873 年（明治 6）1 月 1 日。舊曆有非閏年的閏月，因此新政
府所發出的重要文書，政體書改定為 1866 年閏 4 月 [25]。

　　改曆不只是制度的改變，也大大影響了廣泛的民間行事。但
是，農村和漁村的農漁耕作時段，以及海潮的關係，仍然使用舊曆行
事，大概是舊曆和新曆並行使用的狀況。文明開化的日常生活中，百
姓也開始吃牛肉，市販的牛肉鍋商店盛行。其他有如起司、啤酒、麵

---

[25] 加藤文三，《日本近現代史の發展 上》，新日本出版社，1994年，頁64。

包等西方食物，也開始在各地餐廳販賣，成爲日本人生活的一部分，
各種改變影響了庶民食衣住行的各個層面。

殖產興業與金本位制

　　「殖產興業」指的是，快速培育帝國資本主義的內涵。本來也就
是明治新政府列舉的兩大標語之一，目的就是培養，足以和外國比肩
的強大軍需力和經濟力。明治政府成立之初，爲了與西方列國並駕齊
驅，視殖產發展爲主要條件，欲求快速去除封建社會傳統的做法，就
是致力於商品自由經濟。藉著岩倉使節團的出團，新政府極力探查西
方的各種制度和設備，導入各國的新技術和作法，努力發展國內的產
業育成政策。

　　1868 年（明治元），政府設立了太政官札，以及輔助的民部省
札，但是因爲不能交換黃金的關係，價值瞬間跌落，此番狀況直到
1879 年（明治 12）才交換回收。因此，1871 年（明治 4），政府爲
了收拾幣制混亂的局面，確立了黃金本位制。隔年（明治 5），伊藤
博文以整理紙幣爲目的，建議澀澤榮一起草，設立國立銀行條例。此
條例以美國的國家銀行爲範本，是以國家的法律而設立的民間銀行，
而非國營的銀行[26]。除了本位貨幣的金幣之外，也鑄造貿易銀，政府
則以黃金本位爲目標，混亂狀況延續到 1897 年（明治 30），確立黃
金本位制貨幣法爲止才完全解除。

　　1869 年（明治 2）設立大藏省，統籌足以支撐國家政策的財源，
日本興業銀行更是對工業部門的產業育成進行融資[27]。1869 年（明治
2），除了在大阪設置開港場之外，到了 1872 年（明治 5）又進一步
完成新橋及橫濱之間的鐵路建設，在東京和大阪之間，開設廣泛的流
通交通網。其他還有沿岸的燈塔建設，以及陸續制定銅、碳輸出解禁

---

[26] 加藤文三，《日本近現代史の發展 上》，新日本出版社，1994年，頁84。
[27] 東京大學日本史研究室編，《日本史概說》，東京大學出版會，2000年，頁209-210。

政策。1870 年（明治 3），政府設立工部省，開設和政府有軍事關係的工廠；而且以對外貿易產品的輕工業模式爲官營模範工廠，希望培養國內現代化產業。

殖產興業的過程中，與舊藩閥勢力有密切的關係，特別以三井、三菱、島田、小野等政商資本爲首要。在群馬縣設立官營的工廠，引進西洋的新技術，其中富岡製絲廠延請法國籍技術家布盧納指導，更是引進法國的現代化技術；1872 年（明治 5）更是在新橋及橫濱之間，鋪設了日本最初的鐵路。甚至爲了擴大長崎製鐵爲長崎造船所，也大量引入英國的技術；又引進荷蘭的工作機械等，致力於導入歐美的新技術以求更大的發展。透過明治政府的運作，官營工廠及礦山，成爲推進殖產興業的原動力。

1873 年（明治 6），大久保利通設立內務省，自任內務卿致力推行農業部門的產業政策。政府進行北海道的開拓時，爲了兼顧開拓和對俄國的警備，採用了屯田兵制。政府將東北地方窮困的士族，移往北海道從事開墾事業，並從美國聘請農政專家凱普隆擔任北海道開拓使顧問，教授當地人民經營農場的技術和農業專業知識。札幌農學校開校後，邀請美國人克拉克授課，內村鑑三及新渡戶稻造等人受其影響甚大。1880 年代開始，開拓期間的物產出售給民間，多半是轉給政商或和政府有密切關係的實業家。隔年，薩摩出身的黑田清隆開拓長官，將北海道的官有物，以有利的條件私相授受，因而遭到議論，此事和國會開設運動的激烈化連結而引發眾怒，因而被迫中止。

第五節　明治時期的思想特徵與知識分子

1871年開始急速進行的西洋化

1871 年（明治 4）開始，推廣各項文明開化政策，成爲全民的

共識；正因爲政府急速引入西洋的制度及文物，文明開化的流行風潮隨之高漲。1872 年（明治 5），東京正式制定條例，禁止裸體等風俗，隔年同條例開始推廣至全國，演變成爲輕犯罪法。但是，這種急速的文明化，也面臨了以西日本爲主，反對民眾的猛烈反擊。

由於西洋文物的傳入，使日本人的生活方式大爲改變，新思想觀念形成，個人立身出世的時代來臨。日本人雖然對西洋事物感到迷惑混亂，但是仍然積極將許多新奇事物，納入自己的生活中，「ハイカラ（摩登）」成爲流行的主語遍植民心。其中，洋風建築的出現，就是一個明顯的指標。鐵道開通的同一年，銀座附近發生大火，政府命令東京府著手建築二層樓的紅磚建築，商店開始集中進駐，發展成今天的銀座通。都市開始出現大量紅磚造屋的建築物，官廳、兵營、學校、銀行等，也開始出現西式的建築。

不只建築外觀的結構改變，日常生活上也能看到，允許直接著靴入室，坐在西式椅子的新作法，與傳統的生活習慣有很大的區別。日本人的生活習慣與外表大大的改變，和服變爲洋服，斬斷束髮成爲短髮；本來以魚食爲主的飲食文化，也開始吃牛肉及豬肉，餐桌上開始流行牛肉鍋及壽喜燒鍋。房間裡使用汽油燈、街巷點上瓦斯燈、磚造建築物並排、街上人力車及馬車替代「飛腳」（轉運貨物者）。由於前島密的努力，郵遞制度也整備開始營運。

幕府末期，洋服的利用，還只限於軍隊訓練的服裝，進入明治時期之後，軍人、警察、官吏和教員、學生等，也開始大量換穿洋服，民間穿著西裝的人口逐漸增多。武士時代的傳統逐漸遠離，理髮廳首先在橫濱開業，店裡飄揚著獎勵斷髮的歌謠，隨之而來的就是普遍的斷髮，整個社會充斥著現代化的氛圍。但是，依照木戶孝允所形容「日本橋周邊的文明開化」，洋風的盛行還只限於日本橋的周邊而

已，若踏出東京一步，其他地方仍然停留在江戶的風景[28]。

國家主導的西化政策，當然很快形成風潮，從思想、生活、學術等層面看來，日本確實已經走上現代化國家的規模。雖然，文明西化的過程中，也發生廢佛毀釋及文化財流出國外的特殊事件，但是整體而言，外人可以從制度和生活的面相，看到日本積極西化的成果。唯獨自由、尊重個人、民主主義等現代精神的導入仍然停滯，畢竟傳統思想的改造，並非一朝一夕可以達成。

明治思想的三大主軸—國家主義・進取精神・武士精神

歷史中，順應時代的精神各有其特色，明治帝國不同於幕末時期，眾所公認的共通點就是，具備獨特的精神與思想。在此可以列舉重要的三點來討論，首先是國家主義，其次是進取的精神，以及武士精神。

明治精神生成的背景，來自幕末時期，與西方列強訂立不平等條約之際，所萌生出確保民族獨立，希望獲得國際地位的強烈使命感。當時，個人與國家有同一化的傾向，全民普遍關心國家利害的安危，這是針對自我民族獨特的榮譽感。對明治人而言，國家存亡是一個切身的問題，國家健全與否與個人利害，始終也是息息相關的。明治年間，在文學創作及翻譯，深具影響力的二葉亭四迷（1864-1909 年，元治元—明治 42），在其論著中提到，自己在明治維新動亂的空氣中，感受到國家及政治的問題；作品中描述著，各種改革與國家未來前途的蛛絲馬跡，維新的動亂，躍然跳動在眼前。

條約改正與否，攸關國家獨立與否的外交問題，因此實現條約改正也就成為全民最大的共識。解除不平等條約的重點，是駐外法權和領事裁判權的兩條主軸。針對明治時期的國家主義而言，主要呈現

---

[28] 同前揭書，頁65。

兩種型態；首先是政府主導的法律、經濟以及各種「富國強兵」的政策。藉由政府頒布的「教育勅語」，內容就是重視儒家思想；藉著由上而下的基礎教育，引導個人面對君臣的忠孝節義，積極構築明治人對國家的效忠之心與責任感，也鞏固了國民對國家的感情型態。

1877年（明治10）之前，日本文明開化的啓蒙運動，完全是由官僚和高級知識分子互相配合運作。隨著幕府末期以來，對教育的重視，進入明治時期之後，政府進一步明定學校教育的規範，知識階層的結構，因而產生很大的變化。明治時期的教育就是以國民爲中心，呈現出國家與個人合體的統一型態。早期師範教育不但是年輕人晉升成知識階層，也是獲得社會地位的最佳途徑。這番狀況，在殖民地台灣也是相同的處境。

明治也是一個轉換的時代，因爲教育的普及，年輕人爲了官位和實業成就，開始積極走入教育殿堂。以往士族獨佔教育的情勢改變，成爲眾人皆可受教育的公平社會。國家觀念透過民間思想教育的連結，更加活化了明治思想的深層結構。戰前日本最具代表大正主義思想的運動，就是自由民權運動。由板垣退助指導的民權運動，結合土佐派形成之後的「愛國社」，秉著國民必須廣泛參與政治的目標，認爲政治必須眞誠貫徹國民的需求及信念[29]。

同時，明治時期也是一個洋溢著實驗精神的時代。因爲政府積極導入立憲體制，「文明開化」除了殖產興業之外，也包含教育。1872年（明治5）8月，政府頒布日本最初的學制，以小學義務教育取代私塾，強調四民平等的教育，廢除以往武士獨佔的封建式差別教育，整個社會充滿了進取的精神[30]。新式教育中特別重視「實學」的精神，使傳統教育從既成的觀念和價值觀中解放，開始從自由的觀

[29] 松本三之介，《明治精神の構造》，岩波現代文庫，2012年，頁19。
[30] 倉山滿編，《總圖解 日本の近現代史》，新人物往來社，2010年，頁80。

點，導入實用性的作法，讓整個社會欣欣向榮。

1874年（明治7），以森有禮爲首，聚集了福澤諭吉、西周、加藤弘之、津田眞道、中村正直、中江兆民等洋學知識分子，創立了「明六社」。透過知識分子的著作或演講，傳達現代化思想，達到啓蒙社會的功效；也透過西方著作的翻譯，「哲學」、「宗教」、「權利」、「社會」等翻譯用語陸續登場。《橫濱每日新聞》開始有鉛字印刷，陸續有報紙發行，刊載現代化的知識，形成都市知識階層的輿論與價值觀，諸多批判也對當下政治，發揮了十足的影響力。

實證精神講求的就是，從思考方法的根本革新，進而發現事務的眞理和進步的方法。《明六社》雜誌大力介紹了，西方進化論的思考，廣泛影響了明治的思想家。其中，津田眞道（1829～1903年，文政12～明治36）甚至否定一直以來佛教和儒學講求的空論，嘗試在文明開化的氛圍中，導入西洋實證的精神。主張天賦人權論的加藤弘之（1836～1916年，天保7～大正5），就是接觸了進化論的思想，開始對社會產生懷疑；一方面把持與國家主義權威性的距離，又具體以歷史相對化的思考來審視明治社會。

明治精神的第三特徵，就是繼承武士精神的傳統。明治時代雖然崇尚西歐現代化的思想，但是精神品格的底蘊，還是承繼了傳統舊時代武士的觀念。以傳統武士爲範本，對應上述所說的國家觀念，有兩個主要方向。首先是推動以政府爲中心，連結臣民道德論的方向；另外就是培養自立性的氣概和品行，以構成擔負國家社會再生的動力[31]。「教育勅語」的內容，所沿用的傳統主義，正是儒教道德的三綱五常，形成了明治時期國民道德中的德目細綱，其中明治民法的訂定，就是一個很典型的例子。

明治初期，知識分子所強調的民權思想，表現出士族的精神，呈

---

[31] 松本三之介，《明治精神の構造》，岩波現代文庫，2012年，頁24。

現出公共精神與政治意識的底蘊，也是推動新時代政治運動的源泉。民權運動理論指導者的植木枝盛，在批判傳統封建社會時，指出一般民眾對於社會無感，只注重私領域利益關係的弊病。植木也強調，幕末士族持有的氣概，獻身於天下國家的公共精神，正是社會進步的原動力。對於國家所必須堅持的志氣，就是道德規範所融生的氣概，也是武士對於自我的要求，這是「武士道」精神的再生。

甚至，為了國家進步，優先考慮國家社會的利益，要求自我犧牲和規律的基礎點上，明治精神完全繼承了傳統的美德。明治政府鼓吹各種進步的思想，傳統武士自我奉獻的精神，傳達了捨身成仁的美德；士族的品性及鼓舞的氣節，無非也是武士精神的再生，此番氣韻在明治後期，社會主義者的身上仍然可以看到。明治之後，對應西方國際主義的潮流，輸入各種現代化思考，替代士族而起的，就是新一代西洋「紳士」精神的再現。

啟蒙思想家—福澤諭吉

福澤諭吉是明治初期，具有很大影響力的言論家，也是慶應義塾的創辦人。他自幼勤學，年少時赴大阪，在緒方洪庵的私塾中，學習荷蘭語。福澤認為人的價值信念，決定於自身學到多少實用性的學問而定，福澤一生的學問和成就，完全在他自身的體驗中完成。

1860 年（萬延元），福澤以「日美修好通商條約」批准書交換使節團護衛，咸臨號艦長隨從的身分前往美國。隨著出訪國外的行程，福澤親眼目睹了許多不適切的事物，西方自主的精神，確實帶給福澤很大的啟發。回國後專心於慶應義塾的教育，執筆的思想論著，以宣揚獨立自主的思想為根本，帶給社會很大的影響。福澤一生對教育不遺餘力，在上野寬永寺的戰爭時，身處炮聲隆隆中，仍然毅然授

課是有名的軼聞[32]。正如「一身獨立而後，一國獨立之」這句話所顯示的意義，福澤以確立個人精神及經濟上的自立，為終身的目標。

福澤深感教育的重要，自創日刊新聞《時事新報》，以啟蒙大眾，對於日後新聞界的發展亦有極大貢獻。對於以地政學為考量的日本外交而言，福澤對朝鮮半島的狀況，始終抱著莫大的關心。福澤主張必須考慮，以朝鮮半島作為對中國大陸的防禦牆；歷經1884年（明治17）的「甲申事變」後，福澤發表了著名的「脫亞入歐」論，文中強烈批判了當時的朝鮮。對照當時日本的外交狀況，福澤呼籲日本應該以文明國家的姿態，努力在國際社會中求生存。

福澤也極力主張「以國家的獨立為目的，國家的文明就是達到此目的的手段」，始終努力建立對國家有貢獻的理念，日後也造就了他成為政治家、官僚、經營者、言論家等各方面的才能。福澤一生致力於介紹西洋事務，著作包括《西洋事情》、《文明論的概略》、《學問的勸導》等書。福澤的每本著作，都以淺而易懂的書寫方式，闡述了日本當時被西方列強包圍的困境，亦說出未來如何對應的方法。福澤也強調眾人必須依賴「理財的智力」，以增進學問的發展，因而提倡「勤學」的觀念。

勤學的方法，則來自於當時盛行於西歐的實證主義，福澤本人也以實證的科學精神遍讀群書，批判受封建制度束縛的民眾生活，同時也極力主張，人民必須以實學來約束自己。福澤也並非獨善其身，一生的作為，涵蓋了教育家或是政治學者的風範，絕非以構築自我完結的學問為使命。因為與大隈重信親近的緣故，在明治十四年的政變中，福澤送入政官界的人才被一掃而空，但是以養子的桃介為首，在金融界扎根的結果，迄今影響廣為深遠。

終其一生，福澤以啟蒙大眾為志業，翻譯並書寫了許多有關西洋

---

[32] 同前揭書，頁81。

思想的著作，對日本的政治思想影響深遠。福澤始終是一位亞細亞主義者，然而在其著作中，卻並未呈現以「文明開化」來對抗「西力東漸」的主張；最終福澤對於蔑視日本、迫害本國愛國者的朝鮮和清國感到絕望。福澤的人生體驗，孕發了民權與國權的矛盾，但是根本的分界線，還是侷限於國權；雖然主張人必須自主活動，但是終究還是強調必須依附於國家。

第三章　自由民權運動與帝國憲法

第一節　自由民權運動與政黨政治

自由民權運動的過程

　　1870 年中期到 1880 年代前半，是日本自由民權運動尋求樹立立憲政體，而具體展開政治活動的時期。「國會開設」是民權運動的主要目標，初期也有地方自治，以及制定民約憲法的需求。1874 年（明治 7）1 月，板垣退助等人向政府提出「民撰議院設立建白書」，內容討論了採用立憲政體的優劣問題，這是自由民權運動具體行動的開端。1872 年（明治 5）左右，亦有其他的提議設立者，向政府提出建白書，積極開始討論。

　　坂垣的建白書與其他最大的不同，在於內容批判了官僚的獨裁，並且強力主張，必須組織足以讓人民有參政權的議會制度[1]。當時，建白書在國內之所以引起眾人的注目，無非是由「征韓論」失敗而下野的舊參議所提出，帶有延續「明治六年政變」的性格。明治初期開始，陸續有新聞雜誌介紹了西方天賦人權論、代議政體論等西歐的政治思想，透過國內廣泛的討論後，新思想已經開始萌芽。有關「民選議院論爭」的議題，陸續刊載在各報章，導致大眾對於是否設立國會等議題的關切度也急速高漲。

　　1874 年（明治 7），板垣等舊土佐藩士族，為了推展自由民權運動，積極組成具有獨自組織的政治團體。譬如：在高知組成了「立

---

[1] 鳥海靖・松尾正人等編，《日本近代史事典》，東京堂出版，1999年，頁109。

志社」，之後在西日本各地，又組織了反政府的士族結社。1875 年
（明治 8）2 月，整合各政治團體在大阪創立了「愛國社」。最後，
因為板垣個人回歸政府，導致「愛國社」未能跨越不平士族集團的
外殼，因而暫時畫下休止符[2]。大致而言，民權運動的發展，以「立志
社」的土佐派擔負最大的責任。當時由片岡健吉舉著「自主·獨立」
的口號，在各地舉行演講和討論會，努力宣導教化年輕世代。

　　1875 年（明治 8）小室信夫也在德島創立的「自助社」，積極
在大阪活動，隨後擴展成全國性的組織[3]。從第一次地方官會議之後，
各地要求設置公選地方民會，包括府縣會、區會的動作，不論中央或
地方的報紙，都極力宣傳及說明地方自治的必要性。終於，在 1878
年（明治 11）7 月，政府創立地方三新法，這是政府對民權運動的回
應，也是民權運動開花的結果。到了 1880 年至 1881 年（明治 13 至
14）之間，是民權運動的全盛時期；特別是在 1881 年（明治 14）7
月，民間批判北海道開拓使官，私自出售官有物的言論更加激烈，連
結民權運動達到高潮。

　　同年 10 月，政府頒布十年後開設國會的敕書，同時解任參議大
隈重信，藉此渡過了明治 14 年政變的危機。1882 年（明治 15）3 月，
陸續展開了政黨的組織行動；分別由 1881 年 10 月組成的自由黨，
以及東京的言論家和明治 14 年政變下台的開明派官僚，組成立憲改
進黨的兩黨。政府在備受壓力之下，也開始反擊，於 1882 年（明治
15）6 月修改集會條例，對於結社、集會加以嚴格的限制；除了禁止
設立分會外，也禁止彼此互相聯絡[4]。

　　同年 9 月，民權派內部因為自由黨總理板垣退助、副總理後藤象
二郎出國費用的問題，引起自由與改進兩黨的對立，此後雙方的摩擦

2　加藤文三，《日本近現代史の發展 上》，新日本出版社，1994年，頁74。
3　同前揭書。
4　鳥海靖·松尾正人等編，《日本近代史事典》，東京堂出版，1999年，頁110。

不斷，削弱了彼此的氣勢。1883 年（明治 16）6 月，從歐洲回國的坂垣提出解散黨的要求，此時國內因爲松方財政通貨緊縮，物價導致農民生活困苦，支援民權運動的豪農階層離棄等，民權運動的氣勢已經逐漸衰退。甚至從 1884 年到 1885 年（明治 17 至 18）爲止，在自由黨活動停滯的期間，引發了急進派對黨中央合法方針不滿的事件，群馬事件、秩父事件等，連帶的恐怖事件及暴動事件層出不窮，但是政府卻無法平定暴動[5]。

結果，從 1884 年（明治 17）10 月開始，到隔年 3 月爲止，自由黨和改進黨都陸續解散。1886 年（明治 19）底開始，民權派再度展開活動，朝向大團結的方向努力；隔年推動了「減輕地租」、「言論集會的自由」、「外交的挽回」等三大事項。基於各地抗爭事件紛起，政府針對民權運動諸多的活動，祭出保安條例，將土佐派的活動分子驅逐到距離皇居三里之外。同時，誘使 1889 年（明治 22）大團結運動的指導者後藤象二郎入閣，以分散運動的力量。時勢所趨，民權運動的勢力遭到分散瓦解，不久宣告結束。

「明治十四年政變」的始末

隨著自由民權運動的風潮，1880 年（明治 13）政府改正自由主義的教育令，並加強文部省和府知事、縣令的統治權力。本來，學校教科書都是教師自由選定，但是明治政府以「妨害國安和擾亂風俗」爲由，禁止教師自由選用教材，並且進一步禁止教師加入政治社團，以及參加任何政治集會等。終於，在 1881 年（明治 14）的 3 月，大隈重信在全國各方要求設立國會的聲浪中，斷然採用了英國流派的意願內閣制，提出制定憲法、開設議會和應該以多數政黨組成內閣的意見書。但是，此番主張也與伊藤博文等，主張以德國政體爲範本的一

5　笹山晴生，佐藤信等著作，《詳說 日本史 B》，山川出版社，2015年，頁281

派，產生對立。

　　幾乎同時，北海道爆發了開拓使官處置的問題。事出於明治初期將古代蝦夷更名爲北海道後，1869 年（明治 2）更在札幌設立開拓使的官方役所，1872 年（明治 5）開始招募西方人，引進西洋技術設立官營的工廠，也開始移入士族和屯田兵，進行炭礦的開發。到了1881 年（明治 14），政府決定廢止開拓使，卻將官有物的物權，擅自移交給薩摩藩出身的政商[6]。此番未循政府政策的官方處置，私自處理官有物的作法，自然引起各方的不滿。

　　報紙媒體是民權派的利器，此事件愈演愈烈的結果，自然提供民權派大量攻擊的材料。大隈派更是利用事件發生的始末，在報紙上大肆宣傳，聚集了各地民權人士對政府強烈的攻擊，開始準備結合成單一政黨。最後，明治政府藉此機會，打壓反對派，藉著國會開設宣言，意圖利用民權運動者，和之後改良派之間產生的間隙，確實達到阻擾反對勢力的效果。

　　隨著大隈重信的辭任，政府也迫使前島密、矢野文雄、尾崎行雄、犬養毅等人辭官，政府一連串的整肅就是「明治十四年政變」。政變的隔天，政府設定以天皇爲主的中央集權制，同時積極實施官制的改革。伊藤博文就任議長一職，井上毅等人就任議官，甚至藉著此改革恢復參議省兼任制，同時也以天皇爲陸海軍的統帥，並且設立了許多基本方案，正式將大日本國憲法具體化[7]。

「自由民權運動」的歷史意義

　　「自由民權運動」的目標，本來就是建立立憲政體。幕府末期以來，諸多的自由、民權、和平等思想，不斷藉著雜誌和報紙，啓蒙了日本的傳統社會。在藩閥政府專制體制下，諸多自由民權思想逐漸普

6　加藤文三，《日本近現代史の發展 上》，新日本出版社，1994年，頁81。
7　鳥海靖・松尾正人等編，《日本近代史事典》，東京堂出版，1999年，頁125。

及，轉化成具體的作為，所引發的就是「自由民權運動」。雖然參加運動的豪農中，也有心存僥倖者，特別將參加與否，當作進入政界的條件。即便如此，主張的內容，仍然堅持確保國家獨立，期待國政轉換為立憲制，和獲得國民賦予的權利有重大關連。因此，世人無法將民權運動內含思想的層面，從近世民眾運動中抽離；也無法單純定位為百姓暴動，或解釋成民間個人轉為反對新政府的暴動中，所發展出的單線流程而已。

　　日本近代史上，民權運動最有意義的作為，就是推動政黨的誕生。民權運動以集結多數的力量，向政府施壓以實現目的為宗旨，因此必須具備推行運動的組織，當時「愛國社」和「國會期形成同盟」，完全朝此目標努力。此同盟組織具有下列的特質：1. 幾乎是網羅全國性的組織、2. 屬於恆常性活動的組織、3. 幾乎是參加者自發性的組織。因此，不只限於狹窄區域的非日常性鬥爭而已，而且與伴有強制性參加的暴動，在本質上有所不同，甚至也和同時期農民負債的騷擾案迥異其趣。

　　民主主義國家代議制，最根本的就是政黨組織。日本民權運動並非以實力打倒政府為目標，完全以集結多數的力量，企圖以建立立憲政體為目的，因此有必要獲得國民的理解和支持。當下扮演最大角色的是報紙、雜誌和演講；報紙作為對國民宣揚現代化政策的媒體，早就接受政府的資助。但是，在 1874 年（明治 7）之後，報紙卻出現反政府的言論，刊載了各地民權運動的狀況，此舉又更加推動了民權運動。就在 1885 年（明治 18）6 月，政府制定新聞條例及讒謗律令的規範，但是報紙對政府的批判反而愈加激烈；報界中也有不少人，因此受到官方的彈壓，因而轉換成為民權運動者。隨著民權運動的發展，演講活動迅速普及，自然也成為推動民權運動，不可或缺的項目之一。

　　但是，日本歷史上，對民權運動的評價，並非勝敗單純的二元論

而已，整個民權運動運作的氛圍，包含了幾項連結關係，必須加入以下幾點思考。首先，在歷經西洋文明傳入的過程，因為民權思維所帶動的民權運動，不只確實地提出替代政府的國家構想，政黨民主主義代議制的根基也得以成立；而且推廣運動的報紙和演說的作用，呈顯擔當「新文化」轉變的利器等現況，也應該予以積極評價。甚至，此運動推動了，明治政府於 1889 年（明治 22）制定了東亞首部憲法的事實，更是特別值得肯定的。

隔年，日本國會成立。即使諸多內容，與本來民權派所要求的有些差異，但是整個民主氛圍，確立了日後大正民主主義時期立憲政治的基礎。也預先架構了戰後民主政治體制，確立高度的民主關聯體制，而且具體連結日本議議會政治的作用上，更是必須予以高度的評價[8]。

第二節　國會開設運動

國會開設運動的展開

雖然，政府內有一部分的人，對於設立國會的重要性，已經具有初步的認識；但是藉著明治時期的許多改革，更加凸顯出國會開設的迫切性。終於在 1874 年（明治 7）1 月，板垣退助、江藤新平、後藤象二郎、副島種臣等征韓派的下野參議，聯合小室信夫、岡本健三郎等人向左院提出「民撰議院設立建白書」，燃起開設國會運動的戰火。國會開設運動經由土佐的「立志社」、阿波的「自助社」等，由各地反藩閥政府的民權結社擴展至全國。1875 年（明治 8）2 月，全國民權政社的聯合團體「愛國社」誕生，不久板垣退助以建立立憲政

---

8 米原謙，《日本政治思想》，ミネルヴァ書房，2013年，頁66-72。

體爲目標回歸政府，「愛國社」組織因而解體。

　　1878 年（明治 11）4 月，「立志社」再度抬出板垣，計畫復興「愛國社」，並於同年 9 月在大阪召開「愛國社」復興大會，再次成功的集結民權派人士。1879 年（明治 12）政府成立府縣會，替代民權派所要求的「地方民會」。府縣會可以申述知事所提出的預算案，知事不拘泥於府縣會的決議，決定原案執行，但是和普通的「民會」的主張有所不同；府縣會成爲地方的豪農和商人之間，進出民權運動的場所。除了士族知識階級組成立志性的政治與思想的團體之外，也開始進行府縣會和知事的鬥爭，不但促進了豪農和富商民權運動的成長，日後兩者合而爲一，更是發展成爲國會開設運動的組織[9]。

　　1880 年（明治 13），除了成立「愛國社」之外，更是組織了「國會期同盟」，廣大同志的參加，促使設立國會的統一目標，瞬間活躍起來。全國代表府、縣約十萬人向太政官請願「允許開設國會之上願書」，運動持續蓬勃。直到 1881 年（明治 14），因爲北海道開拓使官有物標售事件，導致政府陷入困境；除了罷免參議大隈重信之外，也約定在 1890 年（明治 23）設立國會，開設國會的詔敕，讓明治政府脫離了政治危機。

自由黨和立憲改進黨的組織活動

　　1880 年到 1881 年間（明治 13 至 14），自由民權運動要求設立國會的氛圍，達到最高潮。1881 年（明治 14）10 月 29 日自由黨成立，立憲改進黨也在隔年 4 月 16 日正式創立。依其組織和活動的內容判斷，自由黨在創立大會制定盟約三章，規則內容明定十五章，選出總理板垣退助及副總理中島信行和常議員馬場辰豬、後藤象二郎等黨職人員。盟約中有擴充自由以圖改良社會的意旨，盡力確立良善的

9　井上清，《日本の歷史 中》，岩波新書，200年，頁171。

立憲政體，將中央總部設於東京，且於地方設地方分部，入、離黨的手續必須統籌於本人戶籍地或居住地的地方分部辦理[10]。

1882年（明治15）3月14日，以小野梓爲中心，立憲改進黨發表了「立憲改進黨趣旨書」，4月又在明治會堂召開建黨大會，大隈重信就任總理，小野梓等人爲掌事，較自由黨晚了半年出發。綱領是：確立王室的尊榮和人民的幸福、改良內地和擴張國權、確立地方自治的基礎、擴大選舉權及通商關係，期望實現英國式的政黨內閣制等內容。在黨的「內規」中，除了簡單規定中央組織外，只是每月15日開會，入黨、除名手續及關於黨費的簡單規定而已，並無黨的營運體制，以及有關地方組織的規定；其組織的管制和自由黨比較起來，可以說相當鬆懈沒有章法[11]。

自由黨成立後，各式活動變得相當活躍而興盛，直至1882年（明治15）5月的半年之間，自由黨在全國各地設立了三十多處的地方黨部。但是，自由黨組織的急速擴大，也促使明治政府在同年6月，快速頒布「集會條例改正」，明定地方黨部組織爲非法，自由黨因而瞬間成爲非法組織。1882年（明治15）夏天，自由黨開始步上衰退之路，同年9月黨內發生談論板垣外遊的是非，因爲正、反兩派的抗爭，導致黨內的混亂更爲嚴重[12]。

對於1884年（明治17）10月29日自由黨的解黨，當下一般大眾的共識，認爲導因是「土佐派」和「急進派」路線的對立，而且1884年9月發生的「加波山事件」，最後成爲解黨的直接原因。但是從新資料發現，解黨的實際原因，是因爲財政資金募款計畫失敗所致。立憲改進黨也在1884年（明治17）11月底到12月間，提出解黨論，考慮黨員廢除的名單；12月17日大隈重信、河野敏鎌等人斷

<hr>

[10] 高橋性八郎等編，《日本近代史要說》，東京大學出版會，2002年，頁193。
[11] 同前揭書。
[12] 加藤文三，《日本近現代史の發展 上》，新日本出版社，1994年，頁89。

然脫黨，面臨了生死存亡的危機。雖然，反對解黨的黨員立即召開臨時會，廢止總理、掌事等黨職外，經過多方的變動之後，一直存續到1896年（明治29）3月，因為要組織進步黨而正式解散[13]。

憲法制定論爭和樞密院

在德國及奧地利研習憲法理論的伊藤博文，與井上毅、伊東巳代治、金子堅太郎等人，受到德國人羅斯勒（Hermann Roesler）和莫賽（Albert Mosse）的協助，共同起草憲法草案。該憲法草案經過樞密院審議後，在1889年（明治22）2月11日（紀元節）發布，這是東亞第一部成文的現代憲法，內容也包含了皇室相關的法規與典範[14]。日本因為公布國家憲法，確立了以天皇為中心的國家體制，明治帝國正式步上現代化國家的道路。

明治憲法屬於行政府優位的性質，全國在憲法體系之下，官僚的作用增大。依照現代化國家的模式，導入西方型的統治機關，其實就是包含行政、立法、司法的三權分立的原理。大日本帝國憲法也被稱為「帝國憲法」，是天皇賜予國民的欽定憲法。憑藉憲法條文，天皇持有大權，此一精神即為現代立憲君主制的基本原理。審議憲法草案的樞密院，在制定憲法時有論爭；當時在樞密顧問官中，保守派將依字面解釋天皇的大權，而且放大天皇的權限。但是，伊藤堅持參照西方的論點，提出立憲政體的本義，說明要在行政府設置責任大臣，以限制天皇行政權，甚至規定未獲得議會的允許，不得制定法律的兩項重點[15]。

「帝國憲法」中，將帝國議會定位為協助天皇的立法權機關，內閣則是輔弼天皇的機關。依照德裔內閣顧問（H.Roesler）的建議，

---

[13] 同前揭書。
[14] 倉山滿編，《總圖解 日本の近現代史》，新人物往來社，2010年，頁102。
[15] 同前揭書。

日本訂立天皇主權、防止政黨內閣化，以及強調統帥權獨立的基本原則，研擬出帝國憲法的基本原則。參照西方的經驗，伊藤也極力主張天皇是被約制權限內的存在；規定行政權的主體屬於內閣，立法權的主體則在國會。雖然憲法中也賦予宗教信仰的自由，但是「帝國憲法以」神道爲國教，皇室和國家的大事，以及國家慶典儀禮都以神道的儀式爲主，具體呈現了明治憲法的基本精神。

之後，在 1890 年（明治 23）的第一次議會中，因爲憲法的實際運用，閣員發生衝突。基於如此的經驗，事前考慮國會對策的效率，必須先考量要以政黨交涉爲先行的步驟[16]。事實上也從沒有發生過，天皇可以在帝國會議決可的法律，以及可以上奏內閣行使否決權的狀況。以上諸多現象判斷，日本「帝國憲法」，的確具有相當強烈立憲君主制的性格。

第三節　帝國的內閣制度

內閣制度的創設過程

1873 年（明治 6），改正太政官職制時，規定太政官制度下的內閣，爲行政各省的長官（卿）上位的參議合議體，是爲實際決定政策的機構。但是太政官制度有以下的弊害：當行政各省執行政策時，必須經過內閣的決定，即三大臣（太政大臣、左、右大臣）的上奏、天皇的裁決等繁雜且效率低的程序。而且，三大臣的職務只限於有皇族、舊華族身分者擔任。

1882 年到 1883 年（明治 15 至 16）間，伊藤博文赴歐洲考察憲法時，開始將立憲體制納入思考；考察項目中，也包含對太政官制度

---

[16] 御廚貴，《日本の近代 3 明治國家の完成1890～1905》中央公論社，2001年。

的改革。從 1885 年（明治 18）4 月開始進行改革，此時明治天皇及三條實美太政大臣，提出維持原來制度的構想；亦任命薩摩出身的黑田清隆和長州出身的伊藤各配爲左右大臣，以維持政府內部的平衡。諸多討論與改正之後，終於在 1885 年（明治 18）12 月，廢止太政官制度，內閣制度正式起步。

　　新設立的內閣制度，設有總理大臣及宮內、外務、內務、大藏、陸軍、海軍、司法、文部、農商務及遞信等各省大臣。內閣所屬機構，包含有內閣書記官、第一、第二、文書、會計、賞勳、恩給之七局和會計檢查院、統計院、修史館以及太政官文庫，另有直屬內閣總理大臣的法制局[17]。內閣由宮內大臣以外的各省大臣組成，目的是明確區別宮中和府中的職務，但是在剛起步的階段，伊藤兼任總理大臣和宮內大臣；爲了圖求政務的效率化，各省的大臣爲各省的長官，亦參與政策的決定。

　　全七條的內閣職權中，制定內閣總理大臣及各省大臣的權限，但是第一條內閣總理大臣具有「統督」行政各部門，有關屬於各省主任事務之法律，第五條則命令須與主任大臣共同副署等，等同於對各省大臣廣範圍的統治權。但是，構成的閣員幾乎是薩摩和長州的出身者佔多數，藩閥內閣的樣態，與新政府剛成立時沒有太多的差異，因而受到反對派的強烈質疑[18]。由於內閣制度的制定，逐漸去除從明治維新以來，任意登用薩摩和長州等藩閥政治的色彩。

　　甚至，1886 年（明治 19）政府以帝國大學令，將大學設爲官吏養成的機構。隔年，更是明定文官任用令，明確制定文官考試，確立了帝國官僚制度的基礎。1889 年（明治 22）2 月公布的大日本帝國憲法，雖然對內閣沒有規定，但在第五十五條中，規定「國務各大

---

[17] 鳥海靖・松尾正人等編，《日本近代史研究事典》，東京堂出版，1999 年，頁139-140。
[18] 同前揭書。

臣」對天皇有輔弼責任。同年 12 月公布內閣官制全十條，其中廢止
了內閣職權。在內閣官制中，第二條明定內閣總理大臣只有保持行政
各部門的統一之責，及有關各省專任之行政事務敕令，未定內閣總理
大臣之副署。而第四條定由主任之各省大臣副署等，與內閣職權相
較，內閣官制中，總理大臣的權限大幅縮減[19]。

　　因為，制定內閣官制的山縣有朋內閣，發現黑田清隆的前內
閣，大隈重信外務大臣等，於條約改正交涉時，閣內的不統一和內閣
總理大臣的獨斷專行等事項。基於此經驗，所以憲法的制定，規定以
國務大臣平等的原則。內閣官制制定後，依照「內閣所屬職員官制」
（明治 23 年 7 月敕令），除了內閣書記官室之外，設置恩給記錄、
統計、官報、會計等五局，同年敕令第九十一號中，更設有法制局隸
歸內閣管轄的規定[20]。

地方自治制的導入及展開

　　地方自治制度的出發點，是以 1888 年（明治 21）4 月公布法
律第一號的市制、町村制，及 1890 年（明治 23）5 月公布法律第
三十五號的府縣制、及同第三十六號郡制為基準。雖然之前也有類似
的法律，即 1878 年（明治 11）7 月的新三法，內容是太政官布告第
十七號公布的郡區町村編治法、同法第十八號的府縣會規則、以及第
十九號地方稅規則，以及 1880 年（明治 13），太政官布告第十八號
的町村會法等，關於地方自治制等法律。但是，市制、町村制、府縣
制、郡制的建立，大致整理出府縣、郡、市、町村等地方行政區劃的
法制體系，對於地方自治的意義甚大[21]。

　　當時，內務卿的山縣有朋對制定地方自治非常盡力，山縣成為內

---

[19] 同前揭書。
[20] 同前揭書。
[21] 鳥海靖・松尾正人等編，《日本近代史事典》，東京堂出版，1999年，頁141。

務大臣後，更是得到內閣德裔法律顧問的勸說，極力提倡地方自治，
作為導入立憲制度的準備。1887 年（明治 20）1 月，設置地方制度
編纂委員會，由山縣內務大臣自任委員長，任命莫瑟、芳川顯正為內
務次官、青木周藏為外務次官、野村靖為通信次官等委員。在莫瑟的
建言下，此委員會在 2 月做成「地方制度編纂綱領」。之後，莫瑟以
此為本，起草「自治部落制草案」，委員會更細分為市制案和町村制
案起草。

　　第一次伊藤博文內閣任內，市制、町村制的原案，經過閣議和內
閣法制局的修正，1888 年（明治 21）2 月經過元老院的修正後通過。
初期地方制度編纂綱領和市制町村制案，出示給地方官員時，陸續出
現不合實情、時間尚早的批評，但是山縣內務大臣仍然強行使法案成
立。到了 9 月，府縣制、郡制原案提到黑田清隆內閣舉行閣議並定
案。此案下付到元老院時遭到反對，從 1887 年 12 月到 1889 年 10
月（明治 20 至 22）之間，歷經內閣法制局、元老院以及樞密院的密
集討論後，終於公布實施[22]。

　　依照町村長及府縣郡市町村各會議員等，地方自治營運的理
念，特別加入等級選舉制，將市會議員選舉列為三級，町村會議員為
二級的選舉人組織；依據納稅額來構成和複選的間接選舉制，即府縣
會議員由郡市會議員及郡市參事會選出。由所有地價總額一萬元以上
的地主，互選為郡會議員，更予以上級機關首長監督的規定，就是大
地主議員制。如此由上而下的嚴密規定，足以排除政黨勢力的弊害，
而且得到後人對明治地方自治，具備強烈官方性格的評價[23]。

　　1889 年（明治 22）3 月，制定法律第十二號，定三府為特別市
制，4 月開始實施制定市制町村，開始在三一市實施市制。在縣府所

---

[22] 同前揭書，頁142。
[23] 同前揭書。

在地，延後實施市制的是千葉市、那霸市，東京、京都、大阪等三市，得以特例由府知事兼任市長；以充實財政基盤爲目的，合併延續的町村制後，立即在全國實施，已施行郡制的府縣，則先施行府縣制規定[24]。雖然如此，直到大日本帝國憲法公布，仍然沒有完整的地方自治規定；大致在日清戰爭前，府縣制和郡制同時施行的只有青森、秋田、山形等十一縣。

　　1899 年（明治 32），在府縣制中明訂府縣爲法人，全面改正府縣制和郡制，也將複選的間接選舉制，改爲直接選舉制。郡制也同樣將間接選舉的複選制，改爲直接選舉制，廢止大地主議員制。經過全面修改後，首次施行府縣制爲三府四縣，也就是東京、京都、大阪、神奈川、岡山、廣島、香川等地。1911 年（明治 44），又全面修改市制町村制，將法律第六十八號中的市制，和法律第六十九號的町村制予以分離。市的執行機關，由原來的市參事會改爲市長、市會、町村會等成員；將議員設定爲每三年改選，亦由本來的半數修改爲全數，進行全面改選[25]。

　　其他，北海道與沖繩也是實施地方自治的地區。早在 1897 年（明治 30），北海道即施行獨自的區制，相當於市制，和一、二級町村制；同年基於郡區町村新的編制法，廢止郡公所而設置支廳。1901 年（明治 34）公布施行，與府縣會相當的議事機關的北海道會法，沖繩及其他的島嶼，則另外制定敕令；並在 1907 年（明治 40）依照敕令第四十六號，公布沖繩縣及島嶼町村制。1909 年（明治 42）施行沖繩縣特別縣制，一般的府縣制、市制及町村制，則是遲至 1920 年（大正 9）才正式實施[26]。

---

[24] 同前揭書。
[25] 同前揭書。
[26] 同上。

帝國憲法內的天皇和元老

　　日本天皇制的權力支配，是在與自由民權運動的對立中，逐漸確立完成的。對於天皇而言，首要就是具備重要的軍備武力，1881年（明治14）設立憲兵具有監視兵士的效用之外，對於一般國民軍隊，則是採取犯罪的模式。隔年頒布「軍人勅語」，規範軍人「與政治無關，一律效忠天皇的使命」[27]。元老則具有輔弼天皇的立場，同時對天皇也有絕大影響力。

　　1889年（明治22）2月11日，帝國憲法制定了皇室典範，受到與大日本帝國憲法同等級的對待，稱爲「典憲體制」。皇室典範內有十二章六十二條，內容有皇位繼承和踐祚即位、成年立后或立太子等規範，對於此皇室典範的修正或增補規定，需要經過皇族會議，以及樞密顧問的諮詢後欽定；而且與其他法律有差別，更加帶有皇室家憲的性質，在「帝國憲法」內，明定不需要帝國議會的協助或決議。本來，皇室典範原屬於皇室的家法性質，因此制定時，並未向日本帝國臣民公布。直到1907年（明治40）以皇室典範，並公布增補宮內大臣，內閣總理大臣以下的各國務大臣的副署[28]。

　　憲法給予天皇掌握宣戰、講和、締結條約、改正憲法、議會的開閉解散權、從內閣獨立出來的統帥權等大權[29]。「帝國憲法」的基本，規定天皇是大日本帝國憲法及皇室典範框架內的君主，不能否決內閣上奏的案件，重視臣民代表人聚集的眾議院及貴族院的決議，是體現立憲君主制的存在。而且，遵從君主無答責的原則，立法、行政、司法等的責任，在於輔弼天皇的各國務大臣，以及協助帝國議會等職責；元老不但輔弼及協助天皇的立場，同時對於天皇具有絕大影響

---

[27] 加藤文三，《日本近現代史の發展 上》，新日本出版社，1994年，頁94。
[28] 倉山滿編，《總圖解 日本の近現代史》，新人物往來社，2010年，頁104。
[29] 東京大學日本史研究室編，《日本史概說》，東京大學出版會，2000年，頁219。

力。雖然，元老是非正式的官職，但是皆爲天皇的最高政治顧問，可以參與內閣總理大臣的推薦及決定重要政策，在日本政界具備超然的力量。

第四節　明治立憲體制的形成及特色

帝國議會的開幕及左右內閣的預算先議權

第一次議會在貴族院舉行，當時眾議院過半數的是民黨，很快公布了眾議院議員選舉法，以及大日本帝國憲法。1890 年（明治23），日本舉行最初的眾議院議員總選舉，立憲自由黨及立憲改進黨等舊民權派獲得大勝。對政府採取反對立場的政黨稱爲民黨，支持政府的政黨則稱爲吏黨，第一次議會召集時，民黨占了過半數。

從第一議會到甲午戰爭前的第六議會爲止稱爲初期議會，政府和眾議院持續對立。憲法公布後，黑田清隆首相打出「政府的政策不會因爲政黨的存在而受到左右」的超然主義立場，因而在第一議會時，受到山縣有朋的支持。山縣在政府施政方針的演說中，主張「不只是國境線，包括確保朝鮮半島利益線」的方針[30]。環顧當時的狀況，這是有順序的施政策略；也就是先確保國境穩固，再進一步對外謀求利益的概念。民黨占議會過半數，擺出與政府對決的姿態，極力反對擴張軍備的預算，倡導節儉經費及休養民力。

當時，政府策劃分離自由黨內土佐派使預算得以通過，但是在第一議會閉會後即退回。在松方內閣時，第二議會因預算案與民黨對立，眾議院遭到解散。隨著解散的第二屆總選舉，品川彌二郎內相大規模干涉選舉壓迫民黨，但是由於民黨贏得勝利，這番干涉言論，反

---

[30] 倉山滿編，《總圖解 日本の近現代史》，新人物往來社，2010年，頁106。

而成爲事端導致自己引咎辭職。之後，日本國會大致呈現以下幾種狀況：因爲第三議會預算被否決，松方內閣也提出總辭，伊藤內閣則有與天皇和衷協同的詔書，勉強渡過第四議會；第五議會有對外強硬派，聯合對政府的攻擊，第六議會則提出政府彈劾上奏案，這兩屆都被迫解散議會[31]。

臣民的權利與司法權的重要性─「大津事件」

隨著日本帝國憲法的頒布，此部近代法典具備了民法與商法的內容，可以說明治政府統籌一個中央集權國家的目標已經達成。對外開始將目標，放在改正幕府末期與歐美締結的不平等條約，而且正式啟動恢復有關稅權和法權的交涉。在條約改正上，最大的難關在於英國的態度；俄國則在「俄土戰爭」後的柏林會議中，因爲設定的南下政策遭到阻止後，爲了進入中亞和東亞，開始著手建築西伯利亞鐵路。

英國看到此狀況，開始對俄國有警戒，轉而向日本展示好意；日本也是靜觀各方的態度後，逐漸調整態度，最後以相互對等原則進行條約改正。此時，第一屆松方正義內閣的外相青木周藏，乘此機會開始進行條約改正的交涉，但是因突發的「大津事件」辭去外相一職，繼任的榎本武揚外相，亦無法恢復交涉。

1891 年（明治 24），俄國皇太子（後來的俄皇尼古拉二世）於出席西伯利亞鐵路動工儀式的途中訪問日本，在前往琵琶湖遊覽的回程中，在大津市被滋賀縣警察刺傷，此爲「大津事件」的始末。俄羅斯皇太子的暗殺未遂事件，震撼了全國上下，日本政府擔心日、俄關係惡化，急於向俄國政府道歉，外相也因此辭職下台。當時剛成立的松方內閣和元老，極力主張對犯人處以皇室的大逆罪，意圖將津田判處死刑以收拾事態。

---

31 同前揭書。

但是，當時的大審院長兒島惟謙，以帝國刑法並無對外國皇族的規定爲由，依照擁護法治國家遵守法律的立場，在大津地院的特別法庭，向受命法官下令以謀殺未遂罪判處無期徒刑。無視政府內部的壓力，此司法判決等同維護了日本司法的獨立，兒島因而獲得不屈於政府壓力，守護司法權獨立的評價。

「教育勅語」和民法典論爭

1890 年（明治 23），明治天皇公布了「教育勅語」；這是中央集權制的明治政府，完成了統籌國家權力的國民精神目標。原案由天皇身邊的儒學者中村正直、元田永孚，以及當時擔任教育局長的井上毅等人擬稿完成。以中國儒家思想出發的「教育勅語」，內容明訂了對天皇效忠的忠義、以及對雙親的孝行等基本倫理。藉著「教育勅語」的約束力，說明一旦國家發生戰爭，國民必須對天皇效忠等原則，明示天皇是絕對主權者的國家代表。

「教育勅語」不只是學校教育的基本原理，也是國民精神生活的最高準則。政府規定全國教育單位、各級學校必須遵守，學校的行事儀禮，也必須對天皇的肖像行禮，全民奉讀「教育勅語」，成爲類似宗教的一種儀禮。1891 年（明治 24），內村鑑三以基督教徒無法奉讀「教育勅語」的理由，遭到東京第一高等學校下放離開教職，這是有名的「大逆事件」。之後，東京陸續發生火災，又有焚燒天皇夫婦的肖像而切腹的教育人士，東京帝國大學校內，從科學的立場研究古代史或神道相關的學者，皆遭受來自政府的壓力。

1890 年（明治 23），政府公布民法，隔年即刻實施。日本民法的原案，以法國民法爲範本所制定，而且是以夫婦爲中心的家族法而設定。甚至當時東京帝國大學的教授穗積八束，也在自己的論文中，批評明治民法有違背日本傳統的家族倫理。本來，以漢化教育爲傳統的日本，早已將祖先的倫常，視爲重要的文化根本，也是年終行事的

依據。當時討論的重點，認爲明治民法若要納入基督教夫婦爲中心的觀念時，勢必會破壞日本傳統的美德，甚至可能波及家族制度存廢等問題[32]。

　　民法論爭的最終結果，1898年（明治31）以穗積八束等多數人的意見爲基礎，回歸到以封建父長制的內容爲根本，正式頒布實施。以戶長爲中心登記的複合家族制，以「家」爲單位，重視戶主和父親的權限，是明治民法的重點。民法中規定結婚之際，必須徵求家長同意才得以成立[33]。而且規定只有長男才得以繼承財產，次男以下無權過問，女性結婚亦必須得到家戶長的同意；成爲未亡人返回夫家時，也必須男女雙方家長同意才能實施。女性是因爲婚姻關係得以在夫家生存，私有財產亦由夫家掌管；女性不具個人的法律權利，對小孩的親權不被認同，通姦時也只有女性受到刑法的處罰等諸多不平等的待遇。

　　此項「家」的制度，延伸到國家天皇的從屬關係。平常社會勞動階層中，要求人民必須服從雇主，生活中的上下關係，開始合理化塑造順從的觀念，最後在進入戰爭時期，更是由家族制度延伸到國體論的原理。對日本人而言，「家」是團體的一個小單位，對外擴大成團體，也就是對國家「家」單位的服從。

---

[32] 加藤文三，《日本の近現代史の發展 上》，1994年，頁105。
[33] 同前揭書。

第四章　明治政府的對外戰爭

第一節　日本的對外戰爭與資本主義的形成

帝國主義與戰爭的危機

　　1890 年代，正是帝國主義發展的時刻，也是世界軍事對立極為顯著的時期。以甲午戰爭為契機，日本國內開始關心「遠東問題」，也注意到列強開始進軍分割中國的危險行為。西方各國覬覦清國的國家能源，諸如工廠、礦山和鐵道鋪設等，以直接或間接的方式分割，積極在清國設定各自的勢力範圍。如何分割「勢力範圍」？如何在爭奪戰中順利獲得利益權？就成為世界各國抗爭的焦點，這是「世界政策」中的「遠東問題」[1]。

　　甲午戰爭到日俄戰爭的期間，「遠東問題」開始成為西方帝國主義爭奪的焦點。西方產業革命運行的結果，機器化的大量生產，商品需要市場行銷的通路。當下，清國還是一個尚未列入西方帝國主義勢力範圍的地區，以當時的地理要因和軍事技術水準而言，就是一個空白未開發的廣大區域。因此，包括日本在內的美國及歐洲等世界列強，都垂涎此資源豐富、且擁有龐大人口的廣大區域。日本因為位於鄰國地理之便，當然考慮如何與西方各國分割利益。

　　1900 年（明治 33），為了對抗西方列強，清國民眾組成「義和團」的作為，促使西方列強組成了軍事聯盟，聯合對清國出兵。一旦西方列強軍隊出兵，即呈現出因為立場的相互矛盾，導致利益關係的

---

[1] 歷史研究會・日本史研究會編集，《講座 日本歷史 8 近代2》，東京大學出版會，1992年，頁100。

衝突，對日本也是無法漠視的現實問題。對日本而言，獨佔朝鮮以及擴大清國東北地方的勢力範圍，主要是爲了經濟目標。換言之，明治早期日本的外交關係，就是圍繞著朝鮮半島問題而變動的。

日清與日俄戰爭時期的日本情勢

「征韓論」以來，日本朝野上下考慮的，就是國家利益的問題。統治階層思考侵略朝鮮的策略，不只是國家戰略的考量而已，也包含了經濟的需求。就經濟面而言，1889 年（明治 22）國內發生的稻米歉收就是一個轉機。日本從稻米輸出國轉爲輸入國，是否確保朝鮮的米和金兩大產物，對日本而言意義格外重大。以當時世界的情勢判斷，朝鮮半島如果落在敵對的清國勢力手上，日本的安全將面臨無法保障的局面。因此，非得靠戰爭才能阻止惡劣狀況發生，走上戰爭一途就成爲日本的宿命。朝鮮半島上的局勢，同時有日、清兩國的角逐，呈現出意圖保持宗主國威嚴、作爲對大陸防壁的清國，和強調主權國家的日本之間的爭奪戰。

不只政府執政者，連文化界的政論家，對亞洲問題皆抱持著「東洋危機」的擔憂，全國上下開始全面思考東方策略。1891 年（明治 24）3 月，蘇聯公布了興建西伯利亞鐵路的計畫，顯見蘇聯對亞洲的侵略，已經進入一個嶄新的階段。同年，副島種臣、近衛篤磨、陸羯南等國權主義者創立了「東方協會」，開始積極宣傳「東方政策」。大井憲太郎也組織了「東洋俱樂部」，開始在各地巡迴，發表對「支那」不屑的情緒；更加宣導日本在東洋霸權的地位，整個東亞情勢有了大轉變。

同年，樽井藤吉發表了著名的《大東合邦論》，本來的構想是日、朝合爲一國，與清國結爲同盟，得以共同抵抗西方列強。但是，日本在對應西方列強的過程中，已經逐漸改變方向；「亞洲主義」從原來聯合清國，對抗西方列強的盤算，已經走向「脫亞論」的思考。

1892 年（明治 25）大井和樽井共同創立了「東洋自由黨」，提出在國內要保護勞動者和普通選舉的主張；對外則強調以國事為重，保全經濟的長計，將「取兵」、「略商」，列為首要的思考，並規劃擴張海軍的軍力。帝國政府已經明白列舉出，「休養民力」、「節省政費」等軍國主義的思考，以對應東洋的危機。

　　一開始，日本內部對於是否對清國開戰的議題，仍然存著極大的矛盾。1894 年（明治 27）6 月在內閣會議上，決定解散眾議院，此舉無疑就是主戰派的宣示。此時鄰國朝鮮內部發生「壬午・甲申事變」，朝鮮內親日派勢力被驅逐。因為甲午戰爭，清國從半島被排除，又因為甲午戰爭開戰的時間點，剛好是締結「日英通商條約」之後，日本終於廢除了治外法權，承認內地雜居、關稅自主權等改正的內容。由於甲午戰爭的勝利，日本對外與對內問題都獲得解決，此戰役在明治國家的政治史上，深具特殊的意義[2]。

　　當時，歐洲各國不希望俄、奧兩國，在巴爾幹半島上對立引發大戰。俄國乘機南下東亞尋找不凍港，這是覬覦清國領土的開端。歷經三國干涉、義和團之亂、中俄密約等，世界各國對全東亞施加壓力之際，日本亦將滿洲納入其勢力範圍，欲向朝鮮半島伸出爪牙。為了對抗各國壓力，日、英締結同盟，日本向俄國提出，以北緯 39 度線分割勢力的「滿韓交換論」。但是，當時俄國對於小國日本提出的要求，根本不屑一顧[3]。卻也因為締結了日、英同盟，對日、俄戰爭的動向，引發了良善的效應。

　　日俄戰爭中，連戰連勝的日本，終於在奉天會戰、日本海海戰中，全滅了俄國波羅的海艦隊，將俄國從滿洲驅逐。日本也在戰役中，物資彈藥用盡，之後經由美國的仲介，成功地締結了「樸茨茅斯

[2] 御廚貴，《明治國家の完成》，中央公論社，2001年，頁286-287。
[3] 倉山滿編，《總圖解 日本の近現代史》，新人物往來社，2010年，頁120。

條約」。日本不只實現，當初希望以戰爭迫使俄國從朝鮮半島撤退的目的，亦順利地將南滿洲納入勢力範圍。戰爭雖然勝利，卻只獲得南樺太領土的結果，全國上下輿論譁然。俄國只好把企圖取得不凍港的心願，轉向巴爾幹半島，爭奪霸權的舞台轉向歐洲。

因為甲午戰爭得勝，日本一躍成為足以與西方並列，擁有殖民地的帝國。也由於日俄戰爭的勝利，和外交的努力，國內獲得十年的安定；兩次的對外戰役，完備了與西方各國對等的現代化，成功地讓西方諸國承認，具備文明國家的實力，這正是福澤諭吉提出「脫亞入歐」的目標[4]。1907年（明治40），日本更進一步與俄、法、英結成四國同盟。同年，又與英、俄、法、德、奧、義、美等七國交換大使，東亞小國的日本，在歷經明治維新將近四十年的光陰，全國上下努力對外達成國家的目的之後，政府也開始積極思考，如何增進國民的福利。

日本資本主義的形成和特徵

日本因為甲午戰爭戰勝，得到了台灣；日俄戰爭中則分割了樺太的南半部，正式步上帝國主義的行列。日本甚至以關東州為名，租借了遼東半島，緊接著就是吞併了朝鮮。當時，日本帝國的國土面積，超越了本來的77%之多，成為握有約和本土同面積的南滿洲作為半殖民地的大帝國。

從1760年代到1830年代，產業革命首先在英國，展現出自動化的典型模式，之後開始擴及法國、德國、美國。日本的產業革命，也是以西方先進的資本主義國家的產業革命為範本，配合國家策略的進展，在與西方國家對抗和依存中發展成型。換言之，西方勢力東漸的過程中，日本的資本主義完全是依附於歐美先進國家殖民地的模式

---

4 御廚貴，《明治國家の完成》，中央公論社，2001年，頁281-282。

而發展。亞洲各國沒有條件，形成自立的國民經濟模式；隨著明治建國西化的過程，日本達成產業革命的同時，也穩固了產業結構，全然屬於「後發型」的經濟類型。

　　日本的產業革命，是從輕工業的紡織業開始。1882 年（明治15）澀澤榮一首先以國內棉織品商人和華族的資本，設立大阪紡織社，積極引進英國的機器和印度的原料，建立了現代化的大工廠。甲午戰爭開始之後，又因爲戰時糧食和軍用品的需求，出現了軍需品御用商人；例如大倉喜八郎利用軍隊販賣所需要的牛肉，所得龐大的商業利益，形成資本家和帝國主義密切的連結關係。日俄戰爭的第一旅團長乃木希典，被派任台灣總督後，大倉組也進入台灣設立分店，就是很明顯的例子[5]。

　　因爲，甲午戰爭所得到的廣大領土和巨額的賠款，大大增加了日本的新興市場，對於急欲與西方並駕齊驅的帝國而言，確實達到如虎添翼的效果。資本產業的類別，紡織之外就是製絲的輕工業爲主，機械重工業則是到甲午戰爭之後才確立。1900 年（明治33）之後，民間的機械器具和造船等，如三菱的造船所、三井的芝浦製作所、住友的伸銅所等，特權的大資本公司開始運作。政府在特權大資本公司的營業項目中，設立海軍工廠或炮兵工廠等，民間中小企業根本無法與之抗衡。1897 年（明治30）成立的八幡製鐵所，就是鉅額投資的先例，重工業製鐵所的成立，呈現出劃時代的進展[6]。

　　國家進展的過程中，資本主義的形成，與軍事的結合有密切的關係，這也是日本資本主義的特徵之一。尤其是戰爭開始之後，舉凡戰爭所需的巡航艦及大型汽船的製作，以及鐵道的建設和軍服的生產等，幾乎都是特權大資本獨佔[7]。重工業需要大資本和暢通的流通管

---

[5] 加藤文三，《日本の近現代史の發展 上》，1994年，頁124。
[6] 同前揭書，頁125。
[7] 井上清，《日本の歴史 下》，東京：岩波書店，1999年，頁47。

道，完全掌握在日本官方手中，在結構和人脈的運作上，民間的中小資本根本無法與之抗衡。1901年（明治34）底開始，銀行業在六大都市的組合銀行中，三井、三菱、安田、住友等，幾乎占了全國存款的三分之一。主要金融產業的延伸，以及相關企業的擴展等，相關部門互相影響的運作方式，構成了「財閥」的模式。

甲午戰爭之後，因為資本主義盛行，導致政府主導的重工業快速發達，連帶促使工廠勞動者也急速增加。到了1910年（明治43）之後，紡織、造船、洋紙製造等三類型的生產總額，達到21%。工業生產的模式，由家內工業和工廠制工業的兩種類型，壓倒性地佔優先；兩者的結合，就是日後大型紡織業發達的要因，兩者不可分的關係，更是左右了日本資本主義的模式[8]。一開始，六成左右的勞動者都集中於紡織業，為了幫忙家計，貧家女兒幾乎像賣身一樣，長年在工廠工作，年老之後才回到農村。

女子勞動者和農業的關係，幾乎是無法分離的狀況下，家內工業和工廠制工業的勞動者，也都是農業家族居多。基於資本主義的急需，紡織業有日夜輪替的兩班制，導致勞動者的勞動時間過長，其他尚有勞動者的薪水和勞動條件的不平衡等問題；若有不符合業者需求的情況時，也有強行扣薪乃至拘禁的情形。諸多不合理的現況，造成之後社會運動急速發展的隱憂[9]。

第二節　日本登場後的亞細亞情勢

1890年至1914年的國際情勢

同一時期，在歐洲繼續成長的德國也積極向海外發展。至於當時

---

[8] 鳥海靖・松尾正人等編，《日本近現代史研究事典》，東京堂出版，1999年，頁155。
[9] 加藤文三，《日本近現代史の發展》，新日本出版社，頁126-127。

與俄、法、英的關係又是如何？則是接下來的議題。

　　長久以來，歐洲的安定仰賴於德國宰相‧俾斯麥的巧妙外交手段。俾斯麥爲了使法國孤立，積極調解俄國和英、奧之間的對立，是外交斡旋的能手。德國不要求自己的殖民地，卻接受了巴爾幹及非洲的調解工作。但是，俾斯麥被威廉二世罷免後，俄、法同盟成立，德國無奈地面對兩邊的夾擊；也在這種矛盾的國際關係中，俄國轉往東方發展冀圖利益。歷經三國干涉、義和團之亂後，日、俄兩國呈現對立；對於俄國的進出懷有戒心的英國，轉而希望與日本締結同盟關係。很明顯的，因爲歐洲的情勢，不但全世界震盪，自然也引發亞洲的骨牌效應。

　　當時，趁此情勢步上大國之路的國家有兩國，一個是美國。狄奧多‧羅斯福本身對國內的主要貢獻，在於建立保護資源政策。爲了保護森林、礦物、石油等自然資源，設立公平交易法案，推動勞工與資本家的和解；對外則奉行門羅主義，建設強大軍隊。羅斯福也因調停日俄戰爭有功，獲得 1906 年的諾貝爾和平獎，是第一位獲得此獎項的美國人。1898 年的美、西戰爭中取得古巴，在巴拿馬挖鑿運河，巴拿馬運河的開通，不只具備經濟價值，還能促使美國海軍艦隊在太平洋和大西洋之間的調動更加快速，具有實質軍事戰略的意義；接著美國又獲取菲律賓，成爲在亞洲擁有殖民地的國家。

　　另一個新興國就是日本。明治建國以來，由國家主導的「富國強兵」政策，積極發展與西方的外交關係，經過日清、日俄兩次戰爭的結果，已經一躍成爲世界大國。明治政府透過國內制度的整頓完備，以及積極進入國際社會，日本逐漸識破俄、法同盟，德、奧、義三國同盟等關係。雖然與大英帝國的利害關係並非一致，但是考慮整個局勢，日本遂以日、英同盟，迫使英國放棄「光輝的獨立」，間接也促成英、法協商。

　　日、美成爲世界大國的同時，也正是歐洲沒落的開始。在德、奧

孤立的狀態中，迎接了第一次世界大戰。摩洛哥問題迫使德國與英、法敵對，因爲巴爾幹半島的問題，也讓奧地利招致俄國的不滿，甚至連同盟國義大利也心存猜忌。各國因爲自己的國家利益，彼此欠缺信任的基礎，此番情勢等同於在火藥庫上玩火。

壬午甲申事變

日本近現代史中的朝鮮問題，始終圍繞著與清國的關係而變動。同屬儒教文化的清國、日本和朝鮮，在文化及禮教面有許多相似之處。近現代之後，本來的朝貢關係，隨著國際政治的複雜化，開始有所轉變。

從 1882 年到 1885 年（明治 15 至 18），朝鮮士兵及愛國者對於日本主導的局勢抱持不滿，起兵殺害日本人及燒毀公使館等行爲，最後迎來悲慘的結局。當時，李氏王朝中蔑視日本，依賴宗主國清國的守舊派占了優勢。雖然朝鮮開化派欲學習日本的明治維新，但是開化派的努力，終究還是處於劣勢，最後是親日派被肅清。日本始終緊抓著朝鮮不放，除了資源的最大考量之外，另外就是國際政治之間的微妙關係所致。朝鮮發生了兩次的武力政變，皆爲日本公使館援助親日派朝鮮人而引起的戰事；因爲國力懸殊，清國以軍事介入後，最後則以外交交涉落幕。

1882 年（明治 15），朝鮮發生第一次的「壬午事變」，當時宮廷內，分成大院君和閔妃兩派的抗爭。握有政權的閔妃接受「日朝修好條約」後，借用日本軍事顧問的力量，進行國內軍制的改革。但是因爲內部理念不同，最後因爲資金和物質的不當流用，引起士兵的叛亂。結果，守舊派依賴清國擴大了勢力，由於日本公使館被燒毀，日、朝締結了「濟物浦條約」，條約中允許了日本軍隊的駐留，日本

勢力正式進入朝鮮[10]。

　　第二次則是 1884 年（明治 17）發生的「甲申事變」。金玉均、朴泳孝等開化派，以明治維新爲範本，進行許多啓蒙運動，同年得知中、法戰爭中，清國戰敗的消息，便立即發動政變。擁護大院君和高宗一度樹立政權，但是清國馬上介入，不到三日就崩潰瓦解[11]。最後，日、清兩國訂定「天津條約」，規定雙方出兵朝鮮時，有事前通告的義務；此條約的內容，最後也成爲日後甲午戰爭開戰的原因。

朝鮮問題和甲午戰爭

　　近代的日本，在清國與歐美列強之間問題不斷，又因爲朝鮮的主導權，而引發了更大的衝突。1875 年（明治 8），朝鮮境內發生了「江華島事件」，隔年日、韓締結了「日韓修好條約」。條約中明定朝鮮爲「自主之地」，意圖打破中華秩序的牽制。但是，朝鮮暗地也相繼和西方各國訂立條約，企圖借助西方力量，來牽制日本的用意非常明顯。1879 年（明治 12）的「琉球處分」，以至於 1882 年（明治 15）的「壬午事變」，已成爲清國干涉內政和外交的契機。很快的，到了 1884 年（明治 17）的「甲申政變」，又因爲清國的介入，中華秩序再一次的重整。

　　雖然日本藉著「天津條約」，迴避了與清國的直接對立，但是仍然將軍事力量，直接伸進了朝鮮境內。1880 年代，日本已經很清楚地視朝鮮爲「利益線」，必要時進行保護，這是當時日本領導者的共識。除了來自國際的壓力之外，經濟需求也是一大考量。尤其因爲 1889 年（明治 22）發生稻米歉收，日本從稻米輸出國淪爲輸入國，而最大的輸入國就是朝鮮；因此國內希望對朝鮮提出要求，以確保食糧的安定。當下，朝鮮對日本而言，就是經濟重要的獲取地，夾在清

---

[10] 倉山滿編，《總圖解 日本の近現代史》，新人物往來社，2010年，頁124。
[11] 同上。

國及日本之間；如何調和輸出與輸入的需求，以取得經濟面的平衡，純然成為日本最大的考量。

1894 年（明治 27），朝鮮發生「東學黨之亂」，東學是排斥包含日本在內的西學運動；其實就是農民叛亂，又稱為「甲午農民叛亂」。叛亂的主因是由於日、清兩軍的介入，雖然短期內即被鎮壓，但是因為清國違反「天津條約」，事前未通告，造成鎮壓後兩軍對峙的局面。在雙方沒有妥協的狀況下，駐清公使小村壽太郎撤下公使館的國旗回國，明確地表示了清國若不讓步，接下來就是進入開戰的宣示[12]。

8 月 1 日甲午戰爭正式宣戰，開戰前日、英締結了通商航海條約，也廢除領事裁判權等不平等條約。英國看出東亞戰後秩序的重要，因此對明治政府提出條約改正的議題，始終抱持反對。在攻打清國首都北京之前，日本也開始進行講和會議，對於已經完成國民國家的日本而言，清國始終未能解決自身的民族問題，只能以軍閥集合體應戰，戰爭的結果是日本獲得壓倒性的勝利[13]。因為甲午戰爭的勝利，日本的國力超越了清國。一個從聖德太子以來，就是一個文化模仿對象的中華帝國，大和民族曾幾何時想過會超越並凌駕於上？與清國戰爭的勝利，對帝國上下無疑是很大的鼓舞。

隨著文明化的進展，除了將改正不平等條約視為優先處理的要事之外，明治政府亦努力宣導教育國民，而且極度謹慎且遵守國際法。打擊清國的不法佔有，以運送兵員及軍事物資的英國船高陞號事件為例；軍艦浪速艦長的東鄉平八郎也以國際法來訴求其正當性。英國眼中的東亞，原本只有清國，在日本政府持續的努力下，最後得以讓當事者的英國，以及西方及列國承認其正當性。日本以實力讓英國認清

---

12 倉山滿編，《總圖解 日本の近現代史》，新人物往來社，2010年，頁124。
13 倉山滿編，《總圖解 日本の近現代史》，新人物往來社，2010年，頁126。

了現況，同時也走到必須和俄國直接對決的時刻。

第三節 西方列強的遠東進出

1895年的三國干涉

在「東洋和平」美名的背面，實際隱藏了德國、法國、俄國等列強欲圖擴張勢力的野心。西方列強進入獨佔資本主義的階段，商品開發迫切需要市場的供應。從下關會議到三國干涉，就是各國希望日本將遼東半島歸還給清國的狀況。面對此情勢，日本政府的首腦理解到兩件事實，逼使日本不得不謹慎應對。

首先，是俄國介入的企圖。1895 年（明治 28）清國與日本締結了「馬關條約」，內容包括：尊重朝鮮的獨立、否定清國的宗主權、獲得二億兩的賠償金，以及割讓台灣、澎湖列島、遼東半島等地。之後，殖民地台灣發生武裝抗日，雖然有「台灣民主國」的獨立宣言，卻曇花一現般的落幕。帝國內部初始也有賣斷台灣的構想，最後給予殖民地人民兩年的國籍選擇期限之後，正式邁入五十年殖民統治時期。

日本以戰勝國之姿，獲得賠償金和領土，但是為了獲得遼東半島，也引起俄、德、法三國的干涉。日本思考的是，若因日、俄的國力差別，必需讓步時，那麼從一開始就獲得遼東半島則較為有利，這是日本膽敢要求遼東半島的理由[14]。日本也認清三國干涉的內情下，隱藏著德國的真相。日本顧慮歐洲的情勢，雖然也暗地裡不斷收集情報，但是並沒有對抗任何一國的實力，元老及領導者聯合對國民隱藏事實。而且，明治政府利用國內對俄國同仇敵愾的輿論，把甲午戰爭的賠償金和遼東半島的代價所得到的賠償金，完全使用於軍事費用

---

[14] 同前揭書，頁128。

上，以備即將到來的對俄國的戰事。當時，象徵日本資本主義化的八幡製鐵所，就是靠此資金的協助才得以順利完成。

本來，明治政府初期，還是元老主政，議會和民黨在主張對外強硬和減稅的議題上，有不同的意見，雙方磨合的相當辛苦。但是到了甲午戰爭時，全國已經達成共識，日本上下不但針對俄國存著「臥薪嘗膽」的決心，朝野上下亦獲得共識，加速擴充軍備。當時，雖然排除了清國的勢力，但是朝鮮宮廷轉向俄國；看破清國軟弱的俄國，也思索著實施南下政策的可能性，可以說日本危機尚未解除。

「義和團之亂」

圍繞著滿洲與朝鮮半島的勢力圈，日本和俄國的對立關係可能造成的影響，已經成為日本外交決策的考量。由於甲午戰爭的戰敗，清國成為西方列強的收割場；日本開始急於充實軍備，尤其是針對處於長江周邊具有權益的英國，以及急於進入滿洲的俄國，心存爭相競奪權益的盤算。

甲午戰爭戰敗後，清國面臨西方列強急於劃分勢力範圍的危機，華北農村頻繁發生教案及天災；宮廷權力爭鬥激化的情況下，黃河北岸農民與中國天主教教徒之間發生了武裝衝突。清國內部興起極端排外的愛國主義，舉起「扶清滅洋」的口號，以排擠西洋勢力及主張清國獨立為名目的暴動頻頻發生，其中以義和團最為激烈。「義和團之亂」又稱「庚子事變」，從 1899 年（明治 32）起開始暴動，很快擴及全國各地；「義和團」的農民動用私刑，處死了境內大量的基督徒與西方人士，並縱火燒毀了教堂和教徒的房屋。清國政府不但無法有效制止，甚至允許「義和團」進駐北京。

清國政府完全沒有鎮壓暴動，而且還與排外主義者同調，進而向西方諸國宣戰，使得列國非戰鬥人員的生命，面臨危險的處境[15]。本

---

15 倉山滿編，《總圖解 日本の近現代史》，新人物往來社，2010年，頁130。

來是針對西方帝國主義的暴動，日本並沒有參加鎮壓的理由。但是，當時西方帝國主義各國，將清國設定爲分割稻場之際，日本也認定是一個好時機，因此果斷地參加了帝國主義的聯合軍。日、英、美、法、俄、德、奧、義等八國聯合軍救出平民，當時日本貢獻最大；事變結束後訂定「北京議定書」，爲了維持治安，日本更在清國配置了駐屯軍[16]。

此時，俄國也迅速擴張兵力，企圖將滿洲納入勢力範圍內。1898 年（明治 31）的俄、清簽訂密約，俄國針對日本，承擔保障清國安全的狀態，進而在 1900 年（明治 33）的密約中，承認滿洲爲俄國的勢力圈，如此的動作自然引起日本和英國的戒心。早就對滿洲有極大興趣的日本，開始思考日後的方向和策略，諸多考量之下，也終於促成了日後締結「日、英同盟」的契機。

牽制俄國向亞洲進出的「日、英同盟」

十九世紀，即是海洋霸權的英國與大陸國家的俄國，爲了尋求不凍港而對立的歷史。直至二十世紀初期爲止，各國警戒俄國進入遠東地區，在彼此勢力的角逐之下，導致英國積極和日本締結同盟以對抗俄國。以戰略位置來說，英國要把軍隊送入清國的距離太遠，俄國則可以利用西伯利亞鐵路，將陸軍直接運送到戰場；終於在 1904 年日俄戰爭中，西伯利亞鐵路全線完工。

1901 年至 1902 年（明治 34 至 35）開始，英國明顯看出清國的弱勢，開始對俄國南下的企圖心懷戒心。經過甲午戰爭及「義和團之亂」之後，日本的實力開始受到重視，被稱爲「極東的憲兵」。「義和團之亂」使得西方列強的注意力，都集中在華北的狀況下，日本卻擅自佔領福建，以出兵作爲藉口，放火燒了廈門的本願寺布教所，卻

---

[16] 同前揭書。

反而誣賴是暴徒所為[17]。日本之所以考慮進軍福建，完全是擔心若殖民地台灣發生問題，可以就近處理的盤算。

「義和團」出兵的失敗，也讓日本領導階層深深體悟，無法單獨在中國爭取任何權利，必須仰賴列強的同盟關係。當時朝鮮半島的狀況，比甲午戰爭前更加惡化；朝鮮親俄派壓倒親日派，國王高宗甚至遷住在俄國公使館長達一年。山縣有朋對日、英同盟的期待，包含著帝國主義的野心，希望通商可以擴大，得以振興工業，以挽回國內經濟的不景氣；甚至日後打算趁機將福建和浙江也納入勢力範圍[18]。

日本當然也考慮到國力懸殊的問題，政府內部甚至存在著，將滿洲歸俄國、朝鮮半島劃為日本勢力圈的「滿韓交換論」。但是俄國對小國日本的提議根本不屑一顧，日本只得依賴英國的支援。基於利害關係的考量，1902 年（明治 35），英、日兩國終於締結日、英同盟。日、英同盟與俄、法同盟的內容相同，也就是一國單獨與他國對打時保持中立，但是敵方的同盟國參戰時，就必須介入幫忙的做法。對日本而言，在軍事上與俄國單獨對峙的情況並沒有改變，即便僅僅只是間接獲得大英帝國的支援，但是以整個大局勢來說，仍然是具備優勢的。

第四節　日清・日俄戰爭論

戰時的國內體制

1903 年（明治 36）8 月以來，日、俄持續進行交涉，自覺國力有差的日本，企圖以 39 度線分割勢力的提議，卻遭到俄國的拒絕。日本判斷如果繼續交涉，待西伯利亞鐵路完成則不利己，因而在

---

[17] 加藤文三，《日本の近現代史の發展 上》，新日本出版社，1994年，140-141。
[18] 同前揭書。

1904 年（明治 37）2 月 6 日與俄國斷絕外交。日俄戰爭在一次的總攻擊中，日軍失去了一個師團的兵力，堪稱是史上最大的激戰。

　　因為戰爭的需要，日本為了經費而實施全國增稅，增稅的內容還包含特別增稅。開戰後，在 4 月和 12 月分兩次計畫實施，其中包括地租、營業稅、所得稅、酒稅、砂糖消費稅等，甚至連小型郵票印紙稅、通行稅等，可說無所不包，唯獨延遲設定菸草專賣制度[19]。增稅的結果，不單是直接擴大人民增稅的壓力，也導致國內物價高昂，造成國民生活的困苦不堪。

　　因為實施非常特別稅法，大幅限制了府縣、市町等附加稅和地方課稅的內容。結果就是府縣、市町村的財源銳減，直接影響到教育費，以及土木費等有關地方建設的項目。為了解除因為戰爭軍費負擔，所引起的財政問題，最後只能利用國家募集的方式獲得解決。前後歷經五次的國債募集，在 1904 年（明治 37）1 月，更以元老井上馨和松方正義的人脈，向銀行家請求協助之外，全國各地也以國家至府縣、郡市至町村等順序，循序動員勸誘各地方的官員；甚至到警察官等單位，勸誘內容的實態，等同於「募集國庫債券」的程度。

　　戰爭也不只是出征軍人的家庭生活困苦而已，後續問題也浮上檯面。政府要求新聞媒體在報導記載上，必須收斂簡約；特別是報紙的報導模式，被規範在「舉國一致」的協力模式內。甚至，也動員神道、佛教、基督教等宗教團體，在各地成立尚武會、兵士義會、將兵義會等組織。累積了諸多的不滿後，終於在戰爭結束後的 1905 年（明治 38）1 月，發生了「日比谷事件」，政府更趁機發布了戒嚴令。

日俄戰爭前後

　　1903 年（明治 36）開始，日、俄交涉的內容，集中在朝鮮和滿

---

[19] 歷史研究會・日本史研究會編集，《講座 日本歷史 8 近代2》，東京大學出版會，1992 年，頁112。

州的議題上；兩國為了各自的利益，處於劍拔弩張的狀態。對於日俄戰爭的性格，大致也可以分為兩條線來說明。換言之，滿洲問題屬於帝國主義的戰爭，朝鮮則是屬於祖國防衛的國民戰爭。同年 12 月，政府發行了一億日圓的軍事債權，同時也發出緊急勒令，等同沒有經過議會就決定了軍事費的支出。隔年，在御前會議中，又提出了對俄國開戰的決定，開始動員軍隊[20]。

在全世界的關注下，日、俄兩國進行現代化的海上戰爭；日本海海戰中，日本艦隊贏得全勝。日本欲將俄國艦隊封鎖在黃海內，而進行旅順港閉塞作戰；黃海海戰的目的，在於攻擊支援陸軍的旅順港，大體上日方是佔優勢的。但是俄方也不甘示弱地持續抵抗，因此日本僅在日本海，努力排除海參崴艦隊破壞通商關係，維持了稍微的優勢。不過，如果考慮波羅的海艦隊和遠東的俄國海軍會合，則勢力比率會大逆轉。

對於幾乎必須繞地球一周來航的波羅的海艦隊，英國在其航線的各點，以陰陽並施的方式，藉以消耗其軍力以減弱其勢。雖然艦隊安全到來，卻也面臨只能經過對馬海峽到海參崴的航路。東鄉平八郎所率領的日本聯合艦隊，採用了秋山真之的丁字型戰法獲得全勝，日本海的海戰被稱為是世界史上最有名的海戰。東鄉超越了在拿破崙戰爭的托拉法加海戰時，拯救英國的納爾遜提督，被列為史上聲譽最高的提督，日後日本更將 5 月 27 日訂為海軍紀念日。

陸戰方面，日本在韓、清國境的鴨綠江會戰、遼東半島會戰獲得大勝，若在南滿洲的遼陽會戰也獲得勝利，日本就掌握了能從朝鮮半島驅逐俄國的先機。而且，為了確保黃海的制海權，以完全控制遼東半島為目的攻擊旅順要塞，但是在堅固的要塞前陷入苦戰，尤其以二○三高地為激戰地，結果是包括乃木希典大將的兩個兒子在內，一萬

---

20 鳥海靖・松尾正人等編，《日本近代史事典》，東京堂出版，1999年，頁196。

五千名士兵的陣亡[21]。日本戰史上，也特別記載兒玉源太郎大將的用
兵，以及從東京灣要塞運來的 28 公厘榴彈炮的威力。

　　1905 年（明治 38）1 月 1 日俄軍投降，允許敗軍之將史德賽帶
刀的乃木大將，獲得全世界讚譽爲武士道的榮譽。參謀總長‧大山巖
元帥將南滿洲的中心都市奉天當作進擊目標，克羅柏德金所率領的俄
國主力軍敗走。最後，日軍彈藥用盡無法再追擊，大山向其他元老進
言，希望兩國早日講和。之後，日本將 3 月 10 日獲勝的當天，定爲
陸軍紀念日[22]。

　　日俄戰爭結束後，日本軍部仍將俄國、美國和清國設定爲假想
敵，主張軍備必須持續擴大，以備來日。1906 年（明治 39），日本
將原來東清鐵道設立爲「滿鐵鐵路」，其中日本政府支出三億日幣的
資金，其他由公募金支付。此時，日本和拒絕支付賠償金的俄國全權
代表威特的交涉陷入難局，但是日本全權代表小村壽太郎同意接受締
結「樸茨茅斯條約」。經過長時間的斡旋，結果卻只能獲得南樺太的
領土，舉國上下輿論爲之譁然，這也是之後引發「日比谷火燒事件」
的原因。但是，以桂太郎爲首的政府首腦，很清楚意識到，日本已無
繼續作戰的能力。日本選擇隱蔽實情繼續交涉，無非是意圖獲取戰勝
國利益的策略而已[23]。

　　此時，歐洲因爲摩洛哥問題，英、法爲了避免被捲入日俄戰爭
的權宜之計，就是進行協商，德國遂與英、法兩國成爲敵人。德國向
英國挑戰競爭建造軍艦，俄國則轉向於巴爾幹半島與奧地利對立。
1907 年四國協商順利，同年日本和英、俄、法、德、奧、義、美等
七國交換大使，日本終於被西方各國承認是世界大國。美國對於急速
擴大勢力的日本，開始提高警戒心；不過狄奧多‧羅斯福也深知與日

21 倉山滿編，《日本の近現代史》，新人物往來社，2010年。頁134。
22 同前揭書。
23 同前揭書，頁138。

本對立的不利，因而相互承認了勢力範圍，這就是「高平‧路德協定」。日本藉著締結四國協定，暫時遏止了美國勢力，並保障其在東亞的勢力。

日俄戰爭後的日本社會

隨著戰爭結束，取而代之的就是國內勞工運動的復活。因為戰時所消耗的兵力過多，甚至還動員了農村的勞動力，導致民間生產不足，而大大影響了百姓的日常生活，因此民間累積了許多的怨言。戰後的 1905 年（明治 38），國內發生大歉收，中小企業被重稅所苦，更是累積許多民怨。

在勞工運動高漲的背景中，1906 年（明治 39）1 月開始，青森大湊海軍修理廠，以及東京石川島造船所，開始大規模的罷工。因為思想的差異，社會主義者開始努力整合派系；透過堺利彥、西川光二郎等人的斡旋，在 1906 年（明治 39）終於整合成日本社會黨。社會主義黨創立之初，除了知識分子之外，也包含人力車夫、業者、職工或小作人等各行各業的人參加。根據當時日本警視廳的推算，全國社會主義者的總數達到二萬五千人之多。初期黨的主張，完全是以國法為基準，此番標準也被公認是社會主義結黨的組織條例。

同年，外遊美國的幸德秋水歸國後，也立即參加活動；甚至安步磯雄和木下尚江等基督教系的社會主義者，也在同年加入社會主義黨。此時，日本所有的社會主義者合流成為社會主義黨，並創立日刊《平民新聞》，以宣傳黨的主旨及各種活動。1906 年（明治 39），東京市電車費，從本來三錢的價錢漲到五錢，更加引發民怨，日本社會主義黨尤其對市電票價的高漲，進行第一次的反對活動。在戰後生活困苦的年代，社會黨結合不滿的市民，陸續在東京日比谷公園發動

了三次集會[24]。因為集結人潮眾多，東京市政府下達了戒嚴令，出動近衛師團鎮暴，甚至也對報紙雜誌釋出取締的緊急勒令。

　　首都暴動的消息很快地擴散，混亂中燒毀了通行的電車，以及民眾闖入市內的警察局及派出所，警察被打傷的混亂局面屢見不鮮。首都暴動讓全國民心動搖，反抗鬥爭持續進行，日本社會主義黨黨員，在短短幾個月中，入會人數倍增，全國分部快速擴張。幾乎同時，婦女運動也開始盛行，1905 年（明治 38）遠藤清子等開始向議會提出請願，要求必須廢除治安警察法中，女性不可參與社會政治運動的條例。同年，福田（景山）英子組織「社會主義婦人協會」，隔年又創立《世界婦人》雜誌，極力宣導婦女的參政權[25]。

　　隨著社會型態的複雜，勞動組合性質已經與片山潛時期大不相同，社會主義者和勞動組織者之間的聯繫並不順利，成為社會主義黨最大的弱點。從 1907 年（明治 40）足尾銅山爭議開始，各地發生了很多包括三井的三池炭礦、長崎三菱造船所、東京王子火藥製造所等勞動爭議事件。本來，日本社會黨是支援勞工運動，但是隨著激烈的勞動爭議，與社會主義者之間的意見逐漸分歧；安部磯雄和木下尚江等基督教社會主義者，秉持「資本家也是同胞」的立場，也逐漸浮現許多差異。

　　嚴峻的階級對立中，幸德秋水藉著「直接行動論」的主張而逐漸掌權。1907 年（明治 40），幸德秋水和美國的無政府主義合流，創辦了日刊《平民新聞》，極力鼓吹無政府主義的立場[26]。片山潛則主張議會中必須強調平民階級，認為是必須極力在議會中推行的政策，最後成為「議會政策論」的論者。但是，日本政府擔心社會黨的激進化，1907 年（明治 40）足尾銅山爭議後，在第二回大會中，出手打

---

[24] 加藤文三，《日本近現代史の發展》，新日本出版社，頁148。
[25] 同前揭書，頁153。
[26] 同前揭書，頁152-153。

壓了社會黨；以治安警察法解散社會黨，更進一步禁止了日刊《平民新聞》的發行。

日韓合併

　　歐美帝國主義對東亞進行分割的浪潮中，日本經歷了三次日、朝合作的交涉，企圖奪回韓國的支配權。最後將韓國以「保護國」為名，設置統監，逐漸掌握了韓國的實權。

　　早在 1392 年，中華帝國冊封剛成立的李氏朝鮮為屬國；朝鮮不但對宗主國清國具備高度的忠誠度，對於日本的侮蔑意識也很強。清國國力衰弱後，朝鮮自認不再是從屬國，將「國王」號改為「皇帝」號，國號更改為大韓帝國，實際上卻只是將宗主國移換成俄國罷了。韓國雖然宣布中立，但是直到日、俄戰爭前，俄國就在境內駐軍，如此行徑等同是支援俄國的立場。日本將俄國從半島驅逐後，為了經營佔領地，在第一次日韓條約時，就設法讓韓國接受日本人擔任財政及外交顧問一職。

　　但是，韓國高宗皇帝派遣密使到各國訴求，希望驅逐日本勢力尋求獨立，卻遭到各國的拒絕。此事被日本發覺，在第二次日韓條約時，日本終於掌握了韓國的外交權[27]。1907年（明治40），在第三次協約下，日本任命陸軍大將寺內正毅為韓國統監，8 月 22 日數十艘軍艦抵達釜山及仁川，大軍也進入首爾包圍宮廷，最後締結了條約，日本成為韓國的保護國。當時，府內也有主張經營殖民地不符合經濟利益，因而不宜將朝鮮完全殖民地化的說法，朝內意見分歧，但是最大反對者的伊藤博文遭到暗殺。終於在 1910 年（明治 43）日韓併合，日本正式將韓國合併為其領土。

　　日本併吞韓國的同時，改稱韓國為朝鮮，設立朝鮮總督府，境

---

27 井上清，《日本の歴史 下》，東京：岩波書店，1999年，頁83。

內也設立軍事和警察的單位。朝鮮全鏡內包括士兵、憲兵和警察機關等，總數上達到一萬六千多所；並設置一個師團的軍隊，對於鎮壓日後的朝鮮獨立運動，以及中國侵略預備軍發揮了極大的作用。1910年（明治 43）開始實施土地調查，以「東洋拓殖會社」爲中心，將朝鮮人的土地納入管理，居民成爲佃農，到了 1914 年（大正 3）將取得的糧食，集中運回日本。統治期間，日本在朝鮮境內對當地居民，徹底實踐帝國的「皇民化教育」。

第五章　大正・昭和的年代

第一節　邁向政黨內閣的時代

政黨內閣的時代

由於日俄戰爭的勝利，東亞已經沒有足以威脅日本安全的敵人，日本一躍成為東亞最強的國家。此時，歐洲各國的利害衝突集中於巴爾幹半島，巴爾幹半島成為世界的「火藥庫」，德國呈現被諸國圍剿的弱勢。日、俄戰爭之後，日本獲得了大約十年的安定，開創了大正民主主義時代；接下來的政治課題，就是思考如何將財富與權利分配給國民。

隨著資本主義的發達，依附於資本家的力量也增大，1898 年（明治 31）日本首發的政黨內閣誕生。當時，最資深的元老伊藤博文認為有必要，擁有國家本位的政黨。山縣的後繼者桂太郎則一邊掌握官界，一邊與西園寺公望及原敬所率領的政友會之間，彼此情義相投巧妙地操縱政界，大大提升了日本在國際社會的聲望。本來桂太郎也有意成立新政黨，但是因為形象不佳，因而沒有獲得大眾的支持，最後捲入「大正政變」而被迫下台。

之後日本的政界勢力，大致劃分為三派：掌握官僚閥的山縣，率領政友會的原敬，以及桂太郎的後繼者加藤高明。換言之，這是官僚、軍部、政黨三者協調，對當下的大陸政策做出決定的時候。當時，海軍首腦為了軍艦購買案，引發國民對軍部的不滿；因為此經驗，陸海軍的官僚也充分體驗到，若是無視眾議院及選舉，則無法獲

得預算的事實[1]。第一次世界大戰，因爲戰場不在亞洲，日本只在資源上支援戰爭，一時之間也讓國內景氣復甦，發了一場戰爭財。

　　經過第一次世界大戰，世界的普羅大眾在極度的困苦中崛起，急速呈現出階級對立的現象，也激化了帝國主義和被壓迫民族之間的對立，更是加深了日後資本主義和帝國主義之間的矛盾[2]。同時，第一次世界大戰所消耗的能量，促使歐洲勢力整體退縮，美國從此開始窺視世界霸權的地位。蘇聯欲藉著俄國革命將世界共產化，世界情勢一連串的大變動，造就了二十世紀兩大國的登場。此時，在凡爾賽‧華盛頓會議中，被承認爲大國的日本，則以和周邊國家的協調外交對應。戰後秩序，包含促使五大國孤立的不安定性，不管是對西伯利亞出兵，還是廢除日、英同盟，日本皆堅持貫徹對美協調，以及對蘇聯及中華民國必須繼續保持融和的姿態。

　　國內因爲第二次護憲運動，進入「憲政常道」的時代；現實中依兩大政黨的議會政治慣例，認同男子普通選舉的制度。政黨內閣的權力，也隨著締結「倫敦條約」達到頂點。但是國內長期的不景氣、兩大政黨的腐敗，以及協調外交的極限，亦招來了全國輿論的反對。長期的不景氣，也成爲批判政黨內閣制的根據，既然無法以合法手段打倒，那就使用非合法手段來解決的想法逐漸蔓延。

「大正政變」的始末

　　日本進入大正時期，政黨力量變得更強大，不只是政黨政治家活躍，民眾的政治動向也較以往活潑。大致而言，期待政治可以改變所舉辦的活動，以及中間經歷政界重組的過程，兩者之間往往會有很大的差距。期待政治會有改變的活動，其內容往往具備具體性，而且確實關心各個政治勢力。但是，政界的再編成，包含了太多的算計和無

---

[1] 倉山滿編，《日本の近現代史》，新人物往來社，2010年。頁152。
[2] 井上清，《日本の歷史》，東京：岩波書店，1999年，頁121。

法克服的現況。尤其日本政界，隱藏著幕府末期以來，薩、長兩派各自的勢力。

1900 年（明治 33）在西園寺公望及原敬的指導下，伊藤博文創立的「立憲政友會」（通稱「政友會」），成爲眾議院的第一大黨。之後的十二年當中，由於山縣有朋直系的桂太郎和西園寺之間情意相投，日本進入交互政權的時代。日、俄戰爭後，主張擴充鐵路以擴大民需的政友會，和 1911 年（明治 44）辛亥革命後，爲了不安定的中國情勢，開始應變的陸軍，以及不落後於英、德軍艦競爭的海軍，三者之間產生了對立的情緒。也呈現出，對內安內建設與對外膨脹主義的兩派，各自盤算的分立狀態。

第二次桂內閣成立之後，西園寺的政友派繼任內閣，因而引起非政友派的焦慮；在國際經濟收支的惡化中，西園寺內閣積極調整政局，諸如抑制陸軍的軍縮，以及實施大規模的行政整理等。因爲考量野黨各派的主張，從 1912 年（大正元）以來，舉行了十一次的總選舉，導致非政友派的立場更加艱辛。雖然，非政友派元老大隈重信也對政府提出批判，但是在「政友會」積極運作下，內閣仍然由「政友會」掌握，在總選舉中取得壓倒性勝利後，非政友派也幾乎失去生存的舞台[3]。

1912 年（大正元）明治天皇逝世，隔年桂太郎馬上以內大臣兼侍從長身分被押入皇宮內。在財政赤字的狀況下，即便軍部和政友會聯合，發生增加陸軍兩個師的問題；陸軍又要求增加預算，西園寺對此不妥協，但也是在無計可施的狀況下提出總辭。本來只是條件競爭的情勢，卻演變成政變後，使山縣陷入苦境，在無適當人選的情況下，桂太郎再次回鍋[4]。然而，輿論普遍認爲是山縣打倒西園寺內閣而

[3] 倉山滿編，《日本の近現代史》，新人物往來社，2010年。頁156。
[4] 高橋幸八郎等編，《日本近代史要說》，東京大學出版會，2002年，頁238-240。

讓桂組閣,激化了連日來的大眾運動,這是第一次護憲運動。

桂太郎利用內大臣的地位,兩度讓年幼的大正天皇下詔立閣,引起「政友會」的尾崎行雄當面痛罵,欲以此理由,排除在眾議院擁有勢力的桂太郎。當時,立憲國民黨的犬養毅、政友會的尾崎行雄、無黨派議員和新聞記者組織了「憲政擁護會」,並宣言打破閥族、擁護憲政[5]。當下,尾崎和國民黨的犬養毅,同樣被稱為憲政之神,由於國內護憲運動的擴大,山縣已經回天乏術。

桂太郎意圖分化黨內多數組織企圖掌握權力,然而海軍領袖山本權兵衛勸告桂隱退,使桂在政界面臨四面楚歌。桂內閣僅五十天就總辭,不久後仙逝,由山本權兵衛接任內閣,桂的餘黨由加藤高明整合為同志會,成為眾議院的第二黨,從此開啓了日本兩大政黨制的時代。雖然如此,戰後出現所謂的「五五年體制」,自由民主黨維持了長達三十八年,一黨獨大的政治情勢,直至 1993 年(昭和 8)才有所改變。

二大政黨時代─政友會和同志會的對立

擁有軍部和貴族院強大勢力的山縣派閥,以及握有眾議院絕大多數政友會的聯合,比起山本內閣所構成的聯合政治,呈現更加不安定的狀況。1913 年(大正 2)山本內閣成立,廢除了使陸海軍能左右內閣生死的軍部大臣的現役武官制;至於山本權兵衛的內閣,則是以海軍上將為首的政友會為主。首席元老山縣有朋本以樞密院議長身分提出反對,但也礙於可能被罷免議長職位而屈服,最終只好接受樞密院人員定數消減的意見。

此時,日本國內對於閉鎖政治不滿的聲音,和要求政治體制必須根本改革的一派合而為一。1911 年(明治 44),國內知識階層又親眼目睹中國發生的辛亥革命,知識分子積極呼籲,國內必須提出根

---

5 加藤文三,《日本近現代史の發展 上》,新日本出版社,1994年,頁171。

本性改革。但是，兩政黨的對立持續著，山縣以貴族院爲據點持續抵抗，在審議糾紛中，發覺了海軍瀆職的西門子事件。以眾議院爲基盤的山本內閣在國民的反彈中被迫總辭，元老推薦山縣直系的清浦奎吾爲繼任總理，但是遭到全體海軍的反對，迫使斷了組閣的念頭[6]。

井上馨奏薦已經退休的前首相大隈重信，加藤高明所率領的眾議院第二黨同志會，爲了在野黨成立了第二屆大隈內閣。大部分的閣員與「大正政變」時落腳的第三屆桂內閣相同；但是大隈的人氣，在總選舉中獲得勝利，多數的「政友會」人因落選而衰退成爲第二黨。在眾議院獲得多數的大隈，則讓山縣等陸軍的兩個師團的增設預算案得以通過。整體而言，野黨因爲選舉勝利、軍備擴大，實質給予陸軍官僚很大的信心[7]。

除了國內政局不安定之外，1917 年（大正 6）因爲美國的參戰，以及蘇聯社會主義革命，在世界性民族自決，以及擴大大正民主主義的浪潮中，依照軍閥的超然內閣所引導的中國政策，已經完全失去國內的支持。陸、海軍持續爲了預算而對立，以及受到國民支持的眾議院時代的來臨，原敬和加藤高明領導的兩大政黨制則繼續推展。隨著對外關係的惡化和國內不安的情勢，希望更替軍閥超然內閣的聲音逐漸高昂，寺內不得不在隔年總辭[8]。

大戰後，爲了對應新時代，國民期待以民本主義立場出發，希望實施普通選舉的聲音擴大。此時，誕生了非貴族出身，卻在眾議院保有席位的第一位平民宰相原敬內閣。原敬上任時，國民期待可以藉由「平民宰相」替換「軍閥內閣」，也期待由軍國主義轉換成爲民主主義。但是，原敬卻只有整頓內政，對國內民主改革的期待，根本無法適度的回應，對轉換民主主義的期待，更是冷漠而無法有所作爲。

6　高橋幸八郎等編，《日本近代史要說》，東京大學出版會，2002年，頁248-250。
7　坂本太郎，《新訂 日本史概說》，至文堂，昭和61年，頁230-231。
8　同前揭書。

第二節 大正民主時期的日本情勢

「大正民主主義」

「大正民主主義」是 1912 年至 1926 年間，在日本國內提出，有關自由主義、民主主義等各種政策及思想的總稱。目前爲止，學界說明大正民主主義的時間，有不同的說法。本節論及的時期，是以政治史的角度來分析。

廣泛而言，從 1905 年（明治 38）日俄戰爭結束，到 1925 年（大正 14）的普通選舉爲止，此二十年期間稱爲「大正民主主義」時期；這二十年間，也正是日本政治史上，在國內民主化政策和對中國政策等，兩大主軸變動最大的時期。此二十年間，日本國內政黨，從「政友會」或「憲政會」等政黨，增加了藩閥和官僚勢力的比重。而且，從 1918 年（大正 7）原敬內閣成立，到 1924 年（大正 13）加藤高明內閣爲止，日本確立了慣行的政黨內閣模式[9]。

換言之，「大正民主主義」盛行的年代，就是日本政黨政治的確立期；同一時期政治民主化催動下的民眾運動，對於日後政治的發展具備極大的影響力。從 1905 年（明治 38）的「日比谷火燒事件」，之後 1913 年至 1914 年（大正 2 至 3）的第一次護憲運動，或是 1920 年（大正 9）要求普通選舉的大示威遊行，甚至是 1924 年（大正 13）舉行護憲運動的示威遊行，參加人數每每達到萬餘人。這些民眾運動的參與者，除了知識分子之外，新聞記者、急進自由主義政黨的政治指導部的吉野作造、犬養毅、尾崎行雄等都是代表人物[10]。

大致上，「大正民主主義」時期，就是以「擁護憲政」和「打破閥族」爲口號，從打倒桂內閣的一次護憲運動，到昭和初期爲止，都

---

[9] 鳥海靖・松尾正人等編，《日本近代史事典》，東京堂出版，1999年，頁212。
[10] 同上，頁213。

可以看出其行動的目標，甚至在大正末期，形成了所謂「憲政常道」的慣例。也就是象徵民主主義思潮的普通選舉獲得推廣，在眾議員的總選舉中，獲得第一政黨地位的總裁組成內閣。但是若出現有失政情況時必須總辭，將政權交給第二黨後，以總選舉方式來尋求民意的方式。

1924 年（大正 13），包含權力與非權力的大正民主主義者，在加藤高明的擁憲三派內閣手中合而爲一。直到「五・一五事件」爲止，「政友會」和民政黨始終維持政權交替組成內閣的模式；而且在普通選舉法成立之後，日本國內已經完全樹立了民主化。日本民主化的進展，也並非由兩派合力促成；以樹立政黨內閣的觀點來看，「大正民主主義」時期的要角是「政友會」，與民眾運動和其領導者之間，當然存在著對立的立場。此對立立場，自然蘊含著彼此之間無法任性妄爲，必須做出適度的協調和監督。這段時期，並非只有政治性爭論而已，還包含了陸海軍的擴軍和對美、中的政策，以及擴大公共事業費之後，造成減稅等諸多問題的討論。

以上問題一直是二十年間，「政友會」和「憲政會」以下的非政友的諸黨，爭議不休的議題。因爲這些問題造成的政黨對立，或許也是「大正民主主義」時期，日本政治最大的問題。換言之，政治對立的根本原因，關係著從明治開國以來，薩、長藩閥勢力的政治據點如何分配，以及從官僚政治到政黨政治發展的過程。

吉野作造

吉野作造是「大正民主主義」時期的政治學者和言論家，也是推動大正民主思潮的重要旗手。在第二高等學校就學時，吉野即加入浸禮派，終其一生非常尊重個人人格的發展。吉野提倡「民本主義」時，由於美濃部達吉主張「天皇機關說」與上杉愼吉的「天皇主權說」對立，國民之間要求作爲政黨內閣制及議會制民主主義，是根本性普通選舉權的運動。

　　1912 年（大正元），美濃部達吉提出的「天皇機關說」，就是大正時期的政治思想；其內容就是承認大日本帝國憲法，主張主權不在天皇而是國家，認爲天皇只是國家的最高機關，因而擁有統治權。此番主張與上杉愼吉一派的「天皇主權說」大異其趣，將日本眞正帶入一個「開放」的帝國。內容就是，一邊對帝國憲法妥協，又秉持絕對君主制，可說是接近立憲君主制的立場，成爲以議會政治和政黨內閣制來約束的主張[11]。雖然吉野沒有對「天皇機關說」直接論述，但是吉野堅持從政治學的立場，來討論「民本主義」在憲法上運用的合理性，此論述也替日本政黨政治奠立了實踐的基礎。而且，秉持現代開放的觀念，主張必須跟世界接軌，這是當時多數知識分子的共識，當然吉野也不例外[12]。

　　吉野每次遇事，即強調社會生活中，對天皇必須忠誠的理由，以及在個人生活中，強調對基督教信仰的虔誠。到日俄戰爭爲止，吉野支持進出朝鮮半島及中國大陸，等到日本成爲大國後，反而勸誡政府必須謹愼行使不合理的軍事力；並且主張必須和周邊各國保持協調，強調帝國內各個民族的融和，才是日本的國家利益。當時，吉野的立場遭受主張「天皇主權」的右派，以及主張應該拘束「民主主義」用法的左派等兩方的攻擊。

　　1913 年（大正 2）開始，是吉野在論壇最顛峰的時期。1916 年（大正 5）一月號的《中央公論》上，吉野留下〈論憲政本意及其貫徹之途徑〉的成名作。此後，被視爲「民本主義」的代表學者，在多種雜誌上發表論說。「民本主義」是「Democracy」的譯語，就是與「政治的目的」相關的主義，而且與一般民衆的利益是息息相關的。到了 1919 年（大正 8），吉野發表了〈世界大主流及其順應策與對

[11] 加藤文三，《日本近現代史の發展 上》，新日本出版社，1994年，頁182。
[12] 松本三之介，《近代日本の知的狀況》，中央公論社，1974年，頁142-143。

應策〉，文中提到「形成今日世界大事的主流是什麼？姑且以政治面來說，對內就是貫徹民本主義，對外則是確立國際平等主義」[13]。

　　吉野也強調「至少在理論上先鞏固普遍基礎，這是努力發揮特殊面的先決條件。」；他也認為「日本在世界上以一個國家主張生存發展的權利之前，必須先成為民本主義國家，成為以正義作為跟國際溝通的基礎」[14]。吉野認為「民本主義」不可或缺的條件，就是確立立憲政治，以及導入普通選舉制度；身為言論團體的指導人，吉野重視實質的討論，親自指導了「黎明會」及「新人會」的團體[15]。從其一生的著作及言論看來，吉野不拘泥於嚴密的定義，只是為了避免無謂的摩擦而使用此語而已。

　　1918 年（大正 7）發生俄國革命，共產主義思想席捲了日本的論壇及學界，吉野認為對革命思想及「無政府主義」者，也應該賦予言論的自由，諸多主張引起國內的誤解。同時，對於支援朝鮮和中華民國青年留學生而被視為反日，不斷對藩閥及官僚的嚴厲攻擊，也都引起官憲的注意。吉野非常講求「獨立性」的思考，在戰前《台灣青年》雜誌上，吉野也呼籲台灣人若要自治，首先必須擁有獨立的思考。

　　吉野主張的「獨立性」，也影響了國內的婦女運動。1920 年（大正 9），在平塚明子（雷鳥）及市川房江等人，所設立的「新婦人協會」組織內，極力推行女性參政權及提升女性地位的女權運動。諸多運動的結果，1922 年（大正 11），政府修正禁止女性參加政治運動的治安警察法，1924 年（大正 13）又成立了「婦人參政權獲得期成同盟會」[16]。可以說，吉野主張的男性普通選舉制度終於實現，完全

---

[13] 岡義武編，《吉野作造評論集》，岩波文庫，1975年，頁146-149。
[14] 加藤文三，《日本近現代史の發展 上》，新日本出版社，1994年，頁182。
[15] 太田雅夫，《大正デモクラシー研究》，新泉社株式會社，1975年。
[16] 倉山滿編，《圖解 日本の近現代史》，新人物往來社，2010年。頁182。

確立了兩大政黨議院內閣制的「憲政常道」。但是，吉野對現實中腐敗的選舉感到絕望，為了促使兩大政黨反省，開始支援無產政黨，到了昭和時期因為健康欠佳，執筆活動大量減少。隨著社會的進展，1925 年（大正 14），吉野主張的諸多想法，在男性普通選舉法成立之後方得實現。

晚年的吉野熱衷於明治文化研究會，在活動期間收集的資料，成為明治新聞雜誌文庫；為了闡明大日本帝國憲法制定史，吉野收集所有領域的貴重資料，對後世的相關研究有諸多的貢獻。為了瞭解西洋帶來的現代化，吉野帶給日本人嶄新的觀念，吉野甚至希望可以驗證新井白石的基督教認識。身為一位政治學者的吉野，最關心的就是近代日本人政治意識的生成及發展，最後終究未能完成研究，1933 年（昭和 8）在全國危懼全體主義抬頭的氛圍中病逝。

以「日、英同盟」的亞洲進出

1914 年（大正 3），塞爾維亞的一位青年，暗殺了哈布斯堡帝國皇太子夫妻，引發了第一次世界大戰。奧地利向塞爾維亞宣戰，歐洲列強在此戰爭中，擴大了同盟的連鎖關係，在勢力對立下，演變成日後的世界大戰。兩次的巴爾幹戰爭，勉強維持了英、俄、法和德、奧勢力的均衡關係。但是相對於德國、奧地利、土耳其、保加利亞的中歐同盟關係，塞爾維亞、俄國、法國、英國、日本之間的同盟連鎖則持續擴大。

第一次世界大戰時，因為西方需要資源，轉向日本求取協助，因此日本發了一些戰爭財，井上馨將此評為「天佑」。1914 年至 1917 年（大正 3 至 6）之間，基於「日、英同盟」而參戰的日本，在參戰第一年內，驅逐了在青島的德國勢力，而且日本也佔領南太平洋的德國領地。甚至，帝國海軍保護太平洋到印度洋的通商，也派遣艦隊到地中海；日本更參加了 1915 年（大正 4）的倫敦宣言，宣誓「不單

獨講和」，企圖讓英、法等同盟國安心。

　　國內進步派議員因為軍事預算的考量，對於日本的參戰，提出反對的意見。在日本政治史上，天皇宣戰卻遭到議會否決的狀況，可說是空前絕後。1915 年（大正 4）日本向中華民國傳達，遵守國際法十四條的要求和七條的希望，竟被中國宣傳為「強迫接受二十一條要求」的不妥當處理。後續在中國境內發展成抗爭活動，促使元老對加藤高明外相產生不信任感，連帶也成為之後大隈內閣崩潰的主因。

　　本來，中國提出要求，希望歸還大戰期間，日本從德國手中奪去的山東各項權利等，然而卻遭到列強的漠視，更是在 1919 年（大正 8）的「凡爾賽合約」中遭受否決。內外情勢的累積，中國各地開始引發了一連串的抗日運動，北京的學生集合在天安門前，反帝、反封建的口號響徹雲霄，上海的商店及勞動者參加遊行，這就是著名的「五四運動」。因為「五四運動」的發生，中國進入一個嶄新民主主義革命的階段。

西伯利亞出兵及「米騷動」

　　1917 年（大正 6），蘇聯的勞動者、農民、兵士等，在列寧的指導下發動武裝政變，這是世界上首次社會主義革命的勝利。列寧率領的武裝部隊，打倒了臨時政府，主張廢止地主的土地所有制，以及民族自決等口號響徹雲霄，並且宣示舉行講和會議。「十月革命」，不但激發出存在於資本主義國家中，勞動者的階級鬥爭；也傳達了殖民地與從屬國之間，欲求爭取民族解放鬥爭者之間，必須團結的訊息。

　　「十月革命」導致俄羅斯帝國走向滅亡，取而代之的是蘇聯。蘇聯意圖在全世界發動革命，打倒資本家推翻資本主義，樹立共產黨領導的獨裁國家。就在 1917 年至 1918 年間（大正 6 至 7），蘇聯脫離聯合國，日本為了因應聯合國的要求，出兵干涉俄國革命，派遣軍隊出兵西伯利亞。到了 1920 年（大正 9），各國相繼退兵之後，日本

仍滯留到 1922 年（大正 11）才全面退出。此戰爭目的不明，浪費軍費撤兵的結果，成爲日本近現代史上，日本帝國對外的第一次敗戰。

另外，聯合國對德國在東部戰線上，存著極大的恐懼感，英、法等歐洲諸國宣稱俄國革命干涉戰爭。至於，日本冠冕堂皇干涉戰爭的理由，是爲了救出捷克軍；捷克是被哈布斯堡帝國壓迫的民族，而後轉向同盟國的俄國投降。因爲俄羅斯帝國的滅亡，捷克人被迫遺留在敵方，日本爲了拯救滯留在西伯利亞的捷克人，出兵西伯利亞[17]。諸多事況下，日本政府的戰爭指導原則，變得極度迷茫而不確定，主導日本外交的原敬，極力強調對美協調的必要性，由從不介入的方針，轉換爲參戰的決定。

因爲西伯利亞出兵，國內發生米糧的買斷囤積，引發的全國性暴動稱爲「米騷動」，寺內內閣因而總辭。此國民運動的興盛，導致國內政權交替，被稱爲眞正政黨內閣的原敬政友會內閣正式成立。1918 年（大正 7），富山縣魚津町的婦女，首先要求終止縣外的稻米囤積；富山縣其他地區西本橋町、滑川等地，以主婦爲中心的村民接連要求米價下降。「米騷動」在一個月內擴及全國各地，前後五十二天的時間，示威和暴動由青森、岩手、秋田、沖繩的四縣開始，暴動擴及全國市、町、村的廣大範圍，一時之間狀況無法控制，政府派出軍隊全面整肅[18]。

「米騷動」是日本歷史上空前的人民暴動，而且是沒有透過任何組織，完全屬於個人驅動的行爲。因爲發生「米騷動」，不但引發國內政權交替，也導致日本勞動運動極速發展。此時期，日本勞動爭議轉換成多樣戰術的發展，占有三萬人的「友愛會」，在 1918 年（大正 7）舉行全國大會，從本來會長的個人指導，改成理事的和議制。

17 加藤文三，《日本近現代史の發展 上》，新日本出版社，1994年，頁188。
18 同上。

同時「友愛會」也更名為「大日本勞動總同盟友愛會」，到了 1919
年（大正 8）全國的勞動爭議數，更是達到史無前例的紀錄 [19]。

第三節　日本與國際的對應

「三‧一運動」與「五四運動」

　　「米騷動」之後，日本國內發生大變動；呈現出沒有透過政黨內
閣的話，便無法維持政權的狀況。本來，首相僅限於擁有爵位的華族
擔任，「米騷動」之後，原敬以第一黨黨魁資格就任，內閣組織除了
陸、海軍之外，全部的大臣都是由「政友會」的黨員和支持者組成。
「米騷動」的發生，不僅讓寺內內閣下台，甚至之前花了很長時間，
期待成立的政黨內閣制也在短時間成形。

　　1919 年（大正 8）3 月 1 日，朝鮮發生了「三‧一運動」，是透
過間島、國外的有志，串聯內部團體所發展出的民族性運動。過程中
完全透過留日學生的鼓勵，藉助私立學校舉辦的各種啓蒙活動，推展
成各地的民族教育。當時，不管日本國內或殖民地台灣，都有學生普
及運動。殖民地台灣，甚至透過海外留學生，帶回許多新知識和觀
念，成立「台灣文化協會」積極舉辦各種講習會，啓蒙了台灣的傳統
社會。顯見各地知識分子和留學生，對於民主主義和民族獨立思想的
宣導，留下許多不可抹滅的貢獻。

　　當時，美國總統威爾遜提出「民族自決」的口號，內容包含的
十四條原則，連同 1919 年（大正 8）舉行的巴黎和會，共同促成世
界各地獨立運動的快速發展。朝鮮獨立運動的高昂，完全是受到蘇聯
革命的影響，中國、朝鮮和台灣等地，同時都注意到民族獨立的問

---

[19] 同前揭書，頁189。

題，亞洲出現各國民族運動者互相交換意見，或是支援彼此的狀況。同年3月，被日本強制退位的李太王舉辦葬禮時，朝鮮人民聚集在首爾街頭喊出「朝鮮是獨立國家，朝鮮人民是自主之民」的口號；一時之間，民眾也跟著喊出「獨立萬歲」，獨立運動的風潮很快就遍及朝鮮全國。

　　根據當時日本憲兵司令部及朝鮮總督府的調查，參與民族運動者，包括勞動階層和小作農民，皆是朝鮮獨立運動的重要勢力[20]。之後呈現獨立宣言書、新聞、集會、示威活動等多樣化型態；並以農村部會為中心組織，向全國殖民地權力機關，對警察、郡廳、郵局、法院等單位發動攻擊，最後是由總督府下令鎮壓處置。「三・一運動」之後，原內閣將武官總督改成文官總督，禁止由憲兵擔任警察事務，開始進行土地改革。1920年代開始的朝鮮土地改良政策，就是源自於「米騷動」的經驗，希望朝鮮增產米，企求徹底紓解日本國內的食糧危機。

　　至於，中國「五四運動」的起因，則是第一次世界大戰結束後，在巴黎和會中，列強將德國在山東的權益轉讓給日本，這是所謂的「山東問題」。當時北洋政府未能捍衛國家利益，引起人民高度的不滿，開始上街遊行，當時的口號是「外爭國權，內除國賊」。1919年（大正8）5月4日，終於在中華民國的京兆地方，青年學生在天安門廣場引發抗爭運動。包括上海地區的廣大公民、市民和工商人士等，全國中產、基層人民廣泛參與的示威遊行，全國有請願、罷課、罷工和暴力等多形式的抗爭行動[21]。

　　本來僅僅只是學生運動，但是反日宣傳活動持續蔓延之後，引發中國境內二十七市的罷課、罷市接連不斷；隨著事件的擴大，商人

---

[20] 加藤文三，《日本近現代史の發展 上》，新日本出版社，1994年，頁190。
[21] 同前揭書，頁191。

的罷市亦導致上海銀行業罷工，市場陷入停頓痲痺的狀態。中國各省代表組成請願運動，希望解除講和會議之後，再來討論山東權益的問題。因為官民對峙，導致留在中國的日本商人的駐地和商店都受到波及；上海各界聯合會也在此時成立，各界聯合會陸續聚集上海抗議，拒絕日貨的聲音響遍雲霄。

第一次世界大戰末期以來，中國呈現安徽派軍閥掌握北京政府勢力，和希望介入中國支配權的日本帝國主義之間的角力戰。顯見「五四運動」的性質，並非單純的反帝、反封建的性質而已；其中也內含反日、反安徽派的意圖。在亞洲，不管「三・一運動」還是「五四運動」，對台灣的民族運動和日本國內政治鬥爭的發展，都帶來深遠的影響。中國的民族解放運動，更是以此為區分點，開始朝著反帝、反軍閥的方向前進，不但內含反帝、反封建的目的，也符合國民革命時期所設定的目標。

配合亞洲的民族運動，台灣境內也陸續發起了一連串的抗日運動。從 1921 年（大正 10）開始，台灣知識分子發起議會請置運動，官民之間抗爭不斷，因為勞動爭議和小作問題等引發了農民運動。亞洲在互相對應影響之下，進入一個反帝、反封建的革命形式，社會的指導權也從民族資本家階級，移轉到勞動階層手中。日本政府以及朝鮮總督府，對「三・一運動」的態度，也從本來鎮壓的態度，開始調整施政方針。1919 年至 1920 年間（大正 8 至 9），標榜「文化政治」的大改革中，撤換總督府內武官專任制，將憲兵警察改變成普通警察，也同意朝鮮語的雜誌或刊物的發行；同時在全國施行新的「朝鮮教育令」，並公布產米增值計畫等新的政策[22]。「五四運動」之後，反帝、反封建的課題，成為中國新民主主義的新目標；1919 年（大正 8）10 月，孫文成立中國國民黨，亞洲進入一個新紀元。

---

[22] 歷史學研究會編集，《講座 日本歷史 近代3》，東京大學出版會，1992年，頁151。

德國的孤立及美國的抬頭

1914年至1930年間（大正3至昭和5），因為西方帝國主義列強擴大勢力的抗爭，造成世界極大的變動，最後導致德國的孤立和美國的抬頭。第一次世界大戰的序幕，就是導因於無法收拾巴爾幹半島上的紛爭而起；進而擴大了塞爾維亞、俄國、法國、英國，以及和日本同盟的連鎖，而引爆成為世界大戰。

1917年（大正6），俄國在列寧的指導下，成立了世界第一個社會主義的新政權。日本的參謀本部和外務省在蘇俄革命之後，希望西伯利亞統籌於自己的範圍內，開始計畫出兵干涉革命。此時，英、法兩國也發動干涉戰爭，對於遠東戰線西伯利亞的出兵，日本的態度始終追隨美國。美國因為墨西哥革命的終結，威爾遜總統舉起「無勝利的和平」標語，以聯合國會員身分參戰。

雖然，威爾遜是主導和平會議的理想主義者，但是「凡爾賽條約」變成是對德國復仇的條約。在眾多的和約條款中，最具爭議性的莫過於第二三一條款。該條款迫使德國承認發動戰爭的事實，並且必須承擔全部責任；所簽訂的合約，也限制德國的軍事能力，迫使割讓領土、支付巨額的賠款，對德國影響甚大。1925年（大正14）的「羅加諾公約」是融和法、德為基調，強調歐洲真正和平的條約，因而帶來歐洲相對的安定[23]。另一方面，孤立的蘇聯和陷於苦境的德國，兩國訂定了「拉巴洛條約」，秘密進行軍事協力。

如果「凡爾賽體制」是歐洲的戰後秩序，那麼「華盛頓條約」就是規範亞洲和太平洋的體制。此期間廢止了日、英同盟，創造出不只是蘇聯，日、英、美等所有大國孤立的不安定狀況，也因為「倫敦條約」的內容，短暫的協調關係達到頂點。此時，又正逢世界性恐慌，

---

[23] 高橋幸八郎等編，《日本近現代史要說》，東京大學出版會，頁288。

各國皆退縮成為區塊經濟體，世界各國之間充塞著互相不信任的氛圍，因為整體不自然的協調和長期的不景氣，日本國內輿論也開始醞釀出不滿的情緒。

凡爾賽體制與原敬內閣

以美國總統威爾遜提出的「十四條和平原則」為本，在巴黎舉行和平會議。元老山縣有朋萬策施盡，終於在 1918 年（大正 7）接受「政友會」總裁原敬的首相奏薦。原敬解散眾議院，在總選舉獲得絕對多數的勝利，掌握眾議院成為第一大黨，原敬總理兼任總裁的權力達到頂峰。大致而言，國內在普選問題和社會政策上採取保守的態度，原敬內閣對第一次世界大戰也是秉著保守態度，但是在對外政策上，則是非常積極地對應。

其中，原敬在對外政策上，實施最徹底的就是對美協調的立場。同時在威爾遜總統任內，美國替代沒落的歐洲逐漸抬頭，而且實際參加歐洲戰線，發言權逐漸強大。1918 年（大正 7）德國投降，第一次世界大戰落幕；隔年英、法、美、義、日五大國在巴黎召開和平會議。日本的全權代表為西園寺公望和牧野伸顯，雖然參加了會議，但是日本只針對和自身國家有關的亞洲及太平洋問題發言，對於錯綜複雜攸關利害關係的歐洲問題，則一概不參與調停的工作，當下被諷刺為「無聲的夥伴」[24]。

相對於威爾遜標榜的理想主義，與之對立的就是英、法的現實主義。威爾遜在大戰中所主張的「廢止秘密外交」，意味著英、法、義、日等國，將戰爭中的約定淪為白紙，之後和「航海自由原則」合併，則意味著否定了大英帝國的霸權。甚至，「凡爾賽條約」對於戰敗的德國，要求接受龐大的賠償金等苛刻條件，導致德國的總體力量

24 倉山滿編，《圖解 日本の近現代史》，新人物往來社，2010年，頁164。

完全瓦解。德國是世界最早主張廢除人種差別的國家，但是由於威爾遜獨斷地主張必須全體一致，因此少數的主張被忽視；日本因此徹底認識到，威爾遜的理論只是虛構的理想。

「華盛頓會議」

第一次世界大戰後，美國掌握了國際政治的指導權，向日本及英國提出縮小軍備的限制案。美國期待日本交出，第一次世界大戰期間得到的利益，並且希望解除日、英同盟的外交關係。如果考量當時日本對於英、美兩國，完全是處於經濟依賴的劣勢立場，那麼以華盛頓體制爲根本，則是唯一可以掌握日本國家利益的選擇。「華盛頓會議」開始之前，固辭一切爵位勳章，被稱爲「平民宰相」的原敬遭到暗殺。後任者的高橋是清內閣，仍積極的繼承原敬對外政策的主張，甚至之後的加藤高明，以及第二次的山本權兵衛內閣，也同樣接受此一貫的對美協調的外交模式。

對日本而言，可以從美國威爾遜的理想主義外交，轉換爲現實的經濟外交，對 1920 年代的日、美經濟關係，的確是一個非常理想的模式。從 1921 年（大正 10）開始，到隔年「華盛頓會議」締結了四國條約、九國條約及五國條約等，這些條約促使亞洲與太平洋的秩序變得不安定。締結四國條約，主要是美國怕被夾擊，因而要求廢止「日、英同盟」的條約；而英國受到需要支付第一次世界大戰龐大戰費的壓力，也主動要求廢止同盟關係。1924 年（大正 13），護憲三派的加藤高明繼任，憲政會對於加藤的對中政策，完全停留在穩健的模式；而且以幣原喜重郎外相的協調外交爲遵循的依據[25]。

九國條約則是保障在中國擁有權益的八國，可以在中華民國領地內，得到主權利益的條約。但是依照當時的狀況，把尚未被認定具

---

[25] 同前揭書。

有主權國家資格的中華民國列處於條約的主體，時間點是有問題的。美、英、日、法、義等五國，將限制主力艦的戰艦，以解除建艦競爭可能帶來的財政負擔爲其主要目的。尤其是日、英、美三國角逐最爲激烈，要求達到美國的七成，卻只拿到六成的日本對此頗有反感；本來是對等並排的地位，卻被美國奪走海洋霸權的英國，也深感事態的嚴重。結果是，太平洋大國的日、美、英三國都被孤立，所以「華盛頓會議」導致無法共同對付蘇聯及動亂的中國。

　　大致上，「華盛頓會議」討論的重點，主要集中於世界軍備限制，其次是遠東問題。單單有關海軍的軍縮，就議定了五項重點：1.調降美、英、日和法國、義大利的主力艦比例，2.必須放棄建造中的主力艦，3.限制戰艦的大小，4.巡洋艦的大小也受限，5.維持當時太平洋根據地的現狀等，條約期限是十年[26]。日本在「華盛頓會議」上，幾乎全面失去了在中國的權利；又因爲解除了「日、英同盟」關係，日本在國際上的處境，也陷入孤立無援的困境。「華盛頓條約」對海軍主力艦有限制，但是對陸軍則完全沒有限制，與日本國內輿論的主張不合。直到1923年（大正12）元老山縣有朋去世時，國內反軍國主義的氛圍提升到極致，日本國民也普遍認爲，軍縮是大正民主主義的成果[27]。

第四節　1920年代日本議會政治的倒退

擴大參政權‧發布普通選舉法‧治安維持法

　　原敬被暗殺後，後繼的總理及「政友會」總裁的地位，皆由高橋是清財政大臣繼承，但是引起了朝野的反彈，由於無法平息糾紛，

---

[26] 加藤文三，《日本近現代史の發展 上》，新日本出版社，1994年，頁199。
[27] 同前揭書。

僅僅半年內閣又提出總辭。之後由加藤友三郎海相、山本權兵衛元首相、清浦奎吾樞密院議長等，三屆無眾議院為基盤的聯合內閣繼續主持政務。

　　唯一的元老西園寺公望忌諱政爭激烈化，要求實施公平的選舉。清浦是從貴族院選出的閣員，得到從「政友會」脫黨，接而組織政友本黨床次的支持舉行總選。高橋是清的「政友會」、加藤高明的「憲政會」、犬養毅的「革新俱樂部」，以非政黨內閣有違「憲政常道」為由三派互相連結，發動第二次護憲運動[28]。以政界的常識來說，在選舉時執政黨應該比較有利，但是當時由護憲三派獲勝，尤其是「憲政會」從第三黨躍升為第一大黨。

　　此時，西園寺公望奏薦加藤為總理大臣，成立了護憲三派的聯合政權，加藤也在此時完成了三項政治課題。首先是護憲三派懸念的普通選舉法，內容是修改眾議院選舉法規則，承認二十五歲以上的男性，與納稅額無關皆賦予選舉權。第二項是承認蘇聯的國家地位，也因為加藤內閣的外相為外交官出身的幣原喜重郎，幣原在西伯利亞出兵後，仍然努力與蘇聯建立國交關係，最後則是治安維持法[29]。

　　隨著社會主義政權勢力的擴大，蘇聯早已藉著第三國際日本支部的運作，在日本國內成立共產黨，展開以「打倒天皇制」為目的的活動。1922 年 7 月（大正 11）日本共產黨以非公然的組織成立，創立後的共產黨以「融入大眾、實行政治鬥爭」的標語，積極在國內活動。早在日本與蘇聯建立國交的同時，就存在社會主義思想，因為擾憂工作人員可能流入國內，而被要求取締。社會主義關係著普羅大眾的權益，對日本天皇制來說，潛在著致命性的矛盾；其原因以階級基礎的地主、資本家與農民之間的對立，彼此的關係是地主制和資本主

---

[28] 倉山滿編，《圖解 日本の近現代史》，新人物往來社，2010年。頁168。
[29] 同前揭書。

義的發展，是無法避免的複雜關係。

綜觀日本國內的矛盾和國際關係的複雜性，可以說整體政治，呈現出更加詭譎複雜的面貌。此時，順著世界潮流，封建階級社會也已經走到冀求改變的時刻；日本國內無產階級抬頭，普羅大眾的聲音逐漸受到重視。整個社會充斥著，年輕人嚮往人民主義戰線的氛圍，甚至日本學界及論壇的主流，也早已瀰漫馬克思主義的氛圍，可說是黑暗時代的來臨。

議會政治的倒退

日本雖然已經形成「憲政常道」，但是貪污事件以及政黨醜陋的鬥爭，不擇手段的倒閣運動等，也讓大眾感到心灰意冷而人心離散。中產階級以下，對於政黨的腐敗和資本家的奢侈，抱著極大的不滿，連軍部和官僚也逐漸傾向社會正義，對政黨存著不信的對立感。

當下，以護憲三派贏得總選舉的高橋是清「政友會」總裁，之後讓位給原陸軍上將田中義一；隨著犬養毅的引退，「革新俱樂部」被「政友會」吸收。加藤高明憲政會內閣成為兩黨聯合內閣，政黨對立變得更加尖銳，「政友會」與在野黨的政友本黨人聯手企圖倒閣。加藤力衰也只能依靠西園寺公望元老的力量，得以繼續執政。加藤憲政會的內閣為少數的執政黨，之後加藤在議會中死亡，繼承的若槻禮次郎沒有以總選舉贏取國民信任的力量，只好屢次與在野黨達成妥協，這般妥協的行為引來許多的不信任，最後招致失勢。

終於，在金融恐慌發生之際，內閣以樞密院拒絕了金融勅令的裁決為理由而總辭，西園寺奏薦「政友會」總裁田中義一為總理來收拾政局。同時，財政大臣的高橋是清發出「支付猶豫令」，寄望以大量發行紙幣來收拾事態。國內兩大政黨對英、美和蘇聯的態度，都以協調方式為主軸；甚至不與蘇聯發生摩擦的作法上，也是完全一致。政黨政治的不協調，帝國臣民的權益受到侵害，全民對議會的不信任感

倍增。議會政治倒退的結果，導致軍部的急進派及國家主義團體逐漸活躍，讓朝內對外政策的態度轉為嚴肅，其癥結點還是滿洲問題。可以說，「協調外交」達到某種程度的成功，剩下的就是介入中國大陸事務程度的多寡。

蔣介石在無視日本軍事的干涉下北伐成功，此番結果說明了日本援助張作霖的策略失敗。當時，中華民國持續辛亥革命以來的動亂狀態，對日本垂涎的滿洲，也因為張作霖的無力管理，東北已經成為沒有法治的地帶。1929 年（昭和 4）年，民政黨開始對田中內閣的失敗外交加以檢討，並迫切要求田中內閣必須公布，有關張作霖事件的真相。以張作霖的爆殺事件為契機，繼任的張學良在東北推行徹底的反日政策，日本也不得不以此事件，做出最後的處理，結果就是田中內閣的總辭[30]。

倫敦海軍軍縮條約

諸多事件的累積下，中國的反日民族運動轉為激烈，在日本對外危機逐漸加深中，各國在倫敦舉行海軍軍縮會議。此時，適逢國內兩大政黨，為「立憲政友會」和「立憲民政黨」的時期。之後，「憲政會」和「政友本黨」合併，設立以濱口雄幸為總裁的民政黨。田中政友會內閣，未能在首次普通選舉的眾議院總選舉中獲得絕對多數，因此田中獲得眾議院中的多數。無人能倒閣，但是宮中親信，則期待藉著天皇從上而下的壓力，逼迫田中提出辭呈[31]。

1929 年（昭和 4）7 月 1 日，元老西園寺公望奏薦濱口為總理，民政黨即日完成了組閣，濱口解散眾議院，選舉的結果是民政黨獲得壓倒性的勝利。西園寺公望與憲法學者美濃部達吉等人，皆支持濱口的上任；濱口上任後首要的外交課題，為批准倫敦海軍軍縮條約。

[30] 加藤文三，《日本近現代史の發展 下》，新日本出版社，1994年，頁17。
[31] 倉山滿編，《圖解 日本の近現代史》，新人物往來社，2010年。頁172。

「華盛頓會議」中，主力艦的限制，已經解除了財政的負擔；然而日本開始加重巡洋艦的建艦競爭，以軍事的發展需要限制的前提下，1930 年（昭和 5）各國聚集在倫敦，開始進行軍縮的交涉。

　　日本所盤算的軍縮比例，是達到美國的七成，在交涉過程中也幾乎被承認。但是，「政友會」利用條約內容，以造成國防的不安為由意圖倒閣。濱口不但不為所動，結果是濱口在眾議院擁有壓倒性的多數，成功地攏絡宮中及海軍省，也得到政界多數的支持。1930 年（昭和 5）10 月 2 日，日本更是批准了「倫敦海軍軍縮條約」，將戰前政黨內閣制推到頂點；也在此會議中，日本軍部正式介入政治，國防成為之後朝野的重要議題 [32]。

　　政黨內閣在總選舉獲勝後，可以說已經不存在能行使否決權的機構。既然無法用合法方式倒閣，開始出現企圖利用暗殺等，非法手段達成目的的氛圍，原敬被暗殺就是一個例子。甚至，締結軍縮條約前後，軍人結社興盛，永田鐵山、岡村寧次等人，對於軍縮而導致軍人力量後退，心存許多不滿的情緒。1929 年（昭和 4）軍部重要階層開始聚集，包含東條英機和石莞爾等陸軍中樞上校級的幹部四十人，為了解決「滿蒙問題」和建設「真正陸軍」的目標，創立了「一夕會」，這是軍人力量在政界運作的開端。

　　1931 年（昭和 6），爆發「九一八事變」，這是帝國軍部進行對外侵略的開始。日本從國際主義的協調外交，轉為國際孤立軍部的政治領導。對外展開了橫暴的武力行動和孤立外交，對內則是個人的暗殺，以及集團性武力暴動，政界已經無法對軍部有任何約束力。濱口內閣得到元老西園寺公望和憲法學者美濃部達吉等人的支持，擁有軍部的力量。不久，濱口首相在東京車站受到右翼團體攻擊，陸軍重要將校橋本欣太郎等人，也秘密結成「櫻會」，軍人結合成一股

---

[32] 同前揭書。

力量。

　　當時，根據憲法第十二條的解釋，內閣有軍政大權的決定權，且可以在樞密院承認條約的公定性。但是，不久在五九議會的開會期間，「櫻會」的幹部結合陸軍軍部，和民間的右翼人士大川周明，計畫以無產三黨藉著勞動會議爲名，企圖策劃活動。軍部企圖以平定議會爲名，出動軍隊鎮壓，希望可以完全掌握獨裁的權力；整個作爲導致政界及金融界極大的不安，日本完全陷入恐怖的氛圍中 [33]。

---

[33] 坂本太郎，《新訂 日本史概說》，至文堂，昭和61年，頁243-246。

現　代

第六章　邁向戰爭之路

第一節　十五年戰爭的開始

沒有國策的時代

1930 年代有三種思想支配著世界，即是民主主義、法西斯主義和共產主義。為了守住民主制度的框架，英國舉國一致支持戰時內閣，美國則是富蘭克林・羅斯福破例當選為第四任總統。法西斯主義的代表為義大利的墨索里尼和德國的希特勒，當時希特勒率領德國國防軍席捲了歐洲；即便蘇聯是共產主義的大本營，史達林也是不允許有異論出現的全體主義者。亞洲的日本正處於此三種思想相剋的局面，國內政治呈現極度的不安定，內閣幾乎每年交替的狀態，處於內外夾雜的混亂局面[1]。

第一次大戰後，以聯合國為中心的國際情勢，維持著相對安定的局勢；直到 1931 年（昭和 6）發生「滿洲事變」，打破了和平的現況。事變的發生，成為日本內政上，政黨內閣制開始被懷疑、否定的原由；而且在國際局勢上被孤立，最後捲入中國大陸的動亂中。「滿洲國」建國當下，日本國內欲與蘇聯對抗的親獨派勢力抬頭，同時與欲回歸親英或親美路線的抵抗勢力持續拉鋸，整體的外交路線，幾乎陷入停滯不前的狀況。

由於發生「五・一五事件」，「憲政常道」的模式遭到質疑，也導致眾議院的勢力跌落。陸軍雖然提出國策建言，終究在欠缺指導力

---

[1] 倉山滿編，《圖解 日本の近現代史》，新人物往來社，2010年。頁184。

的狀態下，日本斷然退出聯合國。帝國內所有機關的否決權遭受集體化，國內政局變得極度不安定，最後陸軍成為國策中心的主導者。即便如此，陸軍省和參謀本部也是經常意見不合，相關人士間的派閥抗爭頗為嚴重，政局陷入不安定而且焦慮的局面。支持民政黨的宇垣一成派，和荒木貞夫等的和皇道派發生爭執，最後與統制派的軍官永田鐵山的人脈相連的東條英機，以及武藤章等結合成為夥伴。

在此過程中，發生了永田被暗殺的「二・二六事件」；伴隨著暴力的政變，整個軍人勢力抬頭，民間對於政治官僚產生了極大的恐懼。因為「滿洲事變」，而獲得輿論支持的陸軍，反而獲得了國民的喝采。大致上，陸軍的主張仍然受到朝內的青睞，許多政策還是得以實現[2]。當下，因為近衛內閣時爆發「支那事變」，日、中關係陷入膠著，近衛文麿也因而得到最多輿論的批評。支援蔣介石政權的英、美兩國和日本的關係惡化，日本欲聯合德國來對抗。但是，日本與本來就是假想敵的蘇聯，在「諾蒙汗事件」中發生衝突。此期間德國又和蘇聯結成同盟關係，而日本的盤算是日、德、義三國聯盟之外，加上蘇聯來抵抗英、美兩國。

長期不景氣導致的金融恐慌

經過第一次世界大戰，日本從十一億日圓的債務國，成長為二十七億日圓以上的債權國。雖然，日本因為大戰經濟景氣沸騰，等到第一次世界大戰結束後，因為景氣的反彈，不景氣的狀況急速擴大，最後在 1920 年（大正 9），陷入戰後經濟恐慌。

1923 年（大正 12），因為關東大地震帶來的恐慌，政府很快公布了震災補償條例，開始融資給震災地的金融機關。政府為了收拾殘局，以東京為中心的工業地帶，財政省實施了三十天的「支付猶

---

[2] 同前揭書。

豫令」以解除支付的動亂，並發布震災票據貼現損失補償令。不能兌
換現金的票據，得以由日本銀行的特別融資，再貼現以救濟企業。
1927 年（昭和 2），在若槻內閣議會中，提出震災期票整理法案，
震災無法支付的期票，可以用公債的方式補償，並期待同年的春天可
以實施金融解禁。

　　雖然震災期票整理法案，在 3 月的眾議院會期中通過，但因為片
岡財政大臣失言，同年的 3 月 15 日東京的渡邊銀行休業，其他東京
和橫濱的中小銀行也陸續休業，這是金融恐慌的開端[3]。震災期票整理
法案在貴族院通過，卻在議會閉會後，鈴木商店突然宣布破產。第一
次世界大戰期間，鈴木商店和三井物產都努力發展國外貿易，資本金
額高達五億日圓，全國直系和旁系的相關企業高達六十間以上，和三
菱及三井並列為戰前日本國內的大企業。

　　如此龐大企業，鈴木商店的突然破產，當然也影響到台灣銀行的
運作，三井向台灣銀行融資的結果，鈴木商店的破產和台灣銀行的危
機，呈現出金融恐慌的第二個局面[4]。1927 年（昭和 2）4 月，若槻內
閣為了拯救台灣銀行，依照政府補償的緊急勒令，向樞密院提出日銀
特別融資方案。但是，三井出身的政友會幹事長山本條太郎等人，利
用金融恐慌的時機，驅使樞密院企圖使若槻內閣倒閣。

　　樞密院因為軟弱的幣原外交，導致在中國的權益受損，因而開始
攻擊若槻內閣。最後，在樞密院本會議中，以「緊急勒令案違憲」的
理由，否決了若槻內閣的提議。隔天，台灣銀行休業，1929 年（昭
和 2），有關震災票據問題，在國會答辯中，片剛直溫財政大臣直言
東京渡邊銀行破產的事實，當下引起經濟界的一片譁然。鈴木商店宣
布破產，台灣銀行也因此被迫休業。緊隨著關西五大銀行的休業，提

---

[3] 加藤文三，《日本近現代史の發展 下》，新日本出版社，1994年，頁8-9。
[4] 同前揭書。

款者瞬間湧入，導致其他銀行、公司的破產及停業狀況相繼發生，這
是金融恐慌的頂峰[5]。台灣銀行在中國的投資，總額達到二千五百萬日
圓，自然也捲入金融恐慌。

　　若槻內閣因此總辭，繼而由陸軍大將田中義一組閣，最後是高橋
是清財政大臣出來收拾金融恐慌的殘局，結果讓三井、三菱、住友、
安田、第一的五大銀行優先確立。1929 年（昭和 4），由美國開始
的世界經濟恐慌，使全世界陷入惶恐中，日本雖然為了增加出口及穩
定匯兌行情但由於井上財政大臣的誤判，導致所執行的黃金輸出解
禁；不僅使國內貨幣的大量流出，更引起全國企業的倒閉及薪資的降
低，最後引爆的就是「昭和恐慌」[6]。

　　1929 年（昭和 4）開始，因為美國股票價錢跌落，經濟狀況的
惡化，也開始波及亞洲。首當其衝的就是在都市生活的大眾，大學生
的失業，失業者連回家的旅費都籌不出的窘狀屢見不鮮，甚至因為生
活困難走上自殺的例子也層出不窮。1930 年（昭和 5）日本國內隨
著「昭和恐慌」，全國各個主要產業開始大罷工，緊接著東北農村生
產惡化，也引起農業恐慌，產生連帶的飢饉狀況，農村米價低迷，導
致農民生活更加窮困[7]。

山東出兵

　　1924 年（大正 13）中國國民黨和共產黨成立統一戰線，兩年後
開始第一次國共合作，宣布開始北伐。1926 年（昭和元）10 月，革
命軍佔領武漢，藉著實力收回英國的租界，擔心上海租界被中國收回
的英國，要求日本共同出兵，但是遭到幣原外相的拒絕。也在 1927

5　同前揭書。
6　坂本太郎，《新訂 日本史概說》，至文堂，昭和61年，頁258。
7　歷史學研究會 日本史研究會編集，《講座 日本歷史 10近代4》，東京大學出版會，1992
　　年，頁169。

年（昭和2）4月，因爲蔣介石的反共政變，導致第一次國共合作的失敗。繼任的田中內閣，爲了解除金融恐慌的困境，於同年5月企圖阻止北伐，趁著國共分裂的期間，出兵山東省青島，之後更加派援兵，這是第一次山東出兵。

1928年（昭和3）3月，蔣介石的北伐軍從廣州出發，到了4月接近十萬的北伐軍進入山東省，日本派出駐屯軍和從內地來的部分六師團，結合濟南的派遣隊與第六師團的先行部隊，在齋藤瀏少將的指揮下在山東開戰，這是第二次山東出兵[8]。雖然，山東出兵是爲了保護日本的權益，但是國內對出兵山東有很大的反彈；1927年（昭和2），日本勞動階級針對山東出兵，開始發動反對鬥爭。在全國無產階級團體代表的會議上，決定了「對中國非干涉」的原則，也積極對各無產階級展開宣導。

勞農、日勞的兩黨，亦共同決定「對中國非干涉」的方針，這是戰前日本無產階級唯一的共同行動。就在出兵山東的同時，日本外務省、陸海軍、派駐在中國的外交官、關東廳和朝鮮總督府的首腦同聚於東京，舉行了東方會議，顯然中國問題並非只是國內的議題而已[9]。會議中，決定了「對支政策綱領」，綱領中也明確說明，若中國領地內需要維持「日本權益」時，日本將支持「滿蒙」或「獨立的政權」。而且，在必要維持治安時，日本將會介入的承諾。

顯然，日本帝國主導的山東出兵，對中國革命打擊甚大，蔣介石也在國民黨內部紛擾下，一度聲明下野及中止北伐。1928年（昭和3）5月，蔣介石在北伐途中，濟南附近又發生了掠奪屠殺日本人的事件，國內召開緊急閣議的結果，從關東軍增派了一團旅和一中隊，再從朝鮮混合一團旅、動員了一師團支援，演變成日後的「濟南事變」。

8　加藤文三，《日本近現代史の發展 下》，新日本出版社，1994年，頁11。
9　同前揭書。

　　整個事變的發展，導致國內反彈聲浪更加高漲，日本國民對中國的感情惡化。蔣介石的北伐在同年年底完成，日本軍也於隔年全部退出，中國內部從本來的反英情緒，逆轉成為反日情緒，英、美各國也對山東出兵有許多批判。日本帝國整體的方向，對於「滿蒙問題」權益的考量，已經開始有全面戰爭的準備。

世界大恐慌的影響

　　1929 年（昭和 4），濱口雄幸在不穩定的情勢中繼任內閣。濱口主張的政策是「協調外交」的復活和實施黃金本位制。本來，第一次大戰後，如何使各國通貨安定，成為世界經濟的一大課題。1929年為止，去除包含日本的六國之外，其他世界各國大部分都採取黃金本位制。當時，在瑞士成立的國際仲裁銀行，也規定沒有實施黃金本位制的國家無法加入。

　　同年 7 月，日本財政大臣井上準之助推行，以金元貨幣輸出解禁為主的經濟政策，斷然實施金解禁的政策，除了日本國內有如此的需求之外，也算是回應國際的壓力。國內經濟界中，除了重化學工業為首的製造業外，金融和貿易關聯業界，為了冀求整體貨幣的穩定，對於金解禁的態度也都抱持積極的態度。因為戰後恐慌和關東大地震造成的經濟不景氣，日幣曾一時跌落到一百日圓替換四十九美金的程度，日幣成為國際性金融投資的對象，在國際收支整體的赤字中，國內物價高昂，景氣更加難以回復[10]。

　　此時，日本得到英、美將近一億日圓的借款，也在 1930 年（昭和 5）1 月完成「金解禁」。但是，日本受到金解禁的緊縮財政，以及世界大恐慌的影響，就在同年，又面臨了「昭和恐慌」，這是全民必須努力克服不景氣的重要時刻。其中，最早發生的就是美國華爾街

---

[10] 鳥海靖・松尾正人等編，《日本近現代史研究事典》，東京堂出版，1999年，頁259。

股市的暴跌，後來發展成全球性的世界大恐慌。同年日本的貿易輸出額下降，一年內中小企業倒閉的間數，達到史無前例的數目。恐慌的情況，也蔓延到農業，因為生絲價錢的暴跌，全國農家養蠶量下降了40%之多；一時之間農作的品種無法馬上變更的情況下，造成很多農家陷入坐吃山空的窘境。

尤其，1931年（昭和6）日本東北地方遭受寒霜冷害的影響，導致國內農作物歉收，生活物產收成不好，因此營養不良的兒童增加，造成嚴重的社會問題。隨著持續的恐慌，全國中小企業也大幅進行裁員，勞動者和農民也因為收益爭議而罷工。同年，勞動工會的組織力更是達到戰前的最高峰，其中東交、鐘紡、東洋的紡織品等，所造成的罷工達到高潮[11]。又因為遭受世界大恐慌的影響，殖民地朝鮮受到波及，因為伴隨稻米增產計畫，農作物無法平均生產，全國80%的農民生計受到影響。

朝鮮之外，也給殖民地台灣帶來極大的影響。本來殖民地台灣的傳統經濟，就是以農業為主，因此對製糖業等基幹產業的影響，更是明顯加深了社會的不安及民族之間的矛盾。甚至，中國東北朝鮮國境間島地方的朝鮮人，於同年3月發生武裝叛變；10月殖民地台灣中部山區，也爆發了「霧社事件」，這是多數的原住民對日本人壓迫的反彈，所引發的武裝抗日行動[12]。因為對原住民徹底的打壓，導致霧社官民死傷無數，此次的暴動事件不但影響台灣全島，更波及朝鮮的民族運動。

「滿洲事變」和「滿洲國」

1931年（昭和6）4月以來，日本因為濱口內閣內政的惡化，民政黨若槻禮次郎第二次組成內閣，若槻上台後即把重心放在「滿蒙問

---

[11] 同前揭書。
[12] 加藤文三，《日本近現代史の發展 下》，新日本出版社，1994年，頁19。

題」。中國全國上下隨著國家統一的信念,也將重點放在滿洲,雖然當地軍閥張學良侵害日本人權利的行為持續發生,但是標榜日、中友好的幣原喜重郎外相卻無動於衷[13]。關東軍的石原莞爾則是為了準備總力戰,將獲得滿洲的煤、鐵等資源,列為不可或缺的條件。日本為了朝鮮的安定,以解決國內大恐慌下的社會問題為目標,更是積極計畫領有滿蒙。

1931 年(昭和 6)9 月,日本爆破奉天(瀋陽)北郊柳條湖的鐵路,終於對滿洲展開全面性的軍事行動。當時,關東軍認為如果不用自導自演的苦肉計,將無法解決多達三千件的懸案。到了 18 日,擔任滿洲警備任務的關東軍,在柳條湖附近,對日本南滿洲鐵道株式會社的線路進行爆破,卻嫁禍給張學良軍隊;關東軍一連串的反謀軍事行動,很快地獲得全國輿論的支持。雖然,中國透過聯合國和美國,勸告日本停戰,若槻內閣也發表了「滿洲的行動是自衛行動,為了百萬留守居民的安全,也在慢慢撤兵」的聲明[14]。

但是,狀況並沒有緩和,日本軍部仍然我行我素。關東軍以反擊張學良的不法行為作為理由,進而擴大行動。中華民國向聯合國控訴,以宣傳戰喧嚷日本的不是,日本外交部對此也未能有效的對應,最後遭到國際社會的撻伐,內外都覺得若槻內閣失去了內部的統制力[15]。關東軍欲擁立清朝最後宣統皇帝溥儀,在滿洲建立「偽滿洲國」,朝野各派考慮放棄「憲政常道」的作法,開始運作兩大政黨的內閣。安達謙藏內相向若槻要求實現聯合內閣而與之對立,12 月 11 日因內閣不一致而總辭[16]。

元老西園寺公望選擇政權交替之路,犬養毅也以「政友會」少數

---

[13] 同前揭書,頁24。
[14] 加藤文三,《日本近現代史の發展 下》,新日本出版社,1994年,頁25。
[15] 倉山滿編,《日本の近現代史》,新人物往來社,2010年,頁188。
[16] 坂野潤治,《日本近現代史》,ちくま書房,2017年,頁392。

執政黨組閣。長久以來「憲政常道」的模式，雖然是勉強守住了，但是相繼的失政及政治家的失態，早已失去國民的支持。關東軍企圖在滿洲建立獨立的國家，建國工作得到滿洲青年連盟，以及在滿洲日本人的協助；關東軍不顧政府堅持事態不擴大的原則，斷然在 1932 年（昭和 7）完成滿洲的軍事占領。同年 3 月，以溥儀為元首建立「滿洲國」，國務總理及各部大臣為中國人；在關東軍司令官的幕後指導下，政治的實權，完全由國務院總務廳的日本人官吏擔任。

當時沒有開設議會，企圖只經由滿洲國協會，以「王道樂土・民族協和」的建國意識來動員國民。同年 9 月，簽訂「日滿議定書」，內容包含：1. 尊重「滿洲國」境內所有日本相關的權利、權益，2. 日、滿共同協防，日本可駐紮於滿洲境內[17]。日本更進一步將熱河省劃入滿洲國的領土，1933 年（昭和 8）5 月依照塘沽停戰協定，決定滿洲國從中國本土分離，這就是歷史上的「滿洲事變」。其他，軍部進行集權體制，準備開發對蘇聯戰爭所需的軍需資源供給地，其統治經濟的手法，也影響到日本國內。

日本國內和中國內部，對於事件也均有反應，「大正民主主義」旗手的吉野作造，在 1932 年（昭和 7）一月號的《中央公論》上，也以〈民族和階級和戰爭〉一文，批評日本的軍事行為就是侵略。但是，單純以自衛作為藉口，主張「民族生存必要」行動的支持者逐漸增多[18]。從 1937 年（昭和 12）開始，國內實施了二十年百萬戶的農業移民計畫，當地的人民面臨急劇的工業化下，所引起的通貨膨脹、重稅、農地被奪等抵抗，諸多的不滿累積成日後持續的反滿抗日運動。

蔣介石一開始希望以交涉，來解決「滿蒙問題」；但是隨著東北情勢的發展，滿洲國成立後，只好轉向聯合國提出控訴。由於戰局的

---

[17] 加藤文三，《日本近現代史の發展 下》，新日本出版社，1994年，頁27。
[18] 北岡伸一著，《日本の近代5 政党から軍部へ 1924–1941》，中央公論新社，1999年，頁165。

惡化，緊隨著是太平洋戰爭的爆發，不只日本本土，包含殖民地的經濟隨之混亂；關東軍的戰力，也因爲必須抽調支援他處而逐漸弱化。由於蘇聯軍隊的進攻，1945年（昭和20）8月日本迎來戰敗，「滿洲國」也走上瓦解之路。

日本政黨政治的崩潰

「滿洲事變」爆發後，內閣會議決定不擴大軍事行動，關東軍和中央政府間，在政策上的對立逐漸明顯。戰爭一開始，民間態度不一，國民對於戰爭並非是狂熱的態度；學術文化界如東京帝大殖民政策研究的矢內原忠雄以及內村鑑三和橫田喜三朗等人，均不斷在雜誌上批評戰爭。甚至，石橋湛山在《東洋經濟新報》上，很清楚地批評，連在國內都無法實現的「王道樂土」的理想，意圖要在「滿蒙」實現，根本就是一個愚蠢的行爲。

但是，國內陸續出現期待滿蒙的經營，可以紓解國內不景氣的聲音。社會民主主義者之中，開始出現協力戰爭的傾向，右派的社民黨在戰爭開始之際，雖然同時派遣滿蒙調查團進入中國；但是日本政府爲了確保民眾生存，於同年11月發表聲明，承認在滿蒙條約上的權益，屬於不當的侵犯行爲[19]。中間派和左派合流，成爲全國勞動大眾黨（勞大黨），組成反對中國出兵的鬥爭委員會，認定「滿洲事變」爲帝國戰爭，而且開始發表反對帝國戰爭的演說。

各黨有各自的立場，甚至也出現對軍部加以推崇的言論。若槻禮次郎首相以及幣原喜重郎外相，因欠缺軍事的專門知識，無法立案決定有效的統治策略，對於不甩陸軍中央訓令的關東軍，若槻只好求救於西園寺公望及宮中。宮中各部會開始試探，由兩大政黨組成「協力內閣」的可能[20]。當下只有日本共產黨對戰爭的態度，維持一貫的反

---

[19] 加藤文三，《日本近現代史の發展 下》，新日本出版社，1994年，頁28。
[20] 坂野潤治，《日本近現代史》，ちくま書房，2017年，頁393。

對立場。因爲始終無法解除閣內不統一的步調，安達最後於 12 月 11
日提出總辭。

　　元老在苦惱之餘，隔日依照「憲政的常道」，奏薦犬養毅擔任
「憲政友會」總裁；犬養爲了迴避，因爲 1932 年（昭和 7）的「櫻
田門事件」所引起的政變，斷然地將議會解散，當下獲得絕對多數的
贊同。2 月 9 日井上被暗殺，其他元老也失去了可以處理不穩情勢的
信心。在「五・一五事件」中，以陸軍爲中心的一派，對政黨內閣抨
擊的論調升高，西園寺和擁有實權者協議後，奏薦希望回歸「憲政常
道」[21]。由於歷經 1935 年（昭和 10）的「天皇機關說事件」，以及隔
年「二・二六事件」的經驗，回歸「憲政常道」已成爲絕望。

　　在國內政界的紛爭和國際情勢的變動下，與其說是來自軍人及官
僚的壓力，不如說國內已經沒有可受規範的政黨，才是造成自我滅亡
的原因[22]。隨著戰爭的進行，不只政黨內部自我宣傳，新聞媒體也不
斷報導軍部的消息，傾力宣傳戰爭。初始，關東軍主軸的第二軍團，
不斷在仙台宣傳，終於在退出聯合國時，得到全民對戰爭的支持。整
體氛圍被導向，戰爭對日本是一個無法避免的正義行爲，全國也開始
有出征部隊。

　　此時，反戰和平主義和馬克斯主義受到政府的彈壓，1932 年
（昭和 7）日本共產黨公布新綱領，但是也受到檢舉。最高幹部佐野
學和鍋山貞親在獄中發布了，與國際共產黨絕緣和擁護天皇制的轉向
聲明。文化界也陸續出現轉向者，社會呈現出風聲鶴唳的氛圍，整個
國家已經陷入一個上下不協調、眾說紛紜的混亂狀況。

[21] 鳥海靖，松尾正人等編，《日本近現代史研究事典》，東京堂出版，1999年，頁265。
[22] 同前揭書。

第二節　1930年代開始的世界恐慌及不安世情

經濟恐慌的影響

日本從金融恐慌到世界大恐慌的過程，中產階級面臨了種種經濟條件的挑戰。隨之而來的大變動，就是社會運動的發展、普羅大眾文化運動興起。例如 1928 年（昭和 3）誕生了全日本無產藝術連盟，聯盟雜誌《赤旗》創刊。聯合全日本的作家同盟、劇場同盟、美術家同盟、電影同盟、音樂家同盟等五大團體，於 1931 年（昭和 6）共同結成日本普羅大眾文化連盟。之後再加上攝影家同盟、新興教育研究所、日本戰鬥的無神論同盟等，全國總計有十二個團體加入。

1932 年（昭和 7），片山潛和野坂參三等人參加第三國際之後，大眾對歐洲列強殖民地支配體制的反彈逐步高漲，導致世界性民族獨立運動興起[23]。整個世界局勢，陷入一個恐慌及世情不安的氛圍；尤其日本國內以「滿洲事變」為導因，國民意識萌生出，敵視中國和聯合國的排外主義。國民意識的變化，牽動的就是日本對外路線的轉變；從歐美的英、美協調主義轉換為亞洲門羅主義，因為這個改變，可以明顯看到的就是領導階級內的激烈抗爭。

為了解決歐洲的紛爭而設立的聯合國，處於毫無作為的絕對弱勢。當時，大國中的美、蘇兩國沒有加盟，常任理事國的英、法在某種程度上是當事者，德、義則無力應付，只能依靠算是大國且與歐洲沒有糾葛的日本勉強維持機能。但是，1931 年（昭和 6），日本引發了「滿洲事變」，而退出聯合國。此時，美國也開始發生經濟性恐慌，同一時期美國承認了殖民地菲律賓的獨立；而且對中南美洲的態度，也從高姿態的「門羅主義」轉變為善鄰外交。

---

[23] 加藤文三，《日本近現代史の發展 下》，新日本出版社，1994年，頁28。

　　1933 年（昭和 8），美國富蘭克林・羅斯福政權成立，外交方向隨之轉變；對德國和日本採取敵視的政策，卻偏坦英國和中國。同年，德國誕生了獨裁者希特勒，希特勒利用威爾遜主張的「民族自決」的理念，相繼併吞周邊諸國的領土。甚至在 1938 年（昭和 13）的慕尼黑會談上，希特勒與英國的張伯倫首相約定，以捷克作為最後條件。但是，隔年德國仍然分割了蘇聯與波蘭，因為德國的背叛，英國發出宣戰布告，第二次世界大戰由此爆發。

　　各國都心懷叵測，擔心被日本和歐洲諸國夾擊的蘇聯，則利用強化國際共產黨在各國的陰謀活動，在歐洲扇動英、德戰爭，在亞洲則對日本鋪上包圍網。蔣介石以掃蕩共產黨為優先，但是 1936 年（昭和 11）發生張學良被監禁的「西安事件」，也形成了中國國民黨和中國共產黨攜手合作的抗日戰爭體制。此時，史達林唯一的誤算，就是在停止了與日本互動的瞬間，遭受到德國的襲擊。

歐盟化與國際經濟的摩擦

　　對於一個完全沒有資源的日本而言，如何維持聯盟體制內的和平，就是確保戰爭資源的方法。終究，戰爭的考量還是能源保障的問題。1930 年代開始，日本因為考量戰爭能源的需求，侵略滿洲造成亞洲各國的抗議，最後脫離聯合國；又因為外交的不協調，進而與世界各國發生經濟摩擦，最後埋下戰爭失敗的種子。

　　第一次世界大戰以前，日本於中國的棉絲、棉布市場及長江航路，進而南洋漁業等處，發生經濟摩擦。戰爭中期成為經濟摩擦的基本原因，則是以第一次大戰為契機，關於日本重化學工業化及棉工業的發展。第一次大戰後，日本對印度、東南亞、非洲市場的纖維製品及雜貨類的輸出大增；尤其在 1920 年代中期，日產棉布已經輸出到英國市場的印度及東非洲，更加引起了英國的危機感。到了 1926（大正 15）年的日內瓦會議的 ILO（國際勞工組織），各國對於日

本國內勞動條件的認識日增；諸如日本國內發生低待遇、長時間勞動的批評，和產生通商摩擦等經濟問題的認知，已經演變成遲早會構成政治問題的前兆[24]。

1929 年（昭和 4）10 月開始的世界大恐慌，促使以上諸問題逐漸表面化，貿易方針也轉換成彼此間的互惠主義。日本雖然因為高橋財政中，低匯兌放任政策運作得體，使日本提前脫離了恐慌的狀態。但是，在世界經濟緊縮的策略中，日本的輸出攻勢，以及因為恐慌引起一連串的經濟停滯，迫使殖民地的民族主義高漲，因而被迫再次檢討權益確保的策略。又因為殖民地政策，與歐美各國產生摩擦，加上以「滿洲事變」為契機的軍事進出。和同年 12 月的脫離黃金本位制，高橋財政下的發展，以對中國的軍事進出，和軍需工業的發展作為槓桿的關係。日本將經濟摩擦，轉換為國際間的政治問題，導致歐美各國對日本的警戒更加升高[25]。

由於日幣貶值，日本製品相對變成低價，受到各國「匯兌傾銷」的責難，各國排斥日貨及限制日本人移民的狀況更加明顯。東南亞市場的購買能力降低，對於纖維、雜貨等低價日本貨的需求增加，如此的改變，等同於動搖了歐美各國殖民地支配的基礎關係。也因為日本的輸出攻勢，造成歐美各國提高關稅，及導入輸入配額制度等保護貿易政策的對應，終於在 1932 年（昭和 7）7 月的渥太華會議中，促成經濟聯盟。

印度是日本製棉製品的主要輸出市場，1930 年（昭和 5）3 月以後，分五次陸續提高了棉布輸入稅，以及制定了棉業保護法，幾年內陸續公布產業保護法，同時通告廢棄日印通商條約。日本於 1933 年（昭和 8）9 月開始，與印度舉行會商後，又在隔年 7 月，正式簽訂

---

[24] 鳥海靖，《日本近現代史研究事典》，東京堂出版，1999 年，頁271～272。
[25] 同前揭書。

日、印通商條約；其他日、英民間協商，也是經過諸多討論後終成定局[26]。1934年（昭和9），為了能達成協議，英國政府決定在殖民地及保護領土內，導入對於外國製纖維製品的輸入配額制度。其他，日、荷會商也成立了日、荷海運和通商的相關協定。直到1937年（昭和12）之間，日本還陸續與其他國家相繼締結通商協定。

　　基於戰爭資源的考量，亞洲聯盟逐漸強化，從「日、滿聯盟」演變成為「日、滿、支聯盟」，後來更擴大為「大東亞共榮圈」。由於形成亞洲日幣聯盟，日本的貿易結帳二分為日幣結帳圈及外幣結帳圈。對日幣聯盟貿易中的出超，對第三國貿易入超的結構，和重化學工業化的進展相結合，引起對第三國貿易中，因為未輸入外幣的不足，而產生國際收支的危機。但是，日本仍然無法確保在聯盟內的鐵礦石、鐵屑、原油、棉花、橡膠等工業用原料及燃料，而且國內重化學工業用的機械機器，也需要依靠歐美各國。甚至，為了殖民地的經濟開發，導致聯盟內物資的供給平衡惡化；但是為了確保戰爭時期定額的物資，也不得不陷入必須擴大聯盟的惡性循環中，可以說日本已經沒有回頭路了[27]。

「五・一五事件」

　　1931年（昭和6）12月，犬養毅政友會內閣成立，當時高橋財政大臣發布「金輸出再禁止令」，展現出積極往戰爭前進的姿勢。日本因此脫離黃金本位制，是全世界第一個恢復景氣的國家。隔年1月18日，發生第一次上海事變，中華民國的排日運動逐漸加劇，陸海軍合力擊敗中華民國軍，在5月5日簽訂停戰交涉；日本以日、滿、漢、蒙、藏等「五族協和」的理想，在中國東北擁立清朝最後皇帝溥儀，建立獨立國家的「滿洲國」。

---

[26] 鳥海靖，《日本近現代史研究事典》，東京堂出版，1999年，頁271。
[27] 同前揭書。

　　犬養首相考慮到國際社會的觀感，並未承認「滿洲國」是藉助關東軍武力所建立。國內世情騷然不定，發生暗殺天皇未遂的「櫻田門事件」，及其他閣員或財團理事長被暗殺的「血盟團事件」等，全國暴力橫行事件層出不窮。整體情勢看來，經過「倫敦海軍軍縮會議」、「昭和恐慌」到「滿洲事變」，透過軍人和右翼激進派急進的國家改造運動，陸海軍青年將校進一步結合了右翼運動家，急欲打倒政黨與財閥無能的支配，圖求創立以軍部為中心的內閣。

　　1932 年（昭和 7），安岡正篤以充實國防、更新國內政治為口實，創立了右翼團體的「國維會」，參加者以後藤文夫和廣田宏毅等親信的官僚居多[28]。當時，青年軍官較多出身農村，源自正規嚴謹的軍事訓練，獲得大眾輿論的期待。他們多數對國內政黨及財閥不滿，眼見農村蕭條的慘狀，希望藉著直接行動來改變腐敗的政黨；青年軍官被稱為皇道派，國內政界「下剋上」的風氣逐漸形成。

　　理想派的青年軍官為了實現以天皇為中心的國家改造論，也召集了北一輝、西田稅、大川周明、井上日召等民間的右翼團體，計畫進行武裝革命。5 月 15 日，激進派的海軍青年軍官襲擊了首相官邸，槍殺了犬養毅首相，這是日本史上的「五・一五事件」。輿論一直冀望長期閉塞的政治狀況可以轉圜，但是因為發生軍人武裝政變，局勢反而陷入內外交迫的窘況。這般情勢，對於長期處於經濟蕭條、頹廢的日本國民而言，不只為了恢復景氣，或是打擊武力制裁而民意沸騰，國內民情也開始容忍暗殺的行為[29]。

　　隨著犬養的死亡，八年的政黨內閣時代告一段落。為了此次軍官的暴力行為，繼任的齋藤內閣結合了官僚、金融界、軍部、貴族院、政友會、民政黨等各部會閣員，成立了「舉國一致的內閣」。為了此

[28] 加藤文三，《日本近現代史の發展 下》，新日本出版社，1994年，頁33。
[29] 倉山滿編，《圖解 日本の近現代史》，新人物往來社，2010年，頁190。

次的軍官武裝政變，各地的警視廳內的特高課，亦升格為特高部，同時設置於低層的各府縣內加強戒備。最後，參與「五・一五事件」的各級軍官，受到軍法會議的處置。

退出聯合國

整個情勢變成沒有一個政黨，可以獨自擔負責任的狀態。日本從各界募集人才，整合出舉國一致內閣的體制，完全屬於弱體連立政權。政黨政治的情勢完全瓦解，已經失去國民的信賴。內田康哉外相在議會中的答辯，也超乎普通常識，藉以燒光國土也要守住權利的「焦土演說」，來煽動鼓吹國內的輿論；齋藤內閣也以日、滿議定書，迴避了犬養承認「滿洲國」的決定。

雖然聯合國允許小國的發言，但是還是以英國的意見最為重要；調查滿洲事態的責任者李頓，為殖民地行政的英國籍專家。在李頓報告書中，重點是「不能說是自衛」，這番說詞在名義上，是顧及中華民國，等同承認日本是侵略行為，間接也說明滿洲是傀儡政權。溥儀近側的意圖，非常冀望滿洲族復活；報告書記述「滿洲國的建國不是自發性的民族運動」，此番言論明顯的與事實不符。

但是，實際上容認日本所有的主張，對中華民國反而是不利的，蔣介石只能忍氣吞聲地接受。當時，以對蘇戰爭為第一要務的日本陸軍，對於退出聯合國持反對意見，但是松岡洋右「十字架上的日本」的演說，贏得英國的同情[30]。甚至，聯合國以李頓報告書為依據，不承認「滿洲國」為獨立國家；最後於 1933 年（昭和 8）3 月，松岡洋右代表團毅然退出會議，表明日本退出聯合國的決心。其間，東三省與溥儀同調，關東軍冀圖支配全滿洲，更擴大在熱河作戰的軍事行動，1934 年（昭和 9）「滿洲國」改成帝政。

---

[30] 倉山滿編，《圖解 日本の近現代史》，新人物往來社，2010年，頁192。

　　日本國內輿論對於李頓報告書，完全抱持反彈的態度，日本在完全沒有退路的狀況下，選擇退出聯合國，因而也失去了常任理事國的席位；如此無謀貿然的行動，完全是軍部專制體制強行的結果。就在1933年（昭和8），日本向蘇聯提出建議，要求將日、蘇共同經營的「東支鐵道」賣給日本，1935年（昭和10）日本正式合併為滿鐵。在各方努力之下，串聯中國的「滿支通車協定」，恢復了「滿洲國」和中國本土之間的交通[31]。

青年軍官運動—「二‧二六事件」

　　明治以來的國家主義運動，到了大正時期中葉，由一貫對外強硬的態度，轉換成為國家改造路線，最大原因就是來自「米騷動」的衝擊。「米騷動」引起食糧危機、激化階級的對立，相對引發地主制的解體等問題，因而造成日本國家內部的危機感。傳統農業帶動封建的生產關係，更凸顯出日本國內市場的狹隘。

　　昭和初年以來，陸軍內尉級軍官的革新運動陸續開始。此時，主張天皇為國家革新象徵的北一輝登場。日本國內隨著侵略戰爭的擴大，不僅是馬克斯主義者，連自由主義者也受到彈壓。從1932年（昭和7）開始，十三年間內閣經過十三代的交替；幾乎每年都替換內閣的狀況下，不但無法有所作為，各機關的否決權也集團化，政府已經完全失去強而有力的權力。內務省和陸軍互相批判，雙方為了特高警察和憲兵的職權發生爭執。檢察系統以財部疑似瀆職的軍人事件為理由，逼迫齋藤內閣總辭，但是卻在官司上遭受挫敗。海軍出身的岡田啓介內閣任內，陸軍一直要求增加「滿洲事件」的費用，與之對抗的海軍，成為國策建言的中心，也以國際局勢的緊張為由，請求增加預算。

---

[31] 加藤文三，《日本近現代史の發展 下》，新日本出版社，1994年，頁35。

　　國內政黨政治的腐敗下，導致經濟蕭條，勞工運動興盛等問題層出不窮，諸多現狀引起百姓極大的壓迫感。以 1931 年（昭和 6）的「十月事件」爲契機，這些軍官放棄了，同樣以革新爲目標的中央部分幕僚，決定由任職於部隊的年輕尉級軍官來推動國家革新，也逐漸去除北一輝和西田稅的色彩，這是青年軍官運動的開始。他們是被稱爲皇道派的青年軍官，這些青年軍官支持理解他們、倡導皇道精神的皇道派將軍；不久青年軍官運動，正式走上以不合法的直接行動，來達成國家革新的目標 [32]。

　　1934 年（昭和 9）11 月事件，隔年發生眞崎教育總監更迭事件；這些都是以永田鐵山陸軍省軍務局長爲中心的行動，統制派以整頓軍紀爲理由操縱政局。爲了確保霸權，統制派也企圖由陸軍中央部，主導合法的獨自國家革新。主要是被逼迫的皇道派爲了挽回劣勢，不只在 1935 年（昭和 10）斬殺永田局長，之後更發起了「二・二六事件」。經過一段的混亂，「二・二六事件」後，舊陸軍部內統制派開始驅逐皇道派，開始全面整肅軍紀。

　　1935 年（昭和 10），東京帝國大學憲法學者美濃部達吉提出「天皇機關說」，是爲政黨內閣制的根據，但是美濃部遭到攻擊。平沼騏一郎樞密院副議長的支持者引發了這場騷動，其動機只是官僚機構內的派別抗爭，但是岡田內閣對此屈服而發出明徵國體的聲明。一連串事件後，岡田內閣以民政黨爲執政黨解散眾議院，打破多數的政友會，終於在 1936 年（昭和 11）2 月 26 日清晨，香田清貞步兵第一旅團副官等皇道派青年軍官，率領了約千餘名的部隊發動武力政變 [33]。

　　青年軍官佔據首相官邸和政府行政中樞附近，要求實行國家革新（昭和維新），以及排除和皇道派對抗的中央幕僚等八大項目。高橋

---

32 倉山滿編，《圖解 日本の近現代史》，新人物往來社，2010年，頁194。
33 同前揭書。

和齋藤實內大臣等重臣，遭到皇道派青年軍官的暗殺，一時之間連岡田首相也失去行蹤。政府的機能完全癱瘓，27 日樞密院會議決定以緊急勒令，發出東京市的戒嚴令。但是，海軍攻擊了齋藤為首的三位海軍大將，陸軍大臣出告示抗議，聯合艦隊聚集在東京灣和大阪灣，國內處置反亂軍的聲音四起；陸軍內杉山元和石原莞爾等人，也主張武力討伐，最後在昭和天皇的命令下鎮壓了叛亂[34]。

結果，政府以非公開、非辯護、一審終審制「特設軍法會議」的模式，設置專案處理。主謀者之一的野中四郎上尉自殺，其他的青年將校投降，民間人士的北一輝和西田也被判死刑，其他多數的非直接行動者也被判有罪。這是軍部主流的武藤等舊永田系，支持杉山參謀次長的石原莞爾參謀本部作戰課長等，滿洲系中央幕僚規畫的排除皇道派的一連串的行動。換言之，擁護寺內壽一陸軍大臣的新軍部，事件後以肅軍的名義，一掃其他的派閥，企圖以事件的鎮壓性假象為背景，朝著革新國家的目標前進。

事件後，軍部力量更加高漲，原外相廣田弘毅獲得陸軍的首肯接任首相，新任內閣大臣也是軍部期待的人員，又恢復軍部大臣為現役的武官制。同年 8 月召開以首相為首的陸、海、藏（財政）、外等的五相會議，決定了「國策大綱」。內容強調二點；首先以東亞大陸確保帝國的境地，期待發展南方海洋為基本國策。除去北方蘇聯威脅的同時，亦確保日、滿、中三方的緊密連結，而且策畫南方海洋為民族的經濟脈絡[35]。這般內容與太平洋戰爭時期的國策幾乎是一致的，實現此構想的口號就是「廣義國防」和「庶政一新」，等同是將經濟與國民生活，共同融入軍國主義的架構內。

---

34 加藤文三，《日本近現代史の發展 下》，新日本出版社，1994年，頁47。
35 井上清，《日本の歷史》，岩波新書，1999年，頁185。

第三節　日、中戰爭後的亞洲情勢

日、中戰爭和東亞新秩序

　　1937 年（昭和 12）7 月 7 日，北京郊外盧溝橋附近，發生了日、中兩軍的小衝突，近衛內閣雖然是採取「不擴大」的方針，但是也無法抑制軍部行動，最後導致情勢一發不可收拾，終於發展成爲全面性戰爭。

　　1937 年底（昭和 12），日本軍已經掌握華北全域，12 月佔領了首都南京，近衛內閣希望戰爭可以提早結束，就在南京淪陷後不久，透過德國試探談和，但是國民政府不接受嚴苛的和平條件。日本政界對於導因於「盧溝橋事件」膠著化的大陸政策，環繞著實態不明的氛圍。因爲無法順利任命政府內部閣員，朝內發生諸多議論。當時陸軍大臣、參謀總長、教育總監的三位長官，拒絕推薦陸軍大臣，剛就任的湯淺內大臣不承認宇垣可以恢復現職，組閣工作因而流產。至此，在各界享有人氣的近衛文麿貴族院議長就任，就在組閣一個月後的 1937 年（昭和 12），發生了「盧溝橋事件」，日本與中華民國的關係緊繃。

　　在中華民國境內排日風氣高漲的氣氛中，以虐殺日本居留民的「通州事件」爲導因，爆發了「北支事變」；米內光政海軍大臣在「大山事件」中被虐殺，日方激怒之下派兵到上海，此爲「第二次上海事變」。日本考慮如果是正式戰爭的名目，則無法從美國輸入資源，因此沒有對外公布宣戰的消息，最後於閣議上定名爲「支那事變」[36]。當時，參謀本部極力反對軍事介入，陸軍是處於完全沒有良善準備的狀態，日本政府全然在完全沒有任何構想及展望下擴大了戰爭。

---

[36] 倉山滿編，《圖解 日本の近現代史》，新人物往來社，2010年，頁196。

　　本來，近衛首相及廣田外相倡導對中「一擊論」，與主張制裁的朝日新聞等民間輿論同調。1938 年（昭和 13）1 月，停止對外交涉的同時，發表「爾後不以國民政府爲對手」的聲明，此言一出等同斷絕了，與中華民國的外交關係。11 月，近衛內閣發表「東亞新秩序聲明」，以「國際正義的確立，共同達成防共、新文化的創造，期待實現經濟結合」爲目標，實施「帝國不動的方針」。11 月底的御前會議中，進一步決定替代國民政府的新中央政府「日、支（中）新關係的調整方針」，全盤地確立政治與經濟的指導方向 [37]。

　　同年 12 月，汪兆銘從重慶逃出，1940 年（昭和 15）3 月建立了新政府，日本承認汪政權的同時，也意味著關閉了與重慶政府合作之門。收拾殘局的對策，只剩下投機性的南進政策和對美交涉，但是兩項對策都沒有得到實質的效果。對美開戰後，中國戰場等於被棄置一半，但是作爲對內地物質供應地的中國佔領地的立場，爲了強化汪政權的經濟、政治兩面，最終於 1943 年（昭和 18）10 月，締結了「日華同盟條約」。

　　在小磯內閣時，日本試著大幅放寬和平條件的同時，並與重慶政權要人接觸，但是受到挫折。1943 年（昭和 18），蔣政權爲了鞏固與三大國的外交，與英、美兩國元首舉行開羅會議，討論如何處分日本的相關事宜。1944 年（昭和 19）春，日本軍展開縱貫中國的「一號作戰」，此戰略對於阻止美軍進出中國，達到一定的效果。此時，國民政府軍也在美軍的制空下加強反擊，中國境內的共產軍勢力逐漸擴大，中國也在國共對立的狀態下，迎接了日本的敗戰。

日、蘇「諾蒙汗事件」及「德蘇互不侵犯條約」

　　「滿洲事變」之後，因爲遭受世界大恐慌的打擊，日本開始以獨

---

[37] 東京大學教養學部日本史研究室編，《日本史概說》，東京大學出版會，2000年，頁263。

佔資本的模式，進入朝鮮經營。因爲「滿洲國」提供了殖民地以外豐富的資源，因而特別受到日本軍部的重視，規劃以供給軍事性的資源爲優先。1937年（昭和12），日、中戰爭全面開打後，隨著戰爭必要實施的總力戰體制，強行對殖民地實施再編制，不但對殖民地的物資，開始展開徹底的掠奪之外；也動員殖民地人民，投入勞動力和兵力成爲戰時體制。

　　隨著戰局的擴大，日本爲了抵抗意圖在國際上擴張共產主義的蘇聯，在1936年（昭和11）簽訂了「日德防共協定」，日本經由德國推行和平工作。隔年（昭和12）12月，日本攻陷了中華民國首都南京，很快地便控制了中國沿海區域。但是，蔣介石遷都到重慶之後，受到英、美、蘇、德的支援，得以繼續抵抗日軍的包圍。1938年（昭和13）1月，日本進一步發出「爾後不以國民政府爲對手」的宣言，無視蔣介石國民黨政府的近衛聲明，就此自斷了和平之路。此時，蘇聯在日本領土的朝鮮及滿洲國的國境附近，也不斷挑釁，終於引發了「張鼓峰事件」的衝突[38]。

　　1940年（昭和14）元月，近衛文麿和平沼騏一郎樞密院議長交換職位。平沼內閣爲了夾擊蘇聯，在首相、藏（財政）、陸、海、外交的五相會議中，是否與納粹德國締結同盟，成爲閣員爭論的焦點，最後是在沒有任何結論下結束會議。此時，日、蘇兩軍，在蘇聯衛星國的蒙古，以及日本的屬國滿洲國的國境地諾蒙汗，發生了激烈的衝突，因而也讓「支那事變」演變的更加難以處理[39]。蘇聯崩潰之前，日本先發制人給予蘇聯軍重大打擊，激戰持續了八個月後，希特勒和史達林締結「德蘇互不侵犯條約」。最後日、德同盟論消逝，「諾蒙汗事件」也停戰，平沼首相因爲無法平息內部的不同意見而總辭。整個東亞局勢，已經陷入一個不可收拾的局面。

---

[38] 倉山滿編，《圖解 日本の近現代史》，新人物往來社，2010年，頁198。
[39] 同前揭書。

1941年德、蘇戰爭及日、美交涉

日本的政黨相繼解散，到了 1940 年（昭和 15）10 月，國內正式啟動了，以近衛為總裁的「大政翼贊會」新體制運動。1941 年（昭和 16）進入太平洋戰爭後，外相松岡洋右意圖成立日、義、德三國軸心同盟，加上蘇聯的四國，聯合迫使支援蔣介石政權的美、英兩國讓步。1941 年（昭和 16）4 月 13 日，日、蘇締結中立條約，但是到了 6 月，德國並未知會同盟國的日本率先進攻蘇聯，松岡的構想隨之破碎。顯然，德、蘇的連結，延長日、美的交涉，純粹只是欲將日本捲入戰爭的世界性陰謀。

1941 年（昭和 16）4 月，松岡在訪歐期間，開啟了以駐美大使野村吉三郎海軍上將和美國赫爾國務卿的會談，也開始積極促成日、美交涉。但是，歸國後的松岡，對其主張卻持反對意見，與內閣意見不合，日本陷入孤立無援的窘境。在 7 月的御前會議上，擱置進攻蘇聯的念頭，轉為決定南進政策的方向，展現出對抗美國的姿態。同時，在滿洲集結七十萬的關東軍舉行特種演習，提高了蘇聯對日的警戒感，北進論至此消失。

因為美國要求更換松岡，在不得已的狀況下，第二次近衛文磨內閣改選外相，對於 7 月 28 日日本進駐南部法屬印度支那一案，美國以全面凍結其國內日本的資產，以及完全禁運支援的汽油來應對。9 月 6 日御前會議上，決定了「帝國國策遂行要領」，內容以 10 月下旬為期限，在對美戰爭決議之下，開始進行戰爭的準備。日本幾乎所有的汽油，皆依賴美國進口的狀況下，面臨了必須在還有儲備糧食時，是否與美國妥協達成協議，亦或是下定決心對美開戰的兩難局面。

「支那事變」的長期化與國際政局的發展

隨著戰爭的長期化，英、美開始對日本採取強硬的姿態；當日本與英、美之間的對立逐漸加深時，相對地與德、義之間的關係就愈來

愈接近。1940 年（昭和 15）9 月，日、德、義三國終於互相承認結盟關係，這是橫跨東亞至歐洲的同盟關係，也是彼此期待在歐洲及亞洲建立新秩序，及相互承認指導地位的同盟關係。內容包含彼此受到攻擊時，必須互相支援的約定，美國對德、日參戰，抱持著可以藉此牽制三國，導致世界再分割的心理。日軍在戰鬥上是無敵的，「支那事變」只要持續進行，國內輿論就會支持軍人，陸軍就可以處於國策中心的主導優勢。

1940 年（昭和 15）開始，歐洲的局勢開始劇烈變化。德國以閃電戰席捲了北歐、比、荷、盧三國以及法國。蘇聯也極速地佔領了波羅的海三國，大戰進入實質化。本來，日本歷代內閣的方針是不介入歐洲大戰，但是在戰爭需要資源的狀況下，國內開始出現，應該乘機獲取法國及荷蘭的殖民地資源的主張。陸軍軍務省和內閣之間各懷鬼胎，發覺陸軍的本意為倒閣的米內光正首相，最後被迫提出總辭，國內政治陷入一種渾沌迷離的狀況。

7 月，近衛文麿再度組閣，為了配合外交和內政，總結出重要的國策。即：結合全國國民的團結，完成新政治體制、戰時經濟的強化等；對外則是強化日、德、義樞軸、對蘇締結互不侵犯條約，以及充實對蘇作戰的軍備，確保法、印軍事基地的資源等內容，完全是為了戰爭而訂立的策略。甚至，對南太平洋舊德領地、以及法屬島嶼，開始積極參與領有，也決定排除美國的干涉；諸多徵兆顯示，日本開始有為太平洋戰爭鋪路的打算 [40]。

此時，繼任的陸相是綽號「剃刀」的東條英機，外相則是松岡洋右；松岡雖然是外交官出身，施行了「松岡旋風」式大規模的人事異動，獲得輿論的高度支持，國內開始改變對美政策。到了 9 月 27

40 東京大學教養學部日本史研究室編，《日本史概說》，東京大學出版會，2000年，頁264-265。

日，遵照松岡、近衛、東條的指導，成立了日、德、義三國軸心同盟，反對派包含外交部及日本海軍，都以敗北的姿態保持沉默[41]。當時，日本的舉步已成進退兩難的局面，唯一能對松岡提出反對意見的，是當時外交界最資深的石井菊次郎樞密顧問官。石井提出警告，指出「歷史上沒有和德國攜手而幸福的國家」，但是大勢已定，日本已無力翻轉逆勢。

第四節　戰爭體制的準備

國家總動員體制的內涵

　　進入二十世紀後，國與國之間的戰爭，不只是靠武力、靠物流和人力的資源而已，已經擴及必須動員科學、思想、藝術等的總力戰。在總力戰架構中，不只兵員，武器、彈藥量成為重要的因素，不但支持戰爭時期的生產經濟力，更是左右戰爭勝敗的要素之一。除了戰爭本身的策略之外，為了需要有效率的生產，同時強烈要求國民一元化的組織，這樣的國家體制稱為「國家總動員體制」。

　　日本學者對「國家總動員體制」和「總力戰體制」，甚至是昭和前期的「戰時體制」的說法，一致認為有相同的意義。第一次世界大戰時期，有關「國家總動員體制」，日本就開始研究歐洲各國陸軍。1918年（大正7），在寺內正毅內閣任內，制定了戰爭時期的軍需工廠管理、使用制度以及徵用勞動者等「軍需工業動員法」。到了1927年（昭和2），設置了原始經濟統治機關的資源局，1935年（昭和10）又設立了調查有關重要國策的內閣調查局[42]。

　　但是，日本的總動員體制，是在1936年（昭和11）的「二・

---

[41] 倉山滿編，《圖解 日本の近現代史》，新人物往來社，2010年，頁200。
[42] 加藤文三，《日本近現代史の發展 下》，新日本出版社，1994年，頁48。

二六事件」之後才正式啓動。廣田內閣在陸軍的壓力下，決定了規劃軍備擴充和南進的「國策基準」，由馬場鍈一財政部長編制擴大軍預算的作法，被稱爲「準戰時體制」[43]。1937 年（昭和 12）7 月，日、中戰爭爆發後，政府啓動「軍需工業動員法」的同時，國民精神總動員運動也正式開始，並於 11 月設置大本營。10 月則合併資源局和內閣調查局後，成立企劃廳及企劃院，整合主要物資分配計畫的物資動員計畫。

隔年，日本將國家總動員規定爲，「戰時爲達成國防的目的，期望最有效地發揮國家力量，將人力及物資資源統籌運用」的目標。具體的運用方式，則是依據敕令的概括性，委任立法的國家總動員法，同時以國家管制電力的方針，成立了電力國家管理法[44]。隨著戰爭的惡化，1939 年（昭和 14）9 月開始，爲了抑制物價上漲，實施價格管制。隔年，受德國閃電戰勝利的刺激，以強力的國民整合，以及一元性政治組織爲目標，正式發起新體制運動，10 月國內成立了「大政翼贊會」，殖民地台灣則設有「皇民奉公會」。

太平洋戰爭開始後，日本更是頒布物價統制令，全面性管制物資的同時，也公布戰時刑事特別法，政府全面性的統管。隔年，更以國家規模的標準加強統制，在人力不足的狀況下，擴大爲「徹底動員」體制。但是，也因爲物資人力不足，生產力急速下降，物資統籌計畫變得困難。1944 年（昭和 19）後半開始，美軍空襲更加頻繁，隔年 1 月爲了對應戰局，決定了決戰非常措置要項。並於 6 月解散「大政翼贊會」，組織了國民義勇隊，也將本土決戰時，將國民全體戰鬥員化列爲目標。直到 1945 年（昭和 20）8 月，因爲日本的敗戰，總動員體制隨即被消滅。

---

[43] 同前揭書。
[44] 同前揭書，頁56。

戰時的統制經濟

　　戰爭的非常時期，爲了供應軍需，必須動員經濟資源的人、物、金錢等資源。因此，國家權力的介入，成爲不可或缺的條件。日本爲了因應世界大恐慌，實施金輸出解禁政策，卻反而引起了深刻的「昭和恐慌」。經過金輸出政策的失敗，濱口內閣的財政政策，剩下兩個目標就是：圖謀財政緊縮和產業合理化。企圖在 1931 年（昭和 6）整頓財務不健全的企業，以便完備國家的機能。

　　統制經濟的第一步，就是制定重要資產統制法，以圖經營的效率化，甚至促進企業聯合組織，規定生產及價格以增加國際競爭力。雖然，日本再度禁止金輸出，以及同步實施其他積極性的政策，直至 1933 年（昭和 8）爲止，已經恢復到世界大恐慌之前的水準。但是，隨著「滿洲事變」的擴大，進而爆發「支那事變」，導致所有的產業必須集中於軍需重工業。自由經濟體制面臨侷限，又正逢主張國家統制經濟革新官僚抬頭，與主張國家總動員體制的陸軍聯手，加速了實行統制經濟。

　　爲了脫離世界經濟恐慌，日本組成日、滿、華的亞洲區域金元制，但是效果不佳。爲了確保海外市場，企圖以不當的廉價勞工生產商品，並以低價輸出海外，諸多行徑被西方各國批判爲社會傾銷（Social Dumping）。此不當的海外輸出，以 1937 年（昭和 12）爆發的日、中戰爭爲導因，日本的戰時經濟統制，陸續依據「臨時資金調整法」、「輸出入等臨時措置法」和「軍需工業動員法的適用相關法律」等政府公布的法條，開始對資金的分配、輸出入物資進行管制，並強化軍方對工業事業場所的管理[45]。

　　同年，第一次近衛文磨內閣，制定輸出入品等臨時措置法，隔年

---

45 鳥海靖・松尾正人等編，《日本近現代史研究事典》，東京堂出版，1999年，頁283。

4月1日，為了動員國民參加戰爭，政府及軍隊又在政治、經濟、社會、勞務、設施、思想、文化等國民生活的範圍內，公布了「國家總動員法」。「國家總動員法」賦予政府不需要經過議會的同意，可以動員所有資源的權限；政府得到依據敕令，就可以將所有與國民生活相關的項目，動員於戰爭[46]。從1938年（昭和13）起，開始有計畫地將物質與軍需品生產連結，以擴大物資動員計畫；為了強化軍需關連物資的基本生產力，並於1939年（昭和14）開始，擴大實施重要物資的生產線計畫。

　　日、中戰爭開始後，民生經濟上，呈現糧食供給不足；隨著戰事的嚴峻，除了糧食之外，其他生活物資也呈現不足的狀況。因為物價的高漲，囤貨和黑市買賣的盛行，很快地在1938年（昭和13）導入物品公定價格，1939年（昭和14）實施米穀配給統制法，隔年又新設券配給制度，更於1942年（昭和17）實施糧食管理制度。戰爭時期阿部信行內閣實行一連串的統制令，譬如賃金臨時措置令、電力統制令等多項經濟統制，為了管制國民生活，在日常生活中建立了「奢侈是敵人」的標語，形成一種風氣[47]。第二次世界大戰爆發後，政府對一般企業制定「經濟新體制確立綱要」來壓制股東的權限，以便經營者可以將企業活動，積極地集中於軍事生產。

　　根據1941年（昭和16）8月公布的「重要產業團體令」，在政府的主導下，集合業者按產業別組織統制會，以便官廳更加容易強制性介入關於生產、原料調配、配給、企業整備等活動。在「大正翼贊會」的運作下，政黨及勞工公會都遭到解散，組織了以厚生大臣為中心的「大日本產業報國會」，更成立「大日本婦人會」及「大日本青少年團」等組織，其他町內會及部落也設有協同組織[48]。「大東亞戰

---

[46] 同前揭書。
[47] 同前揭書，頁284。
[48] 同前揭書。

爭」激烈化之後，配給制已經無法維持人民攝取足夠的能量，一般國民只能靠黑市交易勉強維持生活；嚴重糧食不足的狀況下，代用的蕃薯葉和大豆渣等成為主食，造成國民日常生活極大的不便。

國民生活與文化

為了戰爭時期的國民精神統制，1937年（昭和12）5月，文部省指示今後教育方向的「國體本義」，所有文化思想的統制趨嚴；年底更是正式啓動了「國民精神總動員運動」。之後解散所有的政黨成立「大政翼贊會」，國民也經由町內會予以組織化，總選舉也被迫延期。進入1941年（昭和16），為了強化治安維持法等措施，制定國防保安法。隔年更是舉辦了，以政府推薦的候選人為主的「翼贊選舉」，形式上議會雖然繼續存在，但是整個局勢已經完全收編於政府權力之下。1943年（昭和18），又制定戰時刑事特別法等，進一步管制國民言語行動。

不只國民個體受到影響，文化階層也備受彈壓；舉凡學問、思想和言論等都受到限制。1937年（昭和12）東京帝國大學殖民地研究者的矢內原忠雄，因為鼓吹和平的思想而遭到大學驅逐；同年馬克思主義學者以及普羅文學作家遭到檢舉，日本無產政黨下的日本勞動組合全國評議會，同樣面臨解散的命運。隔年，自由主義者東京帝大教授河合榮治郎的書被禁止販售，至1940年（昭和15）為止，幾乎全國的社會科學研究的讀書會和唯物論研究會的一切活動，都被勒令禁止[49]。日本文壇也出現了所謂的「轉向文學」，許多協助戰爭的作家，以報導者的身分被送往戰場，在報紙和媒體、電影等領域，也以協助戰爭為理由加強統制。全國文化教育界進入一個極權統治，風聲鶴唳的狀況。

---

[49] 東京大學教養學部日本史研究室編，《日本史概說》，東京大學出版會，2000年，頁268。

第七章　大東亞戰爭

第一節　總力戰的時代

總力戰的情勢

「總力戰」一詞，指的是處於大國戰役期間，以打倒對方的總戰鬥力爲目標，所進行的戰爭策略。當時，日本覺得只有總動員體制才是戰爭的本質，進入 1940 年代的戰爭時期，全國更是向統制經濟傾斜。

1940 年代，世界都是獨裁者當政的時期。蘇聯的史達林及德國的希特勒，甚至是國力尚弱的中國，蔣介石和毛澤東亦行使獨裁權力，建立南斯拉夫的狄托，也是一國一黨的法西斯；遵守中立的只有西班牙的弗朗哥及葡萄牙的沙拉賽，是經過激烈的游擊戰獲得的勝利。其他，美國富蘭克林・羅斯福則是打破慣例連任四次，甚至英國的邱吉爾也暫時放棄兩大政黨制，組成舉國一致的戰時內閣。而法國和日本幾乎每年替換內閣，處於不安定的時局。

進入戰爭的非常時期，日本的外交政策持續偏離不定，唯獨朝野上下對反英姿態是一致的。換言之，本來主張從白人手上解放的亞細亞主義者，和親獨派的主張應該是相互矛盾的，但是意外卻在反英立場上步調統一。在 1920 年代主流的對英協調外交方向完全被捨棄的同時，也與強調「血緣關係」及「特別關係」的美國造成對立。如此狀況下，間接也使欲解決「支那事變」的心願，變得遙不可及[1]。

---

[1] 倉山滿編，《總圖解 日本の近現代史》，新人物往來社，2010年，頁216。

1940 年（昭和 15）的春天，德軍閃電般攻擊歐洲，這也是造成快速促成日、德、義締結三國軸心的背景。

同年 7 月 22 日，近衛文麿發表演說，強調歐洲的變動，就是世界史的轉換點等觀點；演說內容也指出，當時處於世界革新先進立場的就是德國，日、德結盟的目的是打倒舊秩序，豎立新秩序的先驅作爲。以日本現實戰略來思考，德、日互相提攜，才有可能對蘇聯進行政治性的制衡，一方面企圖拉攏德國圍堵英國的用意，完全基於日本南進需要資源的考量。換言之，日本取得德國軍事指導權的基本盤算，就是希望可以對英國加以牽制。到了 1941 年（昭和 16），世界正式以日、德、義的軸心國與美、英、蘇、中的同盟國之間展開戰爭。

開戰初期日本連戰連勝，特別是在荷蘭殖民地的印尼，輕而易舉地短短九天就佔領，甚至也攻克印度以外所有英國的領土。亞洲各國見到當下的光景，獨立的氣勢開始澎湃萌芽，最後成爲 1945 年（昭和 20）日本撤退後，當地獨立運動興盛的原動力。直至 1943 年（昭和 18）爲止，亞洲和歐洲的戰局，都持續著一進一退的情勢。但是，從中途島海戰到瓜達卡納爾被攻陷，歐洲則從史達林格勒撤退到克爾斯克的會戰之後，開始逆轉勝成爲同盟國的優勢。1945 年（昭和 20），義大利首先向同盟國投降，5 月德國也在蘇聯和美、英夾擊下無條件投降。對於叫囂本土決戰的日本統戰派而言，已經面臨非常煎熬的局面；和平派則窺探著機會，日本歷史上，首次央求天皇做出決定，最後就是接受了「波茲坦宣言」。

1941～1945年間的國際情勢

日、德、義締結軸心國之後，日本希望獲取戰爭需要的資源，企圖以武力進攻東南亞。當時，美國成爲對歐洲輸出武器的同盟國，英、法、荷蘭則努力阻止日本勢力進入東南亞。1940 年（昭和 15）9 月，日本利用英、法、荷蘭軍需品缺乏的狀況，開始進駐北部法屬印

度地區，也開始在荷蘭東印度群島，進行大量軍需資源用品的買賣交涉；甚至也暗地裡調查蘭印的地理狀況。多數研究者認爲殖民地台灣的位置，就是日本向南方發展的跳板；而日本進入南方的主要目標，就是爲了奪取荷屬東印度群島的石油資源。

日軍需要在美屬菲律賓，與英屬馬來亞之間建立立足點，企圖迅速攻下蘭印地區，希望連成防衛線，以確保資源可以回送本國。長久以來，日本深知美國可以提供能源的重要性。因此，日本爲了改善日、美關係，從 1941 年（昭和 16）開始，進行了一連串的外交交涉，最後因爲彼此條件的差距而失敗收場。從太平洋戰爭開始到 1945 年（昭和 20）戰敗爲止，德國的動向也關係著亞洲的進展；納粹德國勢力橫掃歐洲大陸的西半部，同盟國軍隊也開始反擊。

1941 年（昭和 16）的世界，就是分成日、德，英、美和蘇聯的三大陣營。尤其英、德兩國爲了爭取歐洲的霸權，一直處於戰爭的狀態；而英、美兩國則支援在「支那事變」中，繼續抗日的蔣介石。至於日本則將德、蘇視爲同盟，爲了施壓英、美兩國，又締結了日蘇中立條約[2]。6 月德國突然無預警的進攻蘇聯，日本原先的盤算成爲泡影。開戰初期，日本親德派軍事進擊的立場並沒有改變，蘇聯則希望避免絕對性的兩面作戰。因爲 7 月的關東軍特種演習，而加強警戒的蘇聯，在德國投降及日本的敗象變濃厚的 1945 年（昭和 20）8 月之前，對日參戰的態度仍然躊躇不前。

此時，日本內部統一性的國策，受到世界各國局勢的影響而導致分裂，最後也只好傾向南進論。另一方面，日本與英、美對立的狀況，也逐漸激化膠著。希望在亞洲能守住殖民地體制的英、荷兩國，以及因爲「支那事變」而陷入困境的蔣介石政權，都期待美國介入。高唱不介入大戰，第三次連任的美國總統小羅斯福，在 8 月和英國首

---

[2]　遠山茂樹等著，《昭和史 新版》，岩波新書，1997年，頁196。

相邱吉爾，簽訂了大戰後世界構想的「大西洋憲章」[3]。12月，日本攻擊珍珠港，軸心國德國也對美宣戰。

直至1943年（昭和18）以前，日本在亞洲及歐洲都還持續維持一進一退的攻防，之後則成為只能撤退的局面。針對從西太平洋到緬甸的南方廣大地區，東條首相確立「以日本為核心，確立道義共存秩序」的構想，這是所謂「大東亞共榮圈」的概念。實際上，日本的佔領政策，完全為了取得戰爭資源和壓制當地的獨立運動，可以說是總力戰的一個策略而已[4]。

1945年（昭和20），德國無條件投降，日本也接受「波茲坦宣言」，亞洲秩序進行重整，中華民國變成大國；此時毛澤東所率領的中國共產黨，開始在中國國內擴張勢力。1940年代日本的佔領政策，確實鼓舞了東南亞各地，諸如菲律賓、印尼等民族解放運動的發展，甚至中國境內，在廣大地區建設八路軍和新四軍，直到戰敗前解放了大約一億的中國民眾。情勢如此翻轉，可說是日本敗戰的重大原因之一，也大大影響了亞洲戰後的局勢。

1941年的「赫爾備忘錄」

本來，美國對蘇聯沒有戒心，富蘭克林・羅斯福政權繼續對日本離間，把日本看成是確保太平洋海上霸權的障礙。美國既然沒有對日本放軟的念頭，那麼日本再如何努力，當然也無法促使交涉順利。

只是，近衛文麿仍然沒有放棄交涉，提議在夏威夷舉行首腦會談，卻仍然遭受羅斯福的拒絕，日、美外交陷入無計可施的困境。在1941年（昭和16）10月14日的閣議上，相對於主張對美交涉是無意義的陸軍大臣東條英機，近衛首相則認為必須迴避開戰，最後導致內閣總辭，之後東條內閣成立。當時包括首相在內的內閣，也都認為

---

[3] 倉山滿編，《總圖解 日本の近現代史》，新人物往來社，2010年，頁218。
[4] 同前揭書。

東條是最能控制陸軍強硬派實力的人選；輿論陷入除了東條，已經別無他人的局勢。看來日本國內因為世界戰局帶來諸多考慮，導致中央領導階層對於戰爭的布局，陷入意見分歧的窘狀[5]。

　　初上台的東條，無視剛決定的國策遂行要領，擅自將日、美交涉的期限延長到 12 月，並任用避戰派的東鄉茂德為外交部長。東條擬定日、美間的暫定協定案，於 11 月初提出「甲案」，內容是：和平從中國大陸及印度支那撤兵等。對 20 日提出的「乙案」，美國則以解除經濟制裁為條件，要求日本撤兵，但是兩案的談判都失敗。美國國務卿斷然提出「立即從法屬印度支那及中國撤兵，否認汪兆銘政權等」的「赫爾備忘錄」；完全否定了日本的行動，日本就是在如此狀況下，被迫面臨對美開戰的局面[6]。換言之，赫爾國務卿所提示的交涉文書，就是美國有意的挑撥，最後終於迫使日本陷入不得不開戰的陰謀。

　　近衛內閣總辭職後，近衛近側的朝日新聞記者尾崎秀實，以國際陰謀集團第三國際間諜的理由遭到逮捕，一時之間中央領導階層陷入一種陰謀論的氛圍。戰後，在北岡伸一的研究中，指出當時狀況可以分為狹義和廣義的兩個層面：狹義指的就是直接影響戰爭的過程，廣義則是考慮國內與世界的相對性影響，來判斷整體的意義[7]。顯然，當時的局勢呈現出，日本已經無法單獨決定戰爭局勢，整個情勢是一個國內外互相對應的局面；與其單純看待當時的日本史，不如解釋是一個世界交融的時代。

---

[5]　倉山滿編，《總圖解 日本の近現代史》，新人物往來社，2010年，頁220。
[6]　同前揭書，頁220。
[7]　北岡伸一，〈終戰外交と戰後的構想〉，《國際政治 109特集》，日本國際政治學會，1995年。

「大東亞共榮圈」的建立

　　戰爭期間，近衛近側的知識分子提出「東亞協同體」的構想，將解放亞洲的理念反映在政策上。實際上，「大東亞共榮圈」所涵蓋的範圍，不單純是外交政策的課題，也是思想史重要的議題；甚至也包含著日本在面對「現代化」戰爭時，日本文化應該何去何從的反省。

　　日本在外交政策上，強調解放對東亞的殖民地支配，冀望以日本為盟主，創造共存共榮的新世界、建設新秩序。但是，這種新主張，等同於完全否定了，一直以來日本外交傳統強調對英、美的協調政策。1938 年（昭和 13）11 月，第二次近衛聲明提倡「東亞新秩序」，進而在 1940 年（昭和 15）7 月的基本國策綱要中，定調用語成為「大東亞的新秩序」，也在松岡外相發表的談話中，正式啓用了「大東亞共榮圈」的用語[8]。

　　「大東亞共榮圈」的構想，完全是受到德國地政學者卡爾・豪斯霍弗爾的影響，將世界分為美、德、蘇、日區域圈的思想[9]。日本就是希望締結日、德、義的三國軸心同盟；將「關於大東亞的新秩序建設」，定位為維持世界新秩序建設的一環。新理念包含著：解放東亞世界，以及構築新經濟圈等兩種外交層面；與日本幕府末期以來，強調的「亞細亞主義」，和親德政策、重返回英、美的政策，在本質與策略上有其一貫性的。

　　1940 年（昭和 15）7 月 26 日，在第二次近衛內閣的閣議上，決定了「基本國策要綱」。以「世界以數個國家群的生成發展為主幹，初創新政治經濟文化」為目標；對內以「建設國防國家」為主，對外則是「基於八紘一宇的肇國大精神，以日、滿、支（中）的強固骨幹，結合為大東亞新秩序」為國家的重要方向。基於以上的國策綱

---

[8] 榮澤幸二，《「大東亞共榮圈」の思想》，講談社現代新書，1995年。
[9] 小牧實繁，《日本地政學》，大日本雄辯會講談社，1942年。

要，松岡在 8 月 1 日的談話中，「大東亞共榮圈」一詞首次正式登場。目前為止，「大東亞共榮圈」和「大東亞新秩序」被認為是同義語，並非帝國主義的「勢力圈」。而是被理解成，德國在歐洲稱霸的背景中，世界走向數個區域集團建設的思想潮流；唯獨當時文獻中，並沒有很明確地指出戰爭的地理範圍。

1941 年（昭和 16）11 月 5 日，帝國公布國策實施的綱要中，清楚記錄著「自存自衛」和「大東亞新秩序建設」的兩點聲明；甚至在開戰的詔書中，也列舉出「東亞安定」的訴求，明確地將其列為日本對美戰爭的目的。開戰兩天後的 12 月 10 日，在大本營政府聯絡的會議上，決定戰爭的名稱為「大東亞戰爭」，內閣情報局正式定義為「以建立大東亞新秩序為目的的戰爭」。官方的說詞是建立東亞新秩序的說詞，至於大東亞戰爭到底是不是侵略戰爭的議題，直到戰後爭議始終不斷。

隨著南方作戰告一段落，以緬甸、東印度諸島為始的西南太平洋諸島、菲律賓，其他「以日、滿、支為中心的法印、泰、馬來半島等，更包含印度及澳州」為其範圍，其理念就是「從原來在英、美、法、荷奴隸壓榨下解放，使各民族各有所處，建設基於我肇國精神的道義秩序」。其中，「道義秩序」指的是在亞洲構築家長制，在日本指導下，家族化的國際秩序，諸民族的「解放」，並非意指完全的主權獨立 [10]。

1942 年（昭和 17）5 月，在大東亞建設審議會上，日本以「指導國」的身分，執行大東亞整體的「計畫交易」及「產業統制」的目標，進而聯合圈外的外交關係統治領導，呈現出「共榮圈」的樣貌。大東亞省也是以這種「共榮圈」理念為前提，否認圈內各國的外交領導機構的獨立性。隔年（昭和 18）東條英機首相歷訪亞洲各地，11

10 榮澤幸二，《「大東亞共榮圈」の思想》，講談社現代新書，1995年。

月在東京舉辦的大東亞會議上，更是發表了「自主獨立，依各國提攜
的經濟發展，撤廢人種差別」的「大東亞共同宣言」[11]。

日本雖然在「自存自衛」的立場上失腳，但是如前文所示，最後
達成了解放亞洲的目的。雖然，在共同宣言中謳歌的理想是，平等互
惠、尊重彼此的文化、強調資源開放、廢除人種差別等信念。實際呈
現的卻是在協助亞洲各民族的戰爭，甚至對於聯合國的外交攻勢上，
都沒有達到具體的效果，只有使得日本國內有關戰爭目的的議論，變
得更加混亂而已。

對大東亞戰爭的解釋，從戰前到戰後一直是日本國內爭論的議
題。昭和三十年代出版的《大東亞肯定論》，經過諸多的討論之後，
在 2002 年（平成 14）重新再版。回顧 1966 年（昭和 41）林房雄和
三島由紀夫對談時，雖然強調「大東亞肯定論」並非是國家意識，單
純只是他個人的思想而已。但是，此書在戰後復刊，似乎也呈現出，
日本人對昭和年代，那一場關係著自己國家命運的戰爭，其思想的糾
結，從戰前延到戰後仍然持續著。

第二節　太平洋戰爭後的國際情勢

珍珠港攻擊始末

談論攻擊珍珠港事件之前，首先要回顧一下，有關三國同盟及
日本決定南進政策時的局勢。針對當初的日、德提攜案的內容，因為
擔心德國的指導權，可能擴及失去宗主國的蘭、印（荷屬東印度）及
法、印（法屬印度支那），日本遂向德國要求，認同其對東南亞的指
導權，而且容忍德國在歐洲的指導權等基本構想。換言之，就是德國

---

[11] 倉山滿編，《總圖解 日本の近現代史》，新人物往來社，2010年，頁222。

開始對英國攻擊時，日本則對英國加以牽制，提出「對英軍事同盟」的現況；但是松岡外相把美國列入同盟的對象，在海軍還在猶豫時，變更爲「對英、美軍事同盟案」。

　　9月上旬史達邁特使來日，開始了日、德交涉，因爲海軍大臣交替，海軍也同意開始進行交涉。經由史達邁的交涉，德方將同盟定位爲「對美軍事同盟」，意在阻止美國介入歐洲大戰的意圖極爲明顯。海軍則要求締結英、美同盟爲前提，由日本自主性決定參戰，松岡外相和海軍協商的結果，決定將這項旨意加入附屬議定書及交換公文書內，以達到與蘇聯連結的保障[12]。

　　松岡與史達邁進入第二次交涉時，德國政府要求在條約本文內，必須註明若處於「侵略行動」的狀況，其他的締約國負有「宣戰」的義務，如此與欲保有自主性參戰的日本之間的差距變大。但是德方讓步，在交換公文中插入「協議條項」而妥協[13]。這項讓步是否就是德國政府的訓令不無疑問，但是三國同盟在日、德的主觀意圖上，重點還是停留在，爲了防止美國介入亞洲及歐洲的問題上；尤其對於日本而言，最重要還是在於阻擋美國介入其南方政策。但是以上諸多因素，最終也成爲日後美國反彈的主因。

　　1941年（昭和16）4月以來，雖然歷經「日、美了解案」的調整，日、美兩國的談判，仍然沒有得到滿意的結果。雙方約定在一定的條件下，斡旋日、中的直接交涉，日本以此爲基調開始進行協調。但是，松岡外相擔心會導致脫離軸心國的談判，提出大幅修正對策。結果導致美國於三國同盟的日、中和平問題等重要議題上，和日本的想法呈現出很大的差距；近衛意圖以內閣總辭，更換松岡外相繼續進行交涉。此時，日本接獲德、蘇兩國開戰的情報，日本被迫再度檢討國策，處於是否靜觀其變，或應允德國的要求行使北方武力，亦或是

---

[12] 鳥海靖・松尾正人等編，《日本近現代史研究事典》，東京堂出版，1999年，頁294。
[13] 同前揭書。

採取向南方進出的三條歧路上。

　御前會議上，終於決定進駐南部法印，強化南方進出的態勢，準備開始行使對北方的武力。面對日本進出南方法屬印度的事實，美國採取全面禁止輸入能源的報復，企圖截斷日本的戰爭能源，日、美交涉也因而停頓。不過近衛首相仍然希望，與羅斯福總統舉行高峰會談，期望打開僵局。國內陸海軍部內，在對美戰爭與否的問題上仍然爭論不休；終於在 9 月的御前會議上，決定外交交涉的時間訂在 10 月上旬，以 10 月下旬爲期限，完成戰爭的準備。

　近衛爲了打開日、美交涉的僵局，也在 9 月提出三國同盟的讓步提案；但是在赫爾國務卿的備忘錄中，美國斷然拒絕高峰會談，並要求日本在中國駐兵問題上讓步[14]。有鑑於此，近衛首相頻繁地和陸海軍首腦進行會談，但是始終無法說服，固執於華北防共駐兵的陸軍，近衛最後提出總辭。繼任的東條內閣成立之初，不拘泥於之前御前會議上，決定再檢討國策的方向，再度開始進行檢討和戰。但是議論後的結果，東鄉外交部長主張繼續對美交涉，和統帥部決議停止交涉的意見完全對立。

　當下，軍部的力量完全超乎內閣的權力，軍部和內閣意見持續不一，造成了日本政權不穩，無法整合出完整的方向。11 月 5 日的御前會議上，決議以 11 月底爲期限，決定是否對美開戰。雙方交涉中，美方本來準備了暫定案，以便秘密照會關係國；但是中國拒絕對日妥協，甚至受到英國的反對而受挫，最後提出替代方案的就是「赫爾備忘錄」[15]。備忘錄的內容包含：日軍從中國全土撤退，否認重慶政權以外的所有政權，事態拉回到滿洲事變前的狀況，等同於推翻日本在中國的所有；對日本而言已無交涉的餘地，12 月的御前會議最終

---

14 後藤乾一，《近代日本と東南アジア》，岩波書店，1994年。
15 鳥海靖・松尾正人等編，《日本近現代史研究事典》，東京堂出版，1999年，頁294。

決定對美、英、荷行使武力。

　　長久以來日、美交涉的主要爭論點，在於：1. 美國對德參戰時，日本在三國同盟中，能有多少的自由空間？2. 在亞洲太平洋地區，自由通商的原則能適用到何種程度？3. 從中國撤兵的限度又是如何？針對前兩點來看，日本是有可能讓步，唯獨陸海軍部執著於華北駐軍的議題上，最後成為交涉的瓶頸[16]。諸多事態逼迫之下，1941年（昭和 16）12 月 1 日的御前會議上，日本在不得已的狀況下，決定對美開戰。

1942年新加坡陷落

　　本來，日本和美國是沒有對立的理由，除了滿洲和中國大陸問題之外，絕對對立的因素並不存在。反而是英國，處於膠著的「支那事變」中，與日本的利害關係是決定性的對立；從英國屈服於美國的壓力，而解除日、英同盟以來，日本國內的怨恨也是集中於英國。日本陸軍在英屬的馬來半島登陸，開始在東南亞及南太平洋展開軍事行動。「滿洲事變」之後，日、英雙方雖然企圖再嘗試合作，但是最終都失敗，蔣介石政權能長期抗戰，也是由於英屬緬甸的援蔣路線，而「大東亞戰爭」就是欲斬斷援蔣路線的戰爭。

　　日本的「大東亞戰爭」大致分為三期：第一期是 1941 年（昭和 16）開戰到 1942 年（昭和 17），日軍從南太平洋的瓜達爾卡納爾島（Guadalcanal）撤退為止。第二期則是 1944 年（昭和 19）日軍放棄馬里亞納群島（Mariana Islands）到東條內閣總辭為止。第三期則是到 1945 年（昭和 20）8 月敗北為止[17]。戰爭一開始日本還有些戰績，但是從第二期開始，所有的主導權轉移到美國，日本只能處於辛苦守備的姿態，國內也因為東條獨裁體制動搖，在內外都不確定的因

---

[16] 同前揭書。
[17] 高橋幸八郎等編，《日本近代史要說》，東京大學出版會，2002年，頁360。

素下，日本進入戰爭的崩壞期。

當時，英國首相溫斯頓・邱吉爾輕視日本，因為母親是美國人，在歷代傳統強烈蔑視美國的英國首相中，是極端特異的親美派。英國為了打倒納粹德國，以及維持英國在東洋的殖民地，不惜借用美國的力量，以為只要靠巨大軍艦即可，並未有特別的防備心。登陸馬來半島之後的日軍繼續快速前進，1942年（昭和17）2月，攻陷英國支配亞洲的據點新加坡，進一步佔領了美國殖民地的菲律賓，以及荷蘭殖民地的爪哇和英國殖民地的緬甸等地。海軍也在周邊海域的海戰上連戰連勝，佔領南方的要地，幾乎在四個月之內就完成。

以當時世界局勢來看，日本為了戰爭的物資，和大英帝國之間等於是彼此廝殺，在日本殲滅英國東洋艦隊一役上，則是英國失去世界各地殖民地的開始。分析當年日軍在南方戰線成功的要因，大概可以歸納出兩點：首先，聯合國的世界戰略，是採取打倒德國希特勒為第一目標的戰略，南太平洋則採取防守作戰的方式。因此，聯合國在廣大區域分散了劣勢的地面軍力，航空兵力甚至不到日軍配置的一半。第二，日本靠著突襲攻擊的戰略，成功地攻破了聯合國的主力軍，掌握了十足的制空權和制海權。對於戰爭心理而言，初期勝利的戰果，對於之後的作戰是非常有利的。

中途島海戰

早在開戰前，日本海軍就極重視航空機的集中作戰，聯合艦隊司令長官山本五十六，主導了以航空母艦為主的機動部隊早已整備齊全。日本利用珍珠港攻擊，暫時確保了軍事上的優勢，等同於聯合艦隊司令長官山本五十六的賭注是成功的。但是，因為日本並未佔領夏威夷，使得擁有巨大生產力的美國，很快地東山再起。

日本為了要獲得南方要地，欲求在結束第一階段作戰後，執行第二階段的作戰構想，目的是為了斬斷連結澳洲和美國本土的海上航

線。1942 年（昭和 17）5 月，史上頭一次發生航空母艦機動部隊的珊瑚海海戰，日本雖然險勝，但是損失慘重，本來欲從海上莫列斯畢港的作戰計畫因此中止。又因為 4 月日本本土遭受頭一次的空襲，山本強行進行中途島作戰；日本軍意圖在中途島擊滅美國航空母艦群，進而攻佔中途島，阻止即將出動的美國艦隊。

　　1942 年初（昭和 17），日本陸續達成南方作戰的戰略目標，在聯合艦隊司令長官山本五十六堅持下，大本營放棄推向新幾內亞等西南太平洋之戰，6 月 4 日轉為進攻中太平洋的中途島。山本的目標是利用登陸艦隊，引誘在珍珠港事件中倖免於難的美軍航空母艦，再派遣日軍「機動部隊」的六艘航空母艦予以伏擊。然而，暗號被解讀是其中的原因之一，日本損失了四艘主力的航空母艦及多數戰機，這是歷史上「中途島海戰」的慘敗。因為同時期阿留申作戰的成功，另一隊登陸阿圖島及基斯加島。8 月美軍登上羅門群島中，作為日本軍前進基地，正在建設機場的瓜達爾卡納爾島；日、美雙方都把戰力集中到此地，開始進行激烈的攻防戰 [18]。

　　歷史上，「中途島海戰」是太平洋戰爭的轉捩點，美軍憑藉此場戰役的勝利，扭轉了開戰以來的被動，並恢復美、日兩國在西太平洋的海權均勢。此時，日本海軍已經完全失去開戰以來的戰略主導權，隨後於西南太平洋與盟軍陷入消耗戰，戰事逐漸走下坡。德、蘇之役，在史達林格勒攻防戰上，德軍受到決定性的攻擊，加上前一年德軍從埃及北部全部退兵，歐洲戰線呈現逆轉的情勢，軸心國已經完全失去戰爭的主導權。1943 年（昭和 18）4 月，聯合艦隊司令長官山本的座機被擊落，終究也是暗號被破解所致；1943 年戰役的結果，可說是第二次世界大戰的重要轉折點。

---

[18] 倉山滿編，《總圖解 日本の近現代史》，新人物往來社，2010年，頁228。

第三節　1943～1945年間的情勢

戰局的轉換

　　1943 年至 1945 年（昭和 18 至 20）的兩年間，聯合國軍開始反攻，日本軍連續在戰場上失利，最後塞班島、硫磺島以及太平洋各島也相繼失守，日軍終於走上全滅一途。以戰爭史來分析，日本海戰的結果，並非在「中途島海戰」就確定；觀看戰爭的本質，日本雖然失去戰爭的軍事優勢，但是仍然維持著一進一退的局勢。

　　日、美雙方的戰力，都集中在澳洲近海的瓜達爾卡納爾島，依照當時的情勢來判斷，能否截斷美國與澳洲連線，以確保南方資源的通商路徑，成為日本勝敗的關鍵。開戰前，日、美雙方都認為在太平洋的海戰，是後起者優勢。日本一開始，就因為戰爭資源的不足，為了求得戰爭所需的資源，將整個戰線拉太長，需要在各個佔領地分散軍力備戰，導致現地部隊陷入苦戰。由於日本佔領了夏威夷以外的眾多島嶼，整個戰力分散，讓美軍得以選擇對自己有利的戰場，集中戰力予以反擊，美軍的「跳棋戰術」得以成功，一步步反攻日本本島。

　　1943 年（昭和 18）2 月，瓜達爾卡納爾陷落，北方阿圖島的防守也在 5 月失守，7 月基斯加島守備軍勉強守住了，之後的戰役就相繼嘗到敗果；軍部雖然設定了「絕對國防圈」，但是也只是紙上談兵而已。此時，美國不惜違反國際法破壞通商條約，決定只要是日本的船，不分軍艦或民間船隻一律攻擊。到了 6 月的馬里亞納海戰，日本的敗象更加明顯，之後出現掃蕩戰的局面，已經無法思考戰爭全盤的策略[19]。

　　7 月塞班島被攻陷，塞班島一淪陷，日本本土已經陷入美國轟炸

---

[19] 高橋幸八郎等編，《日本近代史要說》，東京大學出版會，2002年，頁365。

機空襲的範圍內。東條英機為求人心一新，雖然企圖改造內閣，但是與宮中和眾議院等政官界為敵，遭受重臣、以及前總理們支持的岸信介，還有其他國務大臣的拒絕不得不提出辭呈，也迫使內閣因而總辭；不只軍部，國家也呈現病症末期的徵兆。

總力戰體制與殖民地統治

　　本來，1915 年（大正 4）的西來庵事件發生前，台灣的殖民統治是由武官總督擔任。1920 年代進入殖民統治的安定期，轉換成為文官總督，直到 1936 年（昭和 11）開始到日本戰敗，為了配合戰爭體制，進行統合性協力戰爭，文官總督再度改回武官總督。小林躋造就任台灣總督之後，列舉出「南進化、皇民化、工業化」的標語；同年朝鮮總督的南次郎，則稱朝鮮人為「忠良的皇國臣民」，並且宣示要達成「內鮮一體」的方針。

　　早在 1927 年（昭和 2）開始，帝國內部即開始施行兵役法，惟獨殖民地的民眾，享有免除兵役的義務；持有維持治安部隊性質的殖民地軍成員，也僅由日本人擔任。日、中戰爭開始之後，考慮兵員的需要，1938 年（昭和 13）的閣議上，日本企圖把殖民地的民眾，編入戰時總動員體制內，決定先在朝鮮實施陸軍特別志願兵制度，到了 1941 年（昭和 16），台灣也宣布適用此制度。大概 1930 年代到1940 年代，先是朝鮮，其次為台灣，日本逐步完成，以當地民眾為兵員的殖民地動員體制。特別在 1937 年（昭和 12）之後，殖民地台灣，開始組成國民精神總動員運動本部，進入太平洋戰爭之後，則成立「皇民奉公會」統籌運作。朝鮮則是在 1938 年（昭和 13），成立「國民精神總動員朝鮮聯盟」，1940 年（昭和 15）則更名為「國民總力朝鮮聯盟」[20]。

---

[20] 倉山滿編，《總圖解 日本の近現代史》，新人物往來社，2010年，頁234。

　1940 年（昭和 15），在南洋群島也設立「大政翼贊會」，以南
洋群島支部為中心，實施與地方行政系統一體化的教化網。戰時，日
本在海外殖民地，實施特別制度的共同特徵，就是把原先定位為「國
防無能」，非皇民的「二等國民」的殖民地人民，施以「皇國臣民」
的教化，具體採取了「皇民化」的旗幟，或是「國防協助」的目標。
為了「戰爭協力」的具體目標，欲將殖民地感化成「皇民」，效忠天
皇成為協助戰爭的一員；甚至打壓殖民地人民的信仰，徹底改造當地
固有的語言和生活模式。

　1937 年到 1945 年（昭和 12 至 20）敗戰為止，日本政府發布政
策，強制性的在各地礦山和工廠以及軍事設施，投下許多勞力以開發
資源。進入「皇民化」時期，殖民地更是注重軍需工業的進展，可以
明顯看出與宗主國呼應發展的重工業，純然帶著戰爭協力的效益。太
平洋戰爭開始之後，殖民地實施徵兵制，也有把朝鮮人強制送去日本
本土，徵用朝鮮人及台灣人女性為「慰安婦」的例子。從 1944 年到
1945 年（昭和 19 至 20），實施了動員反對給付的「改善待遇」處
置，國內眾議院議員選舉法施行，但是對於殖民地統治的體制兵，沒
有根本性的改變，最後於 1945 年（昭和 20）8 月迎接「帝國」的結束。

　以工業化的進展而言，隨著 1930 年代戰爭的需要，明顯可以看
到日本工業轉往資本主義的契機；加上後來台灣、韓國被新興工業化
國家的經濟發展所吸引，因此強調解放後的連續性研究陸續出現[21]。
資料顯示戰爭的非常時期，新的侵略戰爭或強化殖民地的統治，並沒
有真正解決日本帝國主義的經濟矛盾，侵略滿洲就是其中一例；甚至
之後還引發殖民地解放戰爭等，更高層次的質變。進入「皇民化」時
期，台灣留下許多文學作品，從作品中人物的描述，來解讀殖民地民
的思想，完全可以看出台灣知識分子的內心思考，與宗主國的想法始

---

21 堀和生，《朝鮮工業化の史的分析》，有斐閣，1995年。

終是同床異夢。

戰爭經濟的破綻

隨著「支那事變」的擴大，日本國內改爲戰時體制；1938 年（昭和 13）宣布「國家總動員法」，同年又制定了「米穀配給統制法」。到了 1940 年（昭和 15）更是規定了米穀供出制，隔年基於糧食管理法，進而制定配給通帳制，國民的生活必需品，完全受置於國家統制之下。隨著戰局的惡化，日本的經濟已經陷入完全無法自給的局面，不但難以從東南亞輸入能源，連供應戰線上武器的生產，船舶等支援也無法順利補給。

太平洋戰爭爆發後，物品輸入中斷，國家積極發展航空機生產，以使用船舶輸送物質爲主軸，展開物資動員計畫，開始集中性地擴充五大重點產業，以便投入戰爭。多數的成年男性被送上戰場，也動員女性到工廠，從事苛酷的勞力活動，結果雖然連繫到戰後女性社會進出的意願；但對於當時民生物資的生產，產生極大的影響，物資的缺乏也更加惡化。進入太平洋戰爭後期，由於日本戰線擴大，既存設備和物質消耗嚴重，舉國全力急速增強軍備生產，特別謀求擴充航空戰力，企圖實施計畫性、統一性的軍需生產。

因爲工業生產集中於軍用工業，不只人力缺乏，連肥料、農具的生產資材也極端不足，導致農業生產完全崩壞，缺乏生活的食糧之外，最後連民生的衣料、燃料的配給也不敷所用。1943 年（昭和 18）11 月 1 日，政府設立了軍需省，把企劃院、商工省、厚生省等所管事項收編成一體化 [22]。同年 10 月 31 日，又頒布了個別企業的人事、經營方針、組織、財務、及設備投資等法案，由國家直接管理。「軍需公司法」規定經營者要對國家負責，意味著公與私的企業，都

---

[22]「厚生」一語出自於《尚書・大禹謨》，意爲使人民生活富足。日本的厚生省後來合併爲厚生勞動省，掌管社會福利與勞務，譬如醫療、衛生、福利、公積金等業務。

在國家的管制下進行，完全喪失個人資本經營的自由度，朝著必需以協助戰爭的目標前進[23]。

1943 年（昭和 18）開始，不但基礎材料中斷，鋼鐵、石灰和銅製品的生產更加惡化。日常用品也開始實施分配制，衣料配給成為點數券制，每人的分配量，依都市和地方各有不同，其他國民服和學生服除了點數購買外，亦可和現金一起購買[24]。但是，隨著戰局的緊繃，在人民的衣料品中，開始混雜人造纖維，配給的米穀中混以雜糧等，品質逐漸降低；根據耆老所言，當時殖民地台灣糖與布料的配給，已經無法正常配給。因為人力的不足，國內工業生產及農業生產降低，從滿洲及朝鮮、法屬印度支那的輸入品也經常斷絕，甚至配給量亦逐次遞減，最後發生延誤補給的情況。到了 1944 年（昭和19），生活用品更是嚴重短缺，衣料品的庫存見底，隔年在衣料配給全部停止的狀態下，迎接了敗戰。

聯合國的動向

1943 年（昭和 18）11 月，在戰爭進行中，美國總統羅斯福、英國首相邱吉爾、中華民國蔣介石等三國首腦舉行開羅會談，發表有關對日戰爭合意事項的「開羅宣言」。三國共同決定，戰爭直到日本無條件投降為止，目的為抑制及處罰日本的侵略行為。並且決定收回日本在第一次世界大戰以後，奪取佔領的所有太平洋的島嶼，歸還滿洲、台灣、澎湖諸島給中國，把日本從以暴力及貪欲所奪取的所有領土上驅逐，並促使朝鮮獨立等項目。

戰爭末期，「開羅宣言」的主張，成為對日的基本態度；後來在「波茨坦宣言」的內容中，更是加入實現及履行的步驟。1945 年（昭和 20）2 月，美國總統羅斯福、英國首相邱吉爾、蘇聯總理史達

---

23 倉山滿編，《總圖解 日本の近現代史》，新人物往來社，2010年，頁242。
24 同上。

林等，聚集在蘇聯的雅爾達，締結關於戰爭持續的進行以及戰後如何處理的「雅爾達密約」。其中，確定在德國投降後的三個月內，蘇聯對日參戰，並確保割讓日本領土的南樺太、千島列島及在中國的權益為酬庸。7月美國總統杜魯門、英國新首相阿特里及史達林等人，在柏林郊外的波茨坦舉行會談，主要是交換有關戰後處理德國的「波茲坦議定書」。26日美、英和中華民國連名向日本發出，勸告無條件投降的「波茨坦宣言」，蘇聯在隔月8日對日參戰後，也加入宣言的聯署[25]。

宣言內容包含十三條項目，說明投降的條件為：去除日本軍國主義者的權力，建立新秩序至戰爭遂行能力解除為止，由聯合國佔領履行開羅宣言及限制領土主權（本島及各小島），解除日本軍的武裝，對所有戰爭犯罪者的處罰及民主主義的復活和言論、宗教、思想的自由等以及基本權利的尊重，甚至禁止軍需產業。建立和平政府後，佔領軍撤退等問題；如果日本不接受無條件投降，則主張以軍事力量，完全破壞日本的軍隊及國土。

第四節　日本的敗戰

日本戰線的崩壞

1943年（昭和18）開始，美軍由守轉攻，日軍持續在各地嚐到敗果；隔年開始，德國的敗象更是明顯。1944年（昭和19），小磯內閣在任時，由大本營政府主導聯絡會議的方針，到了6月改由天皇親臨的最高戰爭指導會議，設定宗旨為「本土決戰·一億玉碎」。之後，在第八十七次臨時議會中，決定國民義勇兵役法案，此方針的意

---

[25] 鳥海靖·松尾正人等編，《日本近現代史研究事典》，東京堂出版，1999年，頁303。

義，代表本土決戰和停止憲法並行，依照軍部的命令，婦女和全國人民，以全面武裝來面對最後一戰的決心[26]。

6月美國攻佔馬利安納群島的塞班島，當時美國的策略，就是取得塞班島，以此為基地得以 B-29 轟炸日本本土。因為塞班島失陷，日本內閣重臣進行打倒東條的運動，7 月東條內閣總辭；後繼的小磯、米內內閣希望在有利條件下與美國談和，企圖以蘇聯為仲介持續戰爭，但是仍然無法打開僵局。帝國海軍雖然嘗試最後有組織的攻勢，但是已經失去了全部的航空母艦；日本頭一次組成神風特攻隊，實施以攜帶炸彈的飛機，直接衝向敵艦的自殺性攻擊。11 月，美軍的新型戰略轟炸機 B-29 的編隊，從馬里亞納群島起飛空襲東京。

從 1944 年（昭和 19）的菲律賓群島海戰以來，在美國的強大攻勢下，日本得以反撲的做法，就是採用不期望官兵生還的特攻隊攻擊方式。1945 年（昭和 20）開始，是日本焦土作戰及空襲的時期，美軍開始襲擊非戰鬥人員，同時日本本土的空襲也開始；持續的無差別轟炸，使日本國內的主要都市都火燒成廢墟。檢討美軍的戰鬥，足以獲得勝利的主要原因，在於截斷日本海上通商路徑，以及對於大都市的無差別空襲，兩者皆以非戰鬥人員為目標，明確違反戰時國際法。

1945 年（昭和 20），日本與南方的交通被切斷，開戰當時冀圖南方資源輸送回本土，企圖打長期持久戰的構想也破滅[27]。2 月 19 日，美軍登陸接近日本本土的硫磺島；硫磺島的守備隊和美軍都遭受極大的死傷。1945 年（昭和 20）3 月 9、10 日兩天的東京大空襲，導致了十萬人以上的死者與失蹤者，之後更是利用 B-29 的本土空襲方式，轉換為對市街無差別的燃燒彈轟炸。從大都市到中、小都市，反覆進行無差別的轟炸，許多都市的多數平民，也在這項等同於無差

---

[26] 加藤文三，《日本近現代史の發展 下》，新日本出版社，1994年，頁97。
[27] 遠山茂樹等著，《昭和史 新版》，岩波新書，1997年，頁227-228。

別的虐殺轟炸中犧牲[28]。無差別空襲的第一目標，完全是爲了打擊一般市民的士氣，第二目標則是希望進一步破壞工業生產鏈。

同年 4 月，美軍在沖繩本島的嘉手納海岸登陸，由於小磯首相和蔣介石以和平爲目標的講和失敗；爲了加強領導力欲兼任陸軍大臣的想法，也遭到陸軍的拒絕，最後內閣總辭。4 月 7 日繼任的鈴木貫太郎內閣成立，爲了迴避軍方的反彈，表面上高呼本土決戰，暗地裡東鄉外相已經開始探索和平之路，沖繩的守備軍將和一般民眾也被捲入，徹底展開抗戰姿態，給予美軍預料外的打擊，但是守備軍仍然付出極大的犧牲。

歷史上，日軍最後的決戰就是帛琉島之役，日軍在島上前後支撐了二個月之久，3 月 26 日硫磺島「玉碎」。雖然美軍握有制空權及制海權，加以空襲和艦炮射擊，但是日本戰略的運用，以及軍隊的防禦，也給予美軍重大打擊。不管「玉碎」或是特攻隊，帝國官兵以「天皇陛下萬歲」及「相逢在靖國神社」爲共同的口號，當美軍官兵愈接近日本本土，愈能感覺到日本人頑強抵抗的氛圍[29]。

講和的探索

戰爭愈到末期，日本已經陷入難以再恢復氣勢的局面，日方開始認眞思考終結戰爭的細節，主要是考慮要如何收拾戰爭的慘局。依照當時國際的慣例，是由中立國介入與對方協調，因此是由瑞典、瑞士等國參與接觸工作。當時最大的中立國爲蘇聯，本來日本希望實現德國、蘇聯的和平，把蘇聯納入軸心國的陣營，希望可以在有利的狀況下談和。1945 年（昭和 20）4 月，蘇聯在德國戰敗，通告日本不延

[28] 前揭書。
[29] 「玉碎」是指自毀而不委屈求全的行動。該用語的典故出自中國《北齊書・元景安傳》中的「大丈夫寧爲玉碎，不爲瓦全」之語。其意爲人寧可像碎裂的玉石一樣壯烈犧牲，也不要像完整的磚瓦一樣苟且偷生。在第二次世界大戰末期，日本軍隊用「玉碎」一語來形容，守軍全體陣亡的狀況。

長日、蘇中立條約，成爲決定性的時刻。

　　「雅爾達會議」之前，美國判斷日本會持續抵抗，因此要求蘇聯加入戰爭，企圖在戰後，掌握世界領導權的用意非常明顯。6月開始，日方爲了防止蘇聯參戰，同時顧及友好的中立關係，只能依賴聯合國出面交涉，進行廣田・馬立克的會談。對於蘇聯要求提示具體條件，日方回應滿洲國中立的條件，但是馬立克沒有允諾。直到7月上旬，爲了打開僵局，派近衛文麿爲特使，攜帶天皇的親筆書前往蘇聯。但是蘇聯以意圖不明爲理由拒絕回答，甚至之後對日方的催促，也一概採取不回應的態度[30]。

　　1945年（昭和20）8月8日，蘇聯政府正式向日本宣戰。蘇聯的參戰顯然帶給日本的領導層很大的衝擊，蘇聯的此番報復作爲，明白地是希望吞併千島群島的野心。以天皇爲首的日本朝野，在9日上午的晨議上，一致朝著接受「波茲坦宣言」，往結束戰爭而努力[31]。即便，日本朝野在接受投降條件的意見上有衝突，但是美國始終堅持強硬的態度，表明日本必須無條件投降。投降內容含括：自主性的武裝解除，日本手中戰犯的處理，聯合軍對日本的佔領，以及天皇的權限，由同盟軍最高司令決定等問題。日本在14日的御前會議上，朝臣上下仍然擔憂維持「最後國體」的困難性；整個情勢看來，日本朝內群臣的意見，已經不具任何影響力，整個局勢已經呈現，日本無法單獨以自己的立場思考的局面。

原子彈的慘劇與「波茲坦宣言」

　　1945年（昭和20）開始，美軍也將沖繩納入佔領的範圍，4月1日美軍開始登陸沖繩本島，沖繩島內包括大和戰艦的水上特攻隊也出面應戰。沖繩縣民從「百合姬部隊」開始，到年輕的男女皆盡力

---

30 加藤文三，《日本近現代史の發展 下》，新日本出版社，1994年，頁98。
31 倉山滿編，《總圖解 日本の近現代史》，新人物往來社，2010年，頁236。

協助，犧牲人數達二十萬人。1945 年（昭和 20）開始，美軍的本土攻擊進入白熱化，連皇居也無可倖免，東京、橫濱、名古屋、大阪、神戶等大都市，陸續遭受大規模的燒毀。6 月開始眞正進入無差別轟炸，全國大約有三百萬戶被燒毀，六十萬人死傷，呈現一千萬人無家可歸的慘狀。

早在 2 月，聯合國首腦就已締結「雅爾達密約」，以割讓樺太南部及千島列島爲條件承諾蘇聯的參戰。7 月德國無條件投降後，在柏林郊外的波茲坦舉行美、英、蘇三國的首腦會談，美國總統則由杜魯門替代猝死的羅斯福，英國首相由總選舉獲勝的阿特利接任，到了 26 日，美、英、中三國以首腦之名，發表了「波茲坦宣言」。日本朝內也在 6 月 22 日的御前會議上，正式決定往「終結戰爭」的方向努力。美國因爲原子彈實驗成功，想要獨立逼使日本投降；美國總統杜魯門下令，在德國投降後的三個月，大約在 8 月 7 日左右，在日本本土使用原子彈。美軍攜帶原子炸彈的 B-29 轟炸機，抵達毫無警戒的廣島上空，投下原子彈，奪走了約二十萬人的生命。

本來，日本企圖藉由中立國而求得和平，期待經由蘇聯來推動此項計畫，最終只是給蘇聯準備參戰的時間罷了。原先關東軍預測，蘇聯對日參戰的時間是在秋季之後，實際上蘇聯早就有參戰的準備，日本政府卻仍然執意，考慮派遣以近衛文麿前首相爲特使的方案。1945 年（昭和 20）8 月 8 日深夜，蘇聯開始全面進攻滿洲國的國境，日本接受「波茲坦宣言」後，戰鬥仍然持續進行，眾多的婦女被凌辱，不問軍民身分的日本男性，皆被扣留在西伯利亞，諸多行爲都是單方違反國際法的行爲。

隔天，在最高戰爭指導會議及後續的御前會議上，對「波茲坦宣言」接受投降的條件仍然議論紛紛。主張皇室安泰的「國體護持」爲唯一條件的外交部和海軍部，和主張另加自主的解除武裝，自主處罰戰爭犯罪人等條件的陸軍部和統帥部之間，仍然存在著強烈的對立。

最後，天皇聖斷同意，只以保住「國體護持」的條件接受投降[32]。隔日，日本通知聯合國，接受「波茲坦宣言」。

　　接受「波茲坦宣言」，是日本史上頭一次的對外投降。戰敗的訊息由日本天皇親自藉由收音機放送到全國，不只日本本土，也包括殖民地台灣，這就是所謂的「玉音放送」。戰爭讓一個世代陷入悲慘的結果，無條件投降的要求，使接下來敗戰的各種體制，迫使日本迎接了空前的大轉變。15 日正午，日本本土和殖民地台灣，從收音機中聽到天皇親自的廣播；戰爭雖然結束，但是佔領軍對於日本總體力量的打擊正要開始。

---

[32] 鳥海靖・松尾正人等編，《日本近現代史研究事典》，東京堂出版，1999年，頁304。

第八章　戰後日本的民主

第一節　美國佔領下的日本

初期的對日佔領政策和戰後的改革

　　1945 年（昭和 20）8 月前，國務、陸軍、海軍三省調整委員會（SWNCC），針對美國戰後對日處理的相關事項，做了三項大幅的修改。內容是：1. 剝奪海外的領土、解除武裝、肅清軍國主義及改制民主化，讓日本得以回歸和平的國際社會；並利用日本行政機關產業的非軍事化，助長勞動、工業、農業領域中的民主組織。規定日本經濟制度的所有、管理、支配的範圍更為廣泛，這與對德國佔領基本指令的徹底改革路線相近。2.「波茨坦宣言」中，引入日本間接性的佔領方式後，廢除原來直接性的軍政規定，並明確指示最高司令官，得經由天皇及日本政府才能行使權限的規定。甚至，也明確指出政治形態的變更，只要不違反佔領軍的安全，以及佔領目的的話，可以允許在地的「實力行使」。3. 追加經濟制裁及財閥解體的規定，以及具體交出在外資產等賠償，使經濟制裁面增強，相對的也將擴大重整國內經濟。1945 年 9 月 22 日公布的這項初期對日方針，是佔領史研究上，非常重要的政策文書[1]。

　　日本戰後改革是華盛頓決定的政策，內容包含天皇及戰犯處置，以及日本農地改革等議題，完全由 GHQ（駐日盟軍總司令部）的麥克阿瑟所主導。從經濟改革內容的比重來看，美國非常重視日本

---

[1] 鳥海靖・松尾正人等編，《日本近現代史研究事典》，東京堂出版，1999年，頁336。

戰後復甦的問題;但是檢討文書中,並沒有論及天皇、皇室制度,以及憲法修正等重要問題。初期政策包括,美國太平洋陸軍總司令部(GHQ・AFPAC)為對應日本突然的投降,從1945年(昭和20)6月開始檢討,並於8月8日完成的「作戰黑名單」。這是直接以軍政為前提,利用日本的官僚及行政機構,排除舊勢力的方針。內容包含:解散軍國主義團體,促進政治經濟的民主化,特別是保有農業土地及調查租地費等項目,對農業問題提出非常積極的對策[2]。

對日佔領政策,也是美國政府及GHQ雙方的理想論點,主要是現實協調的結果,最後配合聯合國的意向而修改。由於間接統治方式,也涵蓋日方的參與,促使實施過程中引起變質。各方資料顯示,檢討日本戰敗,不只是需要分析政策上的問題而已,甚至包括理智地看待,當時日本國民接受的型態,這個部分與戰後直接處理,以及日後的安保問題也有連帶關係。戰後諸多資料顯示,轟炸在長崎和廣島的原子彈,留下許多的後遺症;直到當時遭難的世代成長之後,才逐漸顯現出來的例子也層出不窮。

軍隊的解體及人權的保障

1945年(昭和20)9月2日,在東京灣的密蘇里艦上,舉行了投降文書的簽印儀式,很快地在東京設立了GHQ(駐日盟軍總司令部)。9月13日,開始廢止軍事機構大本營,首先是陸軍參謀本部及海軍軍令部,10月16日麥克阿瑟發出完成國內軍隊復員的宣言。11月底,又相繼廢止了陸軍省及海軍省,各自成為只擔任海外復員業務的第一、第二的復員省,此舉等同解散了戰前的軍力,縮小了各軍權單位的權限,重整軍隊的編制。

人權保障的內容,則是考慮解放,在明治憲法體制下被解除的人

---

2 加藤文三,《日本近現代史の發展 下》,新日本出版社,1994年,頁104。

權，以及軍國主義體制下被壓抑的人權。1945 年（昭和 20）10 月，GHQ 發出解散特高警察，釋放政治犯，包含批判天皇的言論而失去自由的案例，這是所謂的「人權指令」。根據此命令，戰前的共產主義者、社會主義者、民主主義者、宗教人士等被釋放，也廢除了治安維持法等壓抑人權的立法。同年 10 月，麥克阿瑟指示幣原首相進行五大改革，內容包含賦予女性參政權，修正了唯有男性參與普通選舉制度的眾議院選舉法。年底，GHQ 又發出廢止國家神道的備忘錄，禁止國家和日本神道的行政與財政結合。甚至廢止了內務省神祇院、宗教團體法，教育勅語等，明白制定了憲法二〇條信教自由的內容，更將宗教法人化[3]。

　　因爲戰前就存在女性參政權運動的緣故，因此同年 12 月修正選舉法，很快地在隔年 4 月的選舉中，就誕生了三十九位女性議員。並且，戰前在明治憲法下設有「家」制度，女性的人權在戶主之下受到很大的限制，因此全面修改「家」制度，就是民法第四編及規定由長子繼承的民法第五編，也刪除了對於刑法的通姦罪，在十四條憲法中，完全禁止性別差異，完全確立了男女平等的法源[4]。

　　戰後 GHQ 採取勞工工會獎勵政策，強化從戰前以來勞工運動的傳統，1945 年（昭和 20）12 月制定了勞工工會法。其他則在教育、醫療、衛生、宗教等社會不同領域進行改革，改革的重點特別放在教育面。美國深知，除了去除日本傳統的約束，徹底改革教育的本質，才有可能帶領日本進入國際社會。而且美國政府在佔領前，就非常重視教育改革，指望把軍國主義及國家主義的思想統制教育，改變爲有自發性、獨創性及國際性的教育。

　　教育改革也包含教科書、教育課程等項目，將義務教育延長爲

3　同前揭書，頁341。
4　竹前榮治，《戰後勞動改革》，東京大學出版會，1982年。唄孝一，《戰後改革と家族法》，日本評論社，1992年。

六‧三制等,更進一步排除由國家掌控教育。爲了確立家長的教育
權,由居民選舉組成的教育委員會,來管理其地區的教育委員會制
度,更在各地區設有各級學校,家長與教師共同努力啓動雙方的聯誼
會,並將其基本理念併入教育基本法內[5]。如此的改革,等同將教育融
入民間,藉由教師和家長形成的共識,來面對教育理念,促使學校和
家庭之間的聯繫更加緊密。

日本國憲法的公布

聯合國佔領日本時,在盟軍最高司令麥克阿瑟元帥的強力指導
下,開始進行制定大日本憲法的作業。不只日本政府,代表性的憲法
學者,如東京帝大名譽教授美濃部達吉和宮澤俊義等人,對於明治憲
法的修改,都抱持著消極的態度。但是,在佔領軍進行的民主化政策
中,幣原內閣以調查明治憲法的問題爲目的,於 1945 年(昭和 20)
10 月 25 日,設置了「憲法問題調查委員會」。

甚至,民間的憲法研究會、政黨等單位,也開始起草新憲法草
案,委員會的步驟從「調查」轉移爲「改正」;進入憲法修改案的起
草作業,做成甲案的松本案和乙案的宮澤案。兩案雖然沒有公布就送
進閣議,但是在會議上也沒有定案[6]。1946 年(昭和 21)2 月 1 日開
始,日方與 GHQ 經過多方的切磋琢磨,最後 GHQ 拒絕日本政府的
修正案;主張必須以國民爲主權,天皇爲象徵,放棄戰爭。尊重人權
的 GHQ 案,逼使松本等人以此爲範本,起草政府的草案。

日本政府基本上決定接受 GHQ 案,並於 2 月 23 日開始在法制
局內,研議新的日本政府的草案。日本的草案雖然參考 GHQ 案,但
也並非完全附和。刪除前文,不用「主權」一詞,在自由權限內,

---

[5] 關於完整的改革文獻,請參考:鈴木英一,《日本佔領と教育改革》,勁草書房,1983
年;久保義二,《對日占領政策と戰後教育改革》,三省堂,1984年。
[6] 鳥海靖‧松尾正人等編,《日本近現代史研究事典》,東京堂出版,1999年,頁344。

設立「法律之範圍內」等限制，並刪除關於外國人的人權等，這點
與GHQ案完全不同[7]。美、日經過多次的溝通與協調，最後在4月17
日，發表政府修正案「憲法改正全案」的全文。

　　基於制定明治憲法的程序，政府的草案經過樞密院諮詢後，於6
月25日上呈第九十帝國議會眾議院本會議，又歷經貴族院多次的檢
討修正後，終於在10月7日的議會正式通過「帝國憲法改正案」，
於明治天皇誕生的11月3日，以「日本國憲法」之名公布。新憲法
保留天皇制，將絕對天皇制，變更爲階級制的君主制。新憲法的內
容，強調主權在民、尊重基本人權、放棄戰爭、採用議會制的民主主
義、以及地方自治等五大原則[8]。11月3日訂爲「文化之日」，1947
年（昭和22）5月3日正式實施，當日也是遠東軍事裁判一周年的日
子，之後訂此日爲「憲法紀念日」。

憲法改正問題

　　從1948年（昭和23）開始，日本就一直思考有關憲法修正的
問題。根據古關的研究，作爲佔領政策的最高決定機關的遠東委員
會（FEC），決定憲法實行一年後，在二年以內，給予日本國民再檢
討的機會。隔年1月，麥克阿瑟致函吉田首相，傳達這項決定，同
年3月蘆田內閣成立，同時公布了FEC的決定，眾議院事務局開始
檢討，知識分子的團隊發表修改案，媒體也積極刊登社論等活動[9]。但
是，1948年（昭和23）再度就任首相的吉田茂，表明無意再度檢討
憲法修正案，因此延滯至今未修改。

　　戰後1954年（昭和29）的憲法修改議論，則是針對日本簽訂
「日美安保條約」，MSA條約繼而設置自衛隊的內容進行討論。其

---

[7] 同前揭書，頁345。
[8] 加藤文三，《日本近現代史の發展 下》，新日本出版社，1994年，頁113。
[9] 鳥海靖・松尾正人等編，《日本近現代史研究事典》，東京堂出版，1999年，頁347。

中，改進黨、自由黨陸續發表了憲法修正案，但是這些法案的內容，追加了國防軍事規定、強化天皇地位，及限制人權保障等事項[10]。直至 1955 年（昭和 30）自由黨與民主黨合併成自由民主黨；政綱中提出「改正現行憲法的自主性」的要點，年底鳩山首相的演說中，也明言要修改憲法。修改的重點主要針對國防軍的規定，但是修改的理由，特別強調「自主改正」的意義；明顯希望讓世人知道，憲法是因 GHQ 施壓而必須修改的。

針對此狀況，以社會黨為中心，結成反對修改憲法的團體，形成了「修憲」與「護憲」的對立狀況，社會與學界也針對兩邊各自的論點持續討論。但是，隔年 7 月的參議院議員選舉，自民黨未能確保三分之二的席次，因而無法達成目的。之後，自民黨內的憲法調查會，持續進行修正案的改正作業，1991 年（平成 3）的波斯灣戰爭後，國際呼籲日本自衛隊必須做出貢獻的聲音逐漸擴大；開始結成議員聯盟，要求在國會設立常任委員會的「憲法調查委員會」等憲法修正案。1997 年（平成 9）之後，國民意識開始轉變，迎接憲法施行五十周年的媒體輿論，贊成修改憲法的聲音，首次超過反對的輿論。

戰後延續至今，「修憲」與「護憲」的相對立場持續至今仍然無解。日本憲法是否修改的問題，理由已經不是單純自衛隊的合憲化，而是基於要增加環保權等新的人權考量。甚至，也有學者論及，修正憲法第九條的議題，確實關係著國家是否正常化的問題。當今國際情勢詭譎萬變下，有關日本國憲法應有狀態的檢討，應該也會持續吧！

遠東國際軍事裁判

遠東國際軍事裁判，又稱東京審判，這是第二次世界大戰後，聯合國將日本的領導者，以觸犯戰爭犯罪行為予以審判。1945 年（昭

---

[10] 渡邊治，《日本國憲法「改正」史》，日本評論社，1986年。

和 20）8 月，美、英、法、蘇四國締結了，關於對德國國際軍事裁判，將侵略戰爭認定為國際法上，「對於和平的犯罪」，以及對於一般人民的非人道行為，視為犯罪的「對於人道的罪」等，這兩項視為新的戰爭犯罪事項。日本因為接受「波茨坦宣言」第十項的戰犯處罰條項，得以實施這項政策。

1945 年（昭和 20）9 月開始，盟國總司令麥克阿瑟元帥逮捕戰犯，同年 12 月在 GHQ 內設置國際檢察局，隔年 1 月設置遠東國際軍事法庭。此法庭由美、英、中、蘇、法、荷、加、澳洲、紐西蘭、印度、菲律賓的十一國組成遠東委員會，各國分別派遣法檢人員。同年 4 月，檢方選出二十八名戰爭前期日本的指導者，以「違反和平的罪」、「殺人」、「通例的戰爭犯罪及對於人道的罪」予以起訴；理由是從 1928 年到 1945 年間，以「共同議謀」的策略，企圖支配亞洲及全世界，同時開始計畫侵略戰爭的事實[11]。

對於持有東京審判主導權的美國而言，堅持東京審判具備兩種意義：1. 以侵略戰爭的口實，對日本提出懲罰，對未來世界的任何侵略行為，具備抑止和警惕的效用。2. 日本的侵略行為，建立在「文明」的規範上，主張以聯合國的制裁普及化，成為歷史普世的價值[12]。戰爭犯罪者中，戰爭立案領導者，屬於 A 級戰犯。1948 年（昭和 23）11 月，在軍事審判中，除了七人被判絞刑之外，另有十八名被判無期或有期徒刑。一般的戰爭犯罪是 B 級，C 級則是虐待俘虜等的戰犯[13]。軍國主義者或協助軍國主義體制者，大約二十萬人被開除公職；但是官僚、金融界人士、法官等，被認定有協助戰爭，卻沒有被追究的例子也不少[14]。

[11] 鳥海靖・松尾正人等編，《日本近現代史研究事典》，東京堂出版，1999年，頁348。
[12] 鳥海靖・松尾正人等編，《日本近現代史研究事典》，東京堂出版，1999年，頁349。
[13] 關於東京裁判，參考栗屋憲太郎，《東京裁判論》，大月書店，1989年。關於BC級裁判，內海愛子，《朝鮮人BC級戰犯的紀錄》，勁草書房，1982年。
[14] 鳥海靖・松尾正人等編，《日本近現代史研究事典》，東京堂出版，1999年，頁340。

　　從 1946 年 5 月起到 1948 年 4 月止（昭和 21 至昭和 23），是
日本公開審判及審理的時間。結果是宣告二十五名被告全體有罪，其
中東條英機等七名被判死刑，東鄉茂德判二十年有期徒刑，重光葵判
七年，其餘十六名爲無期徒刑。目前爲止，有關日本戰後東京審判的
研究中，對於完成起訴狀的政治過程，還是持有肯定論與否定論的兩
派主張[15]。

第二節　佔領政策的轉換與國際情勢的發展

農地改革和財閥的解體

　　1946 年（昭和 21）10 月，日本公布「改正農地調整法」及「自
作農創設特別措置法」的條例，開始實施農地改革。改革內容有以下
四點：1. 村地主不在的出租地，或是在村地主的出租地，超過一定
的限度時，由國家強制收購後賣給佃農；除了北海道四町步之外，其
他都府縣平均爲一町步。2. 當自耕農持有最高限度的原則上，決定
都府縣平均爲三町步，北海道爲十二町步。3. 留給在村地主的出租
地租，以錢幣繳納的同時，也設有上限以防止過度上漲。而且規定出
租契約必須文書化，耕作權的移動需要知事的許可。4. 以地主三、
自耕農與佃農五的比例，組成辦理農地改革的市町村農地委員會[16]。

　　農地改革可以在極短時間內完成，而且在資本主義的前提下還
得以實現，有以下兩個理由。首先是國內自發性條件已經成熟，尤其
在戰時，實施「農地調整法」、「小作料統制令」，加上支給生產獎
勵金等條件，等同於導入了「二重米價制」。因此地主土地所有的經

---

[15] 日暮吉延，〈起訴狀作成の政治過程〉，《年報 近代日本研究 16號》，山川出版社，1994
　　年。
[16] 鳥海靖・松尾正人等編，《日本近現代史研究事典》，東京堂出版，1999年，頁352。

濟性意義大幅減退，直接生產者的經營得以成長，生產力呈現上升的傾向。至於商品農作物的輸入，則讓農外勞動市場擴大，並且減輕地租負擔等，促進了佃耕農經濟上的自立，逐漸形成接受農地改革的主體[17]。透過官僚徹底的實踐，農地改革順利完成，也徹底改造了農村的階級關係。

因為，敗戰引起糧食不足，以及佔領軍的存在，而導致體制危機的深刻化；因而領導第一次農地改革立法的松村謙三郎農業大臣，將農地改革的構想，視為安定體制的王牌。考慮戰後經濟復甦和安定農村社會的條件，優先執行的當然是農地改革；食糧的充足與否，亦是決定民生是否充裕的條件之一。GHQ否決第一次改革案後，主導權也完全由GHQ掌握，GHQ將農地改革，視為使日本「非軍事化」及「民主化」不可或缺的因素。換言之，伴隨敗戰的弱體化政治，恰好提供了實行改革的機會，也形成日本農地改革成功的第二項條件。

但是，1948年（昭和23）以後，佔領政策轉換方向，GHQ將評價的重點，轉移到農地改革上。雖然重新規劃導致絲許的通貨膨脹，但是因為規定農地價格，創設自耕農地購買農地，農民的許多負擔得以減輕；原有佃耕地的地租，也因同樣的理由減輕很多。由於農地改革沒有把山林的部分含括在改革對象內，也沒有擴及經營構造，因而效果有限。即便如此，由於減輕佃農的經濟負擔，以及幫助其經濟及人格的自立等，奠定了戰後高度成長的條件。

具體考慮日本戰敗的狀況，而且連結整體經濟體制，得以凸顯農地改革的重要性，而且具備改革的一貫性；當時日本的農業人口超過全國人口一半以上，因而農地改革更是具有先導性的意義。第一次農地改革，首先由農林省以強化自耕農，以金錢繳納地租稅為內容的農地改革方案向議會提出。但是GHQ認為不夠完備，主張延期實施，

---

[17] 同前揭書，頁353。

因此政府研議希望更徹底地草擬，以地主解體為目標的第二次改革法案。讓外地地主所有的佃農耕地，以及在村地主超過一英畝的佃農耕地成為政府強制收購的對象；依照此標準，九成多的耕地可以成為自耕農地，日本農村的面貌大幅改變[18]。可以說，如果沒有GHQ「超憲法」的存在，戰後日本農地改革是否成功，的確難以估計。

至於財閥的解體，主要指的是三井、三菱、住友、安田等在地財閥，支配著日本的經濟。源自於明治開國以來的體制，這些財閥完全以家族模式活躍於金融界；公司股份的資金來源也是這些大家族，形成閉鎖性的支配型企業。美方認為財閥參與侵略戰爭，違反了自由競爭原則；因此戰後主張財閥解體，這也是佔領時期美國政府的方針。當時，GHQ命令凍結四大財閥的資產，由日本政府組成股份公司整理委員會，處分了含四大財閥的八十三社股份公司的股份，並予以解散[19]。1947年（昭和22）4月，更進一步公布「獨佔禁止法」，確定排除獨佔性支配，完全回歸民主化的運作[20]。

戰後的美、蘇對立和「逆向路線」

美、蘇兩國，始終不是一個唇齒相合的政體。戰前因為必須對付共同的敵人希特勒，短暫的合作之後，等到二戰結束，兩國恢復對立的姿態。蘇聯版圖的擴展，影響了東歐國家，西方國家擔心德國的戰敗，會影響自由民主的進展，尤其是在西歐建立了，虛構的經濟和政治主導地位的美國。兩國推進了經濟和政治兩種對立的意識形態，在各自的陣線爭奪國際影響力。這場持久的鬥爭，涉及地緣政治，以及各自的經濟利益；從1947年（昭和22）開始，持續到蘇聯解體的

---

[18] 大和田啓氣，《秘史・日本の農地改革》，日本經濟新聞社，1981年。
[19] 加藤文三，《日本近現代史の發展 下》，新日本出版社，1994年，頁115。
[20] 其他相關可參考：大藏省財政史室編，三和良一，《昭和財政史 第二卷》，東洋經濟新報社，1981年。

1991 年（平成 3）12 月 26 日為止，就是所謂的「冷戰時期」。

　　1945 年（昭和 20）2 月，「雅爾達密約」即以美、英、蘇為中心，分割戰後亞細亞秩序的構想；卻因為人民解放、獨立運動而失敗。美國政府內對蘇聯的牽制，早在決定投下原子彈時就啟動了。戰後美國陸續打出一連串新冷戰秩序的構想，1947 年（昭和 22）3 月 12 日的杜魯門主義，6 月發表馬歇爾計畫。這項對土耳其及希臘的軍事援助，和以歐洲復興計畫為內容，事實上就是以意識形態封鎖共產主義為目的，冷戰也因此進入實質化。決定歐洲的東、西分裂，進而在 1948 年（昭和 23）以柏林危機為契機，轉變成軍事性的封鎖[21]。隔年，蘇聯首次引爆核武，結束了美國核壟斷的局勢；直至蘇聯崩潰為止，美、蘇兩國進行了一場常態性核武和常規軍備的競賽。

　　當時，美國推出的馬歇爾計畫，主要是幫助西歐盟國發展經濟，企圖在西歐建立影響力。美國對蘇聯延長了計畫的運作，但是思考其發展條件，美國也知道蘇聯絕不會允許自由型態的發展。1949年（昭和 24），蘇聯憑藉在東歐不斷擴大的影響力，組建經濟互助委員會企圖解決問題，但是該組織只是一個經濟合作協議，並非明確的重建計畫。美國及西歐盟國不顧蘇聯的影響力，試圖加強他們彼此的聯繫，最明顯的是組建北大西洋公約組織，其基本結構還是偏向軍事協議。

　　美、蘇的一連串冷戰政策，多少也影響了對日佔領政策。1947年（昭和 22）9 月，杜雷伯（Draper）陸軍次長來日，10 月建議再檢討凱那（Kennan）國務院政策企畫本部長的對日政策，包括變更財閥解體的內容，以及促進日本經濟復甦等問題。國家安全保障會議的決定，多達二十個項目，相關內容提出「對日本有關美國政策的勸告」，完全確定了政策的轉換。轉換目的重點，就是「希望日本在佔

---

[21] 鳥海靖・松尾正人等編，《日本近現代史研究事典》，東京堂出版，1999年，頁355。

領結束後，仍然維持安定，並以自發性的意志，成為美國的友好國，強化在經濟及社會上的力量」[22]。

思考戰後亞太的新秩序，制定安全會議的重要意義，在於：1. 強化美國在遠東的安全保障和日本的防衛力，2. 有效處理經濟復興政策的相關立案，3. 緩和佔領政策等三項；並於 1948 年（昭和 23）12 月 1 日，傳達至麥克阿瑟的總司令部（GHQ・SCAP）。考慮日本的重整軍備及強化警力，可能招致亞細亞各國的反彈，同時以違反日本國憲法為理由，麥克阿瑟堅持反對日本重整軍備；也考慮日本以沖繩基地化為主軸，可以和多國間保持中立。但是，美國對於日本經濟的復興和安定化，始終列為優先考慮的課題；更在 1948 年（昭和 23）12 月後，藉以日本「經濟安定九原則」和道奇（Dodge）計畫，進行國內企業整備和行政的整理[23]。

1948 年（昭和 23）亞洲情勢開始有大變動。首先，朝鮮半島分裂成南、北韓，隔年中華人民共和國成立，到了 1950 年（昭和 25）2 月，中、蘇友好同盟條約成立，6 月韓戰爆發。日本國內，則以「五・三〇事件」為契機，革除共產黨幹部的公職，也停止發行共產黨黨報。職場也開始進行紅色追放，即是以思想為理由的職場解雇；不只企業內的調查資料，警方的名單也列為參考。因為橫濱的美國第八軍司令部，遷移到朝鮮後，為確保國內安全為目的，設置了警察預備隊。

1951 年（昭和 26）5 月，繼任最高司令官的李奇威為了恢復日本的主權，聲明「緩和佔領軍的統治」後，吉田內閣設置政令諮詢委員會，重新評估民主改革而進行中央集權化，從地方自治擴大至警察和教育制度。這種戰前復古的政治現象，被當時的媒體稱為「逆向路

---

22 同前揭書。
23 同前揭書。

線」。甚至，「逆向路線」的廣泛說法，從對日講和開始到戰後改革，甚至之後的安保政治鬥爭的內容都包含在內。日本國內學者也主張，戰後研究應該朝國內冷戰，與國際冷戰的兩種現實面來探討，才具備眞正的完整性。

韓戰和日、美關係

美國從第二次世界大戰結束後，經歷了三次的大型戰爭；首先是1950年代前半的韓戰，1960年代的後半到1970年代前半的越戰，以及1990年代初的波斯灣戰爭。

即便日本沒有直接出兵，但是前兩次發生於亞洲，不但和日本有密切的關係，而且兩次戰爭都具有很大的共同性。其中：1. 對於在當地作戰的美軍而言，日本不僅完成了在後勤、供應上重要的中繼機能；2. 甚至基於亞太的重要位置，日本在軍需物資的供應上，也擔任了極重要的角色；3. 日本政府因爲給予美國諸多的協助，導致國內反對輿論相對增加。但是，身爲亞洲一員的日本，無法漠視世界外交；內外問題都顯示出，日本與亞洲安全和平的問題，要完全獨自思考自己國家的利益，確立國民一致的態度有其困難度。

而且，韓戰和越戰有很大的共同點，與日本是直接相關的，那就是韓戰時，有日本「講和」的議題，越戰時則是「沖繩歸還」的問題；當下日、美外交關係上，都面臨重大案件交涉中的艱難局面。當時，美國正處於對應韓戰，無法掉以輕心的重要階段，也在此時迎接了對日講和交涉的關鍵。當美國陷入越戰的「漩渦」很深，遭受了史上未曾有的屈辱，面對連續政治的考驗，在此困境中完成了「沖繩歸還」，的確並非容易。

從1947年（昭和22）3月的杜魯門主義（Truman Doctrine）開始，以杜魯門發表的《國情咨文》爲依據，美國宣言開始對蘇聯共產主義採用「封鎖」政策。到了1949年（昭和24）10月，共產政權在

中國大陸成立，其影響力也急速擴及整個亞洲。甚至，對日佔領時期，美國對於日本的弱化政策，急速轉換為促進日本的自力政策[24]。換言之，面臨亞洲共產勢力的崛起，諸多考量下，美國希望日本成為亞洲反共的防壁堡壘，期待日本成為美國防共、封鎖共產主義的協助者。如此的思考，就是戰後美國對日的新基本政策，也是美國在亞太的新戰略。

美國決定亞太政策的背景，最關鍵在於 1950 年（昭和 25）6 月，北韓南侵所引起的韓戰。韓戰帶給日本的三大影響，首先是麥克阿瑟命令設立警察預備隊，也成為兩年後的保安隊；更於 1954 年（昭和 29）於日本國內設立自衛隊。第二，則是朝鮮特別需求的經濟效果，使得第一代的經濟團體連合會（經團連）的會長，以「天佑神助」來形容當時的景氣。第三，韓戰也促成了，可以提早締結與日本講和條約的背景。雖然美國國防部軍方，早就思索日本長期佔領論的可能性，但是和國務院為主的早期講和論對立。在此錯綜的議論中，韓戰的爆發更加促進了，早期講和論的契機[25]。

共產主義勢力的侵略及擴大戰爭的事實，促使強化亞洲反共封鎖體制的必要性，成為美國更迫切及現實的問題。因此，美國必須早日和再生的日本，構築嶄新而緊密的關係，也因此更迫切希望日本在經濟上、政治上擁有自主的獨立能力，得以順利回歸國際社會。換言之，戰後早日實現對日本的講和，成為美國決定遠東策略時，不可或缺的前提條件。

早期講和的實現

韓戰的爆發仍有諸多需要擔憂的因素，不管白宮也好，國務院或國防部也好，美國當局都忙於戰爭的處理，根本沒有多餘時間，可

---

24 加藤文三，《日本近現代史の發展 下》，新日本出版社，1994年，頁121。
25 鳥海靖・松尾正人等編，《日本近現代史研究事典》，東京堂出版，1999年，頁358。

以應付繁雜的講和條約，因此把講和條件暫時擱置到戰爭結束後才處理，應該是極為理所當然的作法。也因為韓戰是美國意料外的戰役，美國在完全沒有預期的情況下進行戰爭；這也是美國的陸上部隊，在亞洲大陸從未有過戰鬥經驗的戰爭。甚至，中國軍隊大量的參戰，對美國也是極為難以預料的未知數[26]。

　　想到以上諸多原因，就可以完全理解，為何美國在此時段，無暇顧及對日的講和。而且為了對外講和的事先準備，對日、英、蘇，及對中外交關係的考量；其中還包括北京政府和台北政府，以及其他困難的折衝因素。同時，政府也需要應付議會及媒體的準備工作，讓人感到意外的是，即便面臨這麼多的因素，美國最後仍然貫徹了，對日早期講和的方針。之後，美國雖然面臨越戰的難題，也從沒有因為一時短期的利害，而耽誤長期的基本國家利益。

　　雖然後續產生紛擾，也是在意料中，但是早期的講和，所帶來的價值仍然遠大於缺點。其中，雖然少了蘇聯和中國的允諾，美國還是在 1951 年（昭和 26）9 月，締結了「舊金山和平條約」。條約的內容，以領土為優先考量，承認朝鮮獨立、決定放棄台灣和澎湖群島、千島列島和南樺太等地，琉球和小笠原群島則歸為聯合國託管。緊接而來，就是依照聯合國憲章，擁有各別或集體的自衛能力，以締結集體的安全保障；此關於安全保障的思考，顯示了美國對於日本的重整軍備，或企圖加入相互援助體制的意圖。

　　美、日締結安全保障條約的同時，也確定對於第三國的教唆或干涉，引起任何內亂或騷擾時，美軍可以出動駐留軍隊，以確保亞太地區和平；這般作法也大大決定了，美國在此廣大區域具有絕對的支配權。因此，日、美設立了行政協定，以確保美軍配備可以放置於日本本土，認定大範圍駐留軍的軍事協助義務，也包含了治外法權的內

---

26 同前揭書，357，

容。1952 年（昭和 27）講和條約生效的隔天，日本和台北的蔣介石政權也締結了「日華和平條約」，同年 5 月也和印度締結講和條約。但是，拖延到 1956 年（昭和 31）才恢復日、蘇國交，也在 1972 年（昭和 47）恢復日、中國交正常化。

　　從美、蘇東西冷戰開始，直到蘇聯共產主義的全面性終結為止，圍繞著關於日本安保體制贊否的對立，在國內持續了很長的爭議[27]。然而，就算扣除這些負面的遺產，早期在韓戰方酣當中，締結的多數講和條約，對之後日本及美國的國家利益，甚至對於亞洲及世界的和平安全而言，即便到了半世紀後的今天，應該也沒有人懷疑吧！日本國內為了避免重新武裝，仍然堅持日、美安保體制的姿態，從早期講和時期日、美交涉階段的合意迄今也未曾改變。眼前，從世界區域體的結構來判斷，世界的主要問題因素在亞洲，而亞洲的問題，又包含了台海的安定性，顯然也是一個無庸置疑的事實。

第三節　舊金山體制和日本國內情勢的發展

全面講和與重整軍備的反對運動

　　對日講和條約不但對太平洋戰爭具備法律效力，與戰後「冷戰」局勢也有極大的關連。當時，美國不採用全面講和的方式，僅以分散晉級的模式，與蘇聯和中華人民共和國各自進行講和。此舉違背了「波茲坦宣言」，甚至講和之後，仍然將基地持續駐留於日本國內。

　　1950 年（昭和 25）9 月，韓戰爆發之後，美國總統杜魯門為了加速講和，任命達拉斯為全權大使。隔年 1 月，達拉斯將沖繩和小笠原從本土切割，以美國託管的形式，主張以「佔領軍若完全撤離，日

---

[27] 同前揭書，頁358。

本將成爲軍事的眞空地帶，容易招致共產主義入侵」爲理由，美軍持續駐留日本國內。但是，駐留美軍和當地居民，因爲文化認知的差異，也成爲日後發生許多爭端的隱因。

當時，日本國內財經界，經團連、商工會議所、經濟同友會、日經連等八大團體，以美軍的國內駐留和日本重新武裝等內容，連結日本獨佔資本模式的意見，向達拉斯遞交關於講和條約的需求書。其他，蘇聯和中國，甚至印度、菲律賓、澳洲等國，對於美國向日本提出，遠東最大的美軍基地駐留、日本重整軍備案等構想，皆擺出反對的態度。沖繩人民也因爲反對講和條約，開始發起祖國回歸運動；1950年（昭和25）9月，沖繩知事選舉，在親美派和祖國回歸派兩派競爭下，最後由祖國回歸派當選[28]。

1951年（昭和26），沖繩人民黨和社大黨決議，仍然全力推動回歸運動。同年1月共產黨、勞農黨、私鐵總運等四十個勞動組合和民間的九十間企業，組成「全國講和運動全國協議會」，開始朝著「全面講和、中立和反對軍事基地」的三個面向努力。但是，中間還是經過轉向，不到一年的時間，變更成爲：全面講和、中立和反對軍事基地及反對重整軍備的四條原則[29]。

吉田內閣與「舊金山和約」

戰後，美國擔心亞洲共產勢力抬頭，因此希望在遠東設立據點，所以退出佔領日本後，以積極地態度進行對日講和條約。但是，共產主義陣營對於與日本講和，卻是秉持消極的態度。因此，以美國爲中心的自由主義陣營間的態度，變成極端重要的因素。甚至，日本國內也是存在兩派主張，就是自由陣營和共產陣營之間的講和論，與單獨對自由主義陣營講和的單獨講和派，因爲兩派之間意見差距太

[28] 加藤文三，《日本近現代史の發展 下》，新日本出版社，1994年，頁138-139。
[29] 同上。

大，導致對立加深。

　　1951 年（昭和 26）9 月初，對日講和會議在美國舊金山舉行，日本全權代表是吉田茂。參加講和會議的五十二國之中，蘇聯、波蘭以及捷克的三國，認為有可能再招致新的戰爭而拒絕簽字；而且日本的侵略戰爭，受害最深的中國卻沒有被邀請。「舊金山和約」的締結，除去大部分受害最深的亞洲各國，和蘇聯及東歐諸國，僅僅只和美國單獨簽訂。內容的第一條是與簽訂國之間，主張戰爭結束的宣言，第二條則是承認朝鮮獨立，日本放棄千島列島、南樺太和台灣的主權，但是講和條約中並未明示歸屬哪裡[30]。第三條中明訂，沖繩和小笠原是隸屬美國的信託管理地，實際上就是美國的領土。而且在第五條中，還承認日本與集體安全保障條約中的軍事同盟關係；更在第六條之中，主張佔領軍必須在九十天內撤退，但是必須承認外國軍隊的駐留。

　　配合第三次吉田內閣的講和內容，其他還包括期待在締結講和條約之後，聯合國軍隊退出日本，可以持續和美國會談，有關日本國內駐軍的問題。因為擔心戰後亞洲共產勢力的擴張，美軍希望締結「日美安全保障條約」，企圖安定遠東。雖然受到日本社會黨的反對，但是社會黨和反對講和的日、美安保的左派，以及主張贊成派單獨講和，並與對日、美安保持反對意見的左派正式分裂[31]。

　　1951 年（昭和 26），終於締結了「舊金山和約」，隔年 4 月即刻生效，聯合國軍隊的日本佔領，也正式畫下休止符，日本得以回復獨立的狀況。也在締結舊金山和約的同一天，日、美同時締結「日美安全保障條約」，以此條約為基礎，依照日、美行政協定，日本提供美國駐守國內，得以建立美軍基地，並且分擔駐留費用；此問題延續

---

30 同前揭書，頁140。
31 蒼山滿，《總圖解 日本的近現代史》，新人物往來社，2010年，頁258。

194

到今天，仍然是日本國內爭議的癥結。

加入國際聯盟

遵照 1951 年（昭和 26）「舊金山和約」的講和程序，日本維持了獨立的立場。美中不足的，只是單獨和美國談和，並未與共產主義國家談和；與這些共產主義圈的國家，特別是參戰的各國進行講和程序，成爲戰後日本外交的一個重要課題。尤其，對於是否確實返回國際社會，對於加盟國際聯合組織，並參加各種活動，更是必須獲得聯合國安全保障理事會中，擔任常務理事國蘇聯的同意。

但是，蘇聯對於日本積極講和的企圖心根本不理不睬，而且日本向聯合國提出加盟申請時，蘇聯甚至還發動拒絕其加盟的聯署。聯合國安全保障理事會的常務理事國，包含美國、英國、法國、中華民國和蘇聯的五大國。其中美國和英國，在「舊金山和平條約」中，已經處於結束戰爭的狀態；中華民國則在 1952 年（昭和 27）訂立「日華和平條約」，正式結束戰爭，剩下的就是與蘇聯的外交交涉。

1955 年（昭和 30）二月的選舉結果，鳩山民主黨持續結合恢復日、蘇國交，以及改善日、中貿易爲宗旨的和平外交政策；雖然國民對於對美一面倒的外交情勢感到不滿，但是確實達成獨立的憲法修正，重整軍備的氣勢，成爲日本第一大黨[32]。戰後的鳩山內閣，極力採行自主性的外交模式，而且積極改善與共產諸國之間的關係。戰後日、蘇的交涉，有關鄂霍次克海的漁業，以及北方領土的問題，仍然面臨了短時期的交涉困境[33]。直到 1956 年（昭和 31）10 月，鳩山首相前往蘇聯首都莫斯科，日、蘇兩國締結了「日蘇共同宣言」，才正式結束戰爭的狀態。

因此，以往被拒絕的聯合國加盟，也首度獲得蘇聯的首肯，同

---

[32] 東京大學教養學部日本史研究室編，《日本史概說》，東京大學出版會，2000年，頁295。
[33] 蒼山滿，《總圖解 日本的近現代史》，新人物往來社，2010年，頁260。

年 12 月正式承認日本加入聯合國的申請。雖然簽訂了「日蘇共同宣言」，但是北方問題仍然停滯沒有解決，此問題持續至今，依舊是日、蘇兩國間難解的課題。日本加入聯合國之後，鳩山引退，保守黨隨即實施首相公選，結果是石橋湛山就任首相組閣。但是，石橋也以健康問題請辭，隔年即由岸信介組織內閣。岸信介主政的基本方向，對美一貫協調的方針，以及壓抑革新勢力，和強化保守政權的種種作法，仍然持續不變。

國民性運動的發展

隨著國外情勢的大變動，1950 年代日本國內也發生了幾次的國民性運動。首先，是針對「日美安保條約」中，義務提供軍事基地讓美國使用的法案。日本外務省（外交部）正式發表，除了沖繩之外，1952 年（昭和 27）的基地數，半年內從原有六百一十二所，增加到七百三十三所。除了軍事訓練所帶來日常生活的困擾之外，因為日、美文化的差異，影響市鎮的風紀，也帶給日本當地居民廣大的影響。日常生活磨擦中，反映了諸多問題，民間開始有反對的聲音。

同年，因為政府擅自將石川縣居住地，變更為官方永久使用地，引發了當地村民、勞動者和學生的抗爭。隨後在金澤地區，也發生官方與漁民間的衝突；在兩天之內匯集了共產黨、左派社會黨、全學運和知識分子加入抗爭[34]。基地的抗爭，雖然尚未達到足以收復權益的效果，但是安保抗爭的風潮很快遍及全國。甚至，關於群馬縣的淺間山和妙義山之間，演練場的使用問題，即便東大地震研究所持反對意見，政府仍然罔視民意與美軍達成協議；透過媒體的發表，讓整個安保鬥爭風潮遍及全國。

隨著韓戰的休戰，國內軍事產業的勞動者，遭受失業的狀況日趨

---

[34] 加藤文三，《日本近現代史の發展 下》，新日本出版社，1994年，頁162-163。

嚴重。因為國內經濟失調，政府打出「合理化、技術革新」的方針，形成獨佔資本的狀況，不但擠壓了傳統技術人員，更加導致國內失業者倍增。其他，戰爭時期發達的礦產重工業，也在戰後因為需求改變，而經常爆發勞資糾紛。整個勞動市場，因為需求和勞資的改變，形成全國性工會組織的大異動，當時勞動者和家族企業之間的抗爭，可說是戰後勞動史上最大的規模[35]。此時，也是勞動者人權最受矚目的時期，其中包括女性勞動者職場權利的抗爭，如：「承認結婚的自由」、「私人信件的開封」等，透過勞動組合全力爭取，獲得包含二十三項目的要求。隔年開始，藉著「日本婦人團體聯合會」、「地婦聯、婦人民主組織」等組織相繼成立，更強大的婦人聯盟在全國各地遍地開花。

　　隨著社會的大變動，改變全國政黨比例，完成了「五五年體制」。1955 年（昭和 30）在第二十七屆的選舉中，民主黨成為第一大黨，自由黨的席次驟減，保守黨也大幅後退。其中，共產黨又因為在修改憲法的爭議中，以革新的面貌大幅前進，最後成為全民性的組織。當時，因為勞動界的大變動，擴張成為「總資本與總勞動對決」的經濟鬥爭模式；而且在同年春天，展開了產業別統一工資的「春鬥」。

　　同年 7 月，在日本共產黨舉行第六回全國協議會議中，蘇聯和中國涉入干涉，強力批判黨的分裂、極左冒險主義、宗派主義、黨指導的官僚性的個人主義等，並且在會議中強調了統一戰線的觀點，以制約及規定黨的規律等指導為原則。到了 1958 年（昭和 33）舉行的第七次黨大會中，日本共產黨確定了，以回復黨的團結和統一路線的路線[36]。1955 年（昭和 30），左右兩派的社會黨，也各自舉行臨時大會，在「日本社會黨綱領」的前提下，針對當時國內安保和非武裝中

---

[35] 前揭書。
[36] 前揭書，頁163。

立等原則，採決統一決議以達到共識。

1957 年（昭和 32），左右兩派的日本社會黨合而爲一，也幾乎在同一時期，因爲選舉的保守勢力後退，導致國內金融界對政局感到非常不安。金融界以「政局的安定」爲基準，爲了強行推動軍國主義復活的反動政策，要求民主與自由兩黨嚴守「保守合同」的方針[37]。經過團連、商工會議所、經濟同友會、日經連等四大團體，也決議採用「保守合同」的方式獨佔資本，向政黨獻金的作法，財政界此般的作法，導致民主和自由兩黨合併成爲自由民主黨[38]。之後，日本政局的基本動向，成爲皆以自民和社會兩黨的「兩大政黨制」；基於「兩大政黨制」的支配體制，自民黨一黨獨大的「五五年體制」也由此誕生。

近代教育的展開與戰後教育法案的抗爭

日本現代化教育的設定，完全以國家主導的國民教育爲目標，而且是依照現代化的理念，克服傳統與現代化教育的摩擦，以彰顯日本的獨立性。早在 1872 年（明治 5），日本即開始啓用「學制」，經過 1879 年（明治 12）制定教育令以來，直到 1881 年（明治 14）制定「小學校教則綱領」爲止，第一代教育大臣森有禮，已經很清楚地規劃，各學校的基本學制骨架。1890 年（明治 23）井上毅和元田永孚更是起草了「教育勅語」，進入明治 30 年代，終於完成了初等教育轉至高等教育的體制，帝國現代化教育體制，已經達到一定的程度。

1918 年（大正 7），文部省開始制定「大學令」，期待擴充中、高等教育設施。雖然，教育制度順暢進行，卻也呈現出教育的僵硬性與畫一性等極權教育的特質。但是，這也是日後在大正民主主義高漲的氣勢中，得以發展大正新教育運動的契機。進入昭和時期，基於戰爭的考量，需要強化戰時體制，教育傾向「皇國之道」般的帝國主義

---

[37] 遠山茂樹等著，《昭和史》，岩波新書，1997年新版，頁258-259。
[38] 加藤文三，《日本近現代史の發展 下》，新日本出版社，1994年，頁163。。

色彩；教科書以及教育現場，不斷強調「練成」、「修練」等目標。甚至進入太平洋戰爭時期，在戰時教育改革方針下，整合中等學校的內容，延長了義務教育的年限，更是積極進行戰時的教育改革。但是，因爲時局的惡化，眞正教育的改革，卻是延至戰後才開始。

　　1956 年（昭和 31），鳩山內閣在第二十四屆國會中，陸續提出國防會議法案、小選舉區法案、新教育委員會法案以及教科書法案等法條。其中，教科書法案就是規定由上選定教科書，主張從教師手中，奪取決定教科書的權力；爲了讓此案通過，民主黨預先提出範本，攻擊當時使用的教科書。而且，在新教育法案中，全國都、道、府、縣的教育委員會，採取公選派任制度，極力要求強化教育爲國家統治的方針。對此兩案的採決，包括日教組、全國中、小學校長、日本教育學會和全國的教委，共有十四個團體極力反對[39]。也因爲日本海內外的反對，導致法案在會期無法順利通過。

　　同年 6 月 2 日，鳩山內閣卻在眾議院院內，引入五百名警官隊，強行通過教育委員會法和國防會議法，並且廢除小選舉區制法案，和教科書法案。此番欲圖強行通過法案的結果，導致全國中下勞動階級自我意識覺醒，8 月的總評大會中，整個路線朝著「不與共產黨共鬥」的反共路線前進[40]。在第二十四屆國會結束之後，鳩山內閣仍然企圖在地方採取強制性活動，卻因爲遭受當地的勞動者和學生，以及在地居民的極力反對而作罷。但是，在廢案的教科書法案中，仍然創立日本文部省（教育部）的教科書調查官制度，同年 10 月即任命村尾次郎爲調查官，開始實施「教科書檢定制度」。

---

[39] 加藤文三，《日本近現代史の發展 下》，新日本出版社，1994年，頁166。
[40] 井上清，《日本的歷史》，岩波新書，1999年，頁244。

第四節　安保改訂及反對鬥爭

安保改訂鬥爭及知識分子

　　國土恢復獨立後，吉田內閣施政，打出「經濟復興」和「增強防衛力」的兩大主軸。1952 年（昭和 27），警察預備隊改組成為保安組，同時新設海上警備隊。1954 年（昭和 29），美國為了對外統括的相互安全保障法（MSA），而與日本締結了 MSA 協定。日本從美國得到軍事、經濟援助的同時，企圖增強自衛能力，並且整合保安隊和海上警備隊，往成立新的航空部隊及設立自衛隊的目標邁進。

　　「日美安保條約」的內容，本來就是強化日本的防衛力，一開始規定是美軍的駐留權，以及治安出動權。但是美方並沒有明記，有關防衛日本的義務及期限，依照內容判斷，根本不算是兩國的對等條約。因此，在岸內閣任內，日本以提高國際地位的前提下，開始設定條約改正的問題。終於在 1960 年（昭和 35），以岸信介為首席的談判團，開始著手討論條約改正的細節。新安保條約內明確指明，美國對日本的防衛義務，而且清楚的在條約中，註明在日美軍的軍事活動上，必須經過兩國事先協議；而且必須是在促進日、美經濟力的前提下，明確將新安保的期限訂為十年[41]。

　　因為「日美安保條約」的不對等性，日本國內開始對條約內容有意見。首先是日本共產黨持續性地，以大眾集會和動員抗爭遊行的方式，向國會提出請願聯署運動，這是新安保鬥爭的開始。各階層的反對運動，集結廣泛大眾的要求，擴大強化地區共鬥的力量，的確是阻止安保條約的基本原動力。但是，民間未曾真正理解，新安保條約的內容，實際上比舊安保條約更加有利的真實狀況，因此抗爭至今仍然

---

[41] 加藤文三，《日本近現代史の發展 下》，新日本出版社，1994年，頁180。

持續著。

　　1960 年（昭和 35）4 月 26 日的第十五次的統一性行動，是安保反對運動的轉機。在參議院上呈有關「國會周邊禁止一切的反對運動」的旨意，警視廳也在首都公安條例中，不認可在國會周邊一切的反對運動。最後，演變成可以行使憲法保障的請願權，請願運動在參議院的上呈會議之後，眾人聚集在日比谷、清水谷等舉行抗爭活動，最後擴大成為大型的抗爭活動[42]。抗爭持續到 5 月，自民黨決議，在美方代表預定 6 月來日之前，欲成立安保條約，數千警官和多數的裝甲車包圍國會周邊，導致自民黨的會期，延長了五十天之久，最後決議採取新安保條約。

　　到了 5 月 19 日，在國會周邊聚集了二萬人的反對運動者，包括勞動者、學生和市民。首都的抗爭活動，一直持續到隔天，短短兩天的時間，演變成為全國文化界和知識分子聚集在國會周邊，估計大約達到十七萬人的空前國會抵抗運動。文化界的大江健三郎、石原慎太郎、江藤淳、羽仁進等人組織了「日本年輕會」，也舉行各種重讀民主主義的讀書會，作家、音樂家、畫家、影視界或年輕歌手等，結合大約三百人聚集於國會前。當時，警察已經失去控制國會周邊的制約能力，岸內閣雖然高舉「保護民主主義」的旗幟，但是壓倒性多數的國民，對岸內閣提出不信任及反對的立場。全國的反抗安保運動持續，到了 1960 年（昭和 35）的夏天，全國地區共鬥達到二千件，日本的統一戰線隨著中央國民會議達到具體的形式[43]。

新安保鬥爭的延續及岸內閣的下台

　　很快的，第二波鬥爭開始之後，全國的民間組織二十四小時介入，連當時的美國大使館也被包圍，打倒岸內閣、解散國會的口號響

---

[42] 同前揭書。
[43] 同前揭書，頁181。

徹雲霄。以統一行動進行破壞的唐牛健太郎和眾多學生，和各個團體合流，以破壞民主勢力為理由，計畫闖入國會，一時之間國會附近湧入對抗的人潮。警衛隊對聚集於國會附近的學生、大學教授和新聞記者等群眾，進行包圍和逮捕。因為彈壓的反彈效應，引發暴動及流血慘事，也更加引發全國多數民眾的激憤。經濟同友會的岩佐凱實深感事態嚴重，極力主張岸內閣下台，甚至也出現解散國會的言論[44]。

雖然，6月19日「新安保條約」自然成立。但是，大約在成立之前，國民會議在國立劇場的預定地，舉出「打倒岸內閣、要求解散國會、阻止安保條約、抗議不當彈壓國民大會」的招牌，聚集了三十三萬多人的群眾繼續抗爭。甚至也有三萬人，手挽手徹夜坐在國會的周邊，當天國會的上空，布滿緊急待命的直升機和自衛隊。又因為全國公私立大學學費上漲，有志學生抵制學費的調升，以及要求校園民主化，各大學的全共鬥結合新左翼，開始了大規模的武力鬥爭，大學運動因此而起。全共鬥的學生強硬要求大學校方進行「集體談判」，並且在無法配合的大學內，以路障等強硬手段封鎖校園。

日本學園紛爭的範圍遍及全國，在最高峰的時期，東京都內甚至有五十五所大學遭到封鎖，後來發展成極為嚴重的社會問題。1968年（昭和43）3月，東京大學甚至發生安田講堂事件，學生廣為討論馬克思主義思想，學生和校方之間發生衝突，當時東大校長大河內為了此事件下台，安田講堂因而閉鎖了二十年；東大事件在當時的知識分子心中，留下非常深刻的記憶。

沖繩的本土回歸與美國的政策

1945年（昭和20）4月，美軍在沖繩登陸，連續的陸上作戰，到6月為止與日本帝國軍隊展開了組織性的戰鬥，沖繩也在此戰役

---

[44] 同前揭書，頁184。

中，犧牲了許多非戰鬥人員。犧牲人員大多是學生或學徒，其中男生視爲鐵血勤皇隊，女生則是臨時編列的學徒隊。之後，沖繩成爲美軍佔領下的內地，設有軍事的基地。從大東亞戰爭開始到沖繩之戰的過程，美國強烈認識到地政學的重要性。因此，美國開始認眞檢討，在菲律賓和台灣、中國大陸、朝鮮半島等距離的沖繩，長久性設立軍事基地的可能性。

1945 年（昭和 20），美國太平洋軍艦司令長官在沖繩設立軍事政府，並且對日本提出在當地行使行政權無效的宣言。1953 年（昭和 28），奄美群島在回歸本土後，連帶也讓沖繩的回歸運動得到鼓舞，致使當地組成了沖繩縣祖國回歸協議會。在 1968 年（昭和 43）的琉球政府主席公選中，訴求本土回歸的屋良朝苗當選，同年小笠原群島的施政權，從美國手中回歸日本。有關沖繩的問題，於 1967 年（昭和 42），美、日代表佐藤和尼克森舉行會談。經過持續的努力，終於在 1971 年（昭和 46），日、美訂定沖繩返還的協議，隔年 5 月正式將施政權歸還給日本。

有關沖繩返還的交涉，包含美軍基地的存續，以及非核武器等問題，圍繞著返還之間的重要細節，始終是日、美會談的重點。日本國內各個政黨，不管社會黨或是共產黨等，都爲了日、美安保問題交換很多意見。特別是在美方要求下，「新安保條約」時間的自動延長，以及沖繩駐軍期間，費用負擔等協定。1971 年（昭和 46），日、美雙方締結「沖繩返還協定」，雖然日本政府大力宣傳「去核・與本土並列」；事實上是以「本土的沖繩化」爲目標，已經將沖繩放在美國侵略戰爭的最前線。甚至，美國認同日本在「有事」的前提下，允許擁有核武能力的條件 [45]。

「沖繩返還協定」簽訂後，日本國內呈現不安定的狀態，同年

---

45 加藤文三，《日本近現代史の發展 下》，新日本出版社，1994年，頁212。

11月自民黨在眾議院成立沖繩特別委員會，強行將協定合理化，此舉也引起了全體國民的憤怒。隔年，沖繩縣民驚覺生活不如本土，而且派自衛隊駐留的舉動，讓縣民的反感一觸即發。很快地，廢除琉球民政府，取而代之的就是沖繩縣，正式將沖繩縣納回日本的領土。至此，日本國民針對沖繩問題的抗爭，進入一個嶄新的時代。

第九章　高度成長中逆流的抵抗

第一節　高度成長的日本

日本的高度成長政策

　　所謂的高度成長，指的就是國民生產總值 GNP；或者國內生產總值 GDP 持續的急增，年率增加率多出百分比就是高度成長。戰後 1950 至 1960 年代，被視爲典型的經濟成長期，日本的 1960 年代，甚至被稱爲「黃金的六十年代」；而且在先進國家普遍經濟成長率都高升的年代，日本的經濟成長率，可說在國際上表現最爲出色[1]。

　　戰後，在池田內閣第二十九屆總選舉時，打出「所得倍增計畫」的成長政策。預估若是 1950 年代後半，急速的經濟成長可以持續維持的話，到 1970 年代爲止的十年間，假設國民所得倍增以 1956 年到 1958 年的基準計算，1970 年國民總生產（GNP）就可以達到二‧六七倍，等同每人的國民所得，可以達到二‧四倍之多。所謂的國民所得，就是一國在該年新增的價值總計，將新設的大工廠或公司的利潤，和勤勞者的工資加總後，連結「一人該當的國民所得」，賦予百姓眾人月薪兩倍的幻想[2]。

　　到了池田勇人內閣時期，在政治上避免對立的前提下，對革新勢力擺出寬容和忍耐的態度；爲了促進高度經濟成長，打出所得稅倍增的政策。對外則因爲戰後復興，簽訂了佔領救援資金，以及佔領區域經濟復興援助基金，一切以經濟復甦爲優先。同時，政府在「政經分

---

[1] 麥迪生著，金森久雄監譯，《20世紀の世界經濟》，東洋經濟新聞社，1990年。

[2] 加藤文三，《日本近現代史の發展 下》，新日本出版社，1994年，頁190。

離」的政策下，擴大與當時尚未有國交關係的中華人民共和國的貿易關係；1962 年（昭和 37）高碕達之助和中方代表廖承志達成協議，以國交準貿易的方式促成雙方的經貿關係。

其次，就是貿易自由化，1964 年（昭和 39），伴隨著經濟成長，國際貨幣基金移交八國，企圖執行貿易自由化的方式；同年日本也加入經濟合作暨發展組織（OECD），履行國際社會上，要求必須資本自由化的義務[3]。相對於 1959 年（昭和 34）的國民總生產額，到了 1969 年（昭和 44）則增加了將近四倍；從世界第六，追過義大利、法國、英國、西德，僅次於美國成為第二，在世界資本主義的歷史中，創下史無前例的成長紀錄。其中，特別矚目的鋼鐵、電器機械、自動車、石油化學等「成長產業」，因為設備投資額的 63% 集中在此。可以說，日本資本主義的產業構成中，重化工業的比例，佔了 65%，呈現快速的成長。

回顧當時的重工業，譬如：1960 年（昭和 35）石川島重工業和播磨造船所合併成為石川島播磨重工業，這是日後日本國內大型工業合併的先例。到了 1964 年（昭和 39）三菱重工業合併，之後又有八幡製鐵和富士製鐵的合併，成為新日本製鐵，這些大企業的合併，累積增加生產線的資源，成為具備國際規模的大企業。根據調查，在高度成長之前的 1956 年（昭和 31），全球大企業中，還看不到日本企業的縱影。但是到了 1970 年（昭和 45）之後，從八社增加到十二社，新日鐵、日立製造所、豐田汽車、三菱重工業、日產汽車、松下電器等大企業，陸續進入世界大企業的排行榜；這是日本經濟全盛的時代，日貨的精緻耐用，獲得世界各地民眾的喜愛[4]。

戰後廢墟中成長的日本，可以在短短時間內，站上世界舞台的原

---

3 蒼山滿，《總圖解 日本的近現代史》，新人物往來社，2010年，頁266。
4 加藤文三，《日本近現代史の發展 下》，新日本出版社，1994，191頁。

因，不外乎是集中資本和獨佔強化的結果。戰後得以從重工業的領域復甦嶄露頭角，也是戰爭時期，政府著重於軍需工業所打下的基礎。到了 1969 年（昭和 44），資本金十億日圓以上的企業，全國達到一千九十九社，幾乎占全國企業的 0.1% 左右，但是卻佔了法人資金的 60%。國民生產額從第六上升到第二，這些大企業的盈利，達到將近五倍成為世界最高，然而工資卻不到二倍[5]。

　　但是，經濟的高成長也面臨許多負面效應。譬如：物價上昇，公害和交通的擁擠，甚至教育的荒廢等問題都層出不窮。進入世界舞台的日本大企業，在與國際企業競爭的過程中，也確實學到一些美國式的管理。商場上輸入「合理化」的新式經營方式，包括對勞動者的管理等；整個企業文化的改變，不單只是商場企業生態的改變所帶動的企業精神，與傳統的日本模式也顯現出極大的差異；此番價值觀的改變，直接影響了 1970 年代後的日本社會。

設備投資和技術革新

　　日本經濟的成長機制，從戰前的 1930 年代就已經啟動。此經濟成長的特徵，並非勞動人口的增加，而是當時勞動生產機制所致[6]。換言之，勞動生產的提升，就是技術進步所致，可以歸功於因為西化導入革新的技術，以及持續創新製作的過程，旺盛的民間企業對設備的投資為其原動力，以上現象也是目前幾乎所有研究者公認的事實。日本「經濟白皮書」中，將以上諸多過程的表現，定位為「投資帶來投資」的類型也是眾所周知。可以說，戰後 1960 年代開始，日本國內展開了設備投資主導型的經濟成長。

　　至於，為何造成投資民間設備的旺盛？可以從歷史變遷中了解，由於戰災設備已經被破壞，或是老舊不堪使用，包括戰爭復員者

---

[5] 同前揭書。
[6] 中村隆英，《戰前期日本經濟成長の分析》，岩波書店，1971年。

勞動人口的急增等「戰後性」因素，但是並不具備使經濟成長的機制[7]。學者指出，即使成長過程的障礙減少，也不足以說明設備投資本身的問題[8]。甚至，近代經濟學者也認為，因為理論上認定，技術進步為外生理論模型的緣故。學者普遍注意到，關於日本國民能力的向上成長，論及技術進步的速度，追根究柢和日本中世以來，日本民族重視傳統手工藝的特性也是息息相關的[9]。顯然，除了考慮戰後的社會變動之外，也必要從技術和民族性，去探討整個問題的癥結。

自由經濟需要市場的競爭，加上謀求高利潤的需求，所有的主要產業，必須進行設備投資。轉型所需的資源也並非只是單向，擴及的層面也相當大。甚至，許多研究者也體認到，必須體現技術革新的設備投資，更要積極導入以美國為主的外國技術。因此，若由生產等同供應面來判斷，或是由需求面來說明的話，注重美國發展的資源，重視多消費型的大量生產制度，具備優越且高度的生產效率，就形成非常重要的因素。而且，資源能源價格高，相對的地價也高，初期市場規模為美國的二十分之一的條件該如何解決，也是必須先思考的重點。

考慮資源能源價格高的狀況，為了降低成本，優先考慮把工廠建築於臨海地區；革新海上輸送制度，在實現輸入廉價能源的同時，可以促進生產制度的改良，在新產品開發面上，亦足以累積節約能源的技術革新[10]。除了能源的考慮之外，日本領地狹小的侷限，如何克服高地價的問題，學者指出如鋼鐵業利用廣大土地的產業，列為典型開發小型的工廠設計；土地高度化利用且小型化的結果，則可以提高工廠的管理，以及增加營運制度效率化[11]。至於，針對第三市場規模小的狀況，美、日學者共同提出，必須迅速開發新產品，以有效率的開

7 大內力，《日本經濟論 上》，東京大學出版會，1962年。
8 橋本壽郎，《戰後の政治經濟》，岩波新書，1995年。
9 下村治，《日本經濟成長論》，金融財政事情研究會，1962年。
10 橋本壽郎，《日本經濟論》，ミネルヴァ書房，1991年。
11 井恒彥‧橋本壽郎編，《革新の經營史》，有斐閣，1995年。

發多種品種的小量生產制度等策略來對應[12]。

外出勞動與離鄉人數的增加

1960 年代以來，連結池田內閣任內的「農業基本法」，經過眾議院自民黨和民社兩黨強行表決後，成立了「農業構造改善事業」的基準，導入規劃大型的農具，計畫轉換全國蔬果和畜產成爲大型規模的農業。諸多法案改革的結果，幾乎全國 70% 的中農和小農無法持續，必須另謀生存。在池田內閣任內，打出所謂「貿易自由化」的策略，因此全國中小企業，受到國際型大企業競爭的擠壓，甚至因爲輸入美國農業剩餘農產品的影響，完全擠壓到日本的農業結構。

隨著農業型態的改變，導致農民生活困苦，必須另謀生路否則無以維生。從 1960 年代到 1970 年代（昭和 35 至 45），日本農產品的自給率，從原來的 90% 急降到 76%，其中穀物從 83% 驟減降到 48%。因爲海外香蕉、檸檬的大量輸入，影響到國內蘋果、柑橘類的生產；甚至畜產的養雞業，也因爲國外進口飼料的增加，導致農業生態整個變動[13]。由於學校中的營養午餐，停止供應國內生乳製品，取而代之的是美國的脫脂奶製品，使得本地畜產農家遭受嚴重的打擊。

根據統計，1955 年（昭和 30）勞動人口佔 37%，到了 1968 年（昭和 43）勞動人口足足下降了 20%，甚至到了 1975 年（昭和 50）又遽降爲 12%，等同於在二十年間下降了三分之一。如此生態中，整個社會生活型態大大改變；女人必須外出工作，也出現必須到工廠打工的模式，「農外就勞」的現實，直接面對的就是家庭生活解體的危機，連帶造成的社會問題也層出不窮[14]。

延續 1960 年代以來，產業結構的變動，離村外出工作的人口增

---

[12] 藤本隆宏，《生產システムの進化論》，有斐閣，1997年。
[13] 加藤文三，《日本近現代史の發展 下》，新日本出版社，1994，192頁。
[14] 同前揭書。

加，加速了從 1970 年代之後，所發生日本農村的疏離化，以及都市人口過於集中化的問題。外出勞動和離鄉人口數，在 1960 年代都市化的過程中，可以接受就業的人口，唯有商業大樓、工廠、高速公路和新幹線等建設需要勞動力，政府更在 1962 年（昭和 37）10 月拋出「全國總和開發計畫」。

高度成長中，即便社會瀰漫著緊張不安的氛圍，日本還是舉辦了兩次的大活動。首先是東京奧林匹克，另外就是 1970 年（昭和 45）在大阪千里舉行的萬國博覽會。萬國博覽會所展示的是世界一級的科學技術，介紹各國事情的世界最大型的博覽會。根據統計，以「人類的進步和調和」為題，為期一百八十三天的展示，共計七十七個國家，也是史上最多國家參加，展現了大約六千四百多人入場的盛況。國際級博覽會的展覽，不只展現日本戰後的實力，也帶動整體經濟的成長，同時更具體改善了大阪周邊的交通體系；不但活化了國內的區域經濟，也帶來了阪神地區交通網絡連結的順暢。

第二節　日本國內的變動

經濟泡沫化的日本

1956 年（昭和 31），日本加入國際聯盟，這是一個返回國際社會的指標。戰後經過總總的努力，日本自認戰後的復甦，已經達到令人滿意的程度。當時，在日本經濟白皮書中，自認已經脫離戰爭後的困境。景氣復甦的過程中，有以下幾個相對性的年代，可以說明日本景氣復甦的實況。

首先是 1950 年到 1953 年間（昭和 25～28），指的是日本的特需景氣時期，其次是 1955～1957 年（昭和 30～32）間的神武景氣時期；之後的延後景氣時期，指的就是 1959～1961 年間（昭和 34～

36）的好景氣。換言之，完成三期階段性成長的日本，1964 年（昭和 39）在池田內閣時期舉辦奧林匹克，以及之後經過佐藤內閣的努力，透過高度經濟成長，經濟景氣達到高峰，亦將日本推向國際社會的頂端。但是，1973 年（昭和 48）第四次中東戰爭的爆發，引起的石油危機，也讓日本面臨了零成長的時期，這正是日本迎接低成長的時代。至於國內政治隨著經濟變動的影響，在 1955 年（昭和 30），靠著左右兩黨的統一和保守派的自由民主黨結黨，維持了安定的保守政權；以及靠著只有阻止憲法改正的議會席次，在國會延續了，與革新勢力對立的「五五年體制」。

亞洲外交的進展上，於 1965 年（昭和 40），日本和韓國締結「日韓基本條約」，企圖促成兩國國交的正常化，而且條約中確定韓國是朝鮮的唯一合法政權。接著在 1972 年（昭和 47），與中華人民共和國締結「日中友好條約」，努力改善與亞洲鄰近各國的外交關係。國際上，日本也積極成為各國首腦會議的會員，確保成為國際上領導的地位。在冷戰體制的支配下，面對美、蘇兩國的競爭，不屬於東西兩陣營的日本，也希望在亞洲和非洲各國的軍事及經濟力可以領先。隨著中、蘇兩國對立的實況，以及中、美的友好關係，1972 年（昭和 47）尼克森總統的訪中，對國際關係造成深刻的影響。

因為日本國內完全沒有資源，因此產油區中東國家的決策，對日本造成非常重大的影響。從 1967 年（昭和 42）的第三次中東戰爭以來，由於阿拉伯諸國之間的對立，引發了第四次中東戰爭。阿拉伯諸國基於國際戰略的考量，縮減了石油供給，此番決定引發了全球石油的不足，導致石油價格的暴漲，日本也發生了經濟混亂的狀況。1980 年（昭和 55），因為爆發伊朗和伊拉克戰爭，產油國之間的對立更加深刻。

住民運動的擴大

　　戰後百業待興，除了環境改良的需求外，也包含人才的募集。對於政府、自民黨、金融界而言，如何確保高度經濟成長的人才政策，成為一個深刻嚴峻的課題。特別是勞動力的不足，企業必須趕快招聘可用之才，對於利潤優先主義造成勞動者的反彈，應該如何應對處置的問題等，最後也成為所得稅倍增計畫立案的重要考量 [15]。

　　1960 年代後期開始，針對公害病患者、結核病患者、或是因國家政權而受害的解放運動，在全國各地陸續發生；在保護自己生活區域的意識下，日本進入一個自由意識高漲的時期。本來，日本國土狹小產業林立，居住空間與距離都有限，發生公害問題是可以預期的。又因為都市高層大樓林立，住宅的日照權等權利受到重視，針對限制高層建築規則的地方自治團體陸續成立。居住於高速公路、新幹線、機場附近的居民，要求政府對於噪音的管控，或是設立防制噪音的設施，居民也對可能有公害的工廠，明白地提出意見及限制條件 [16]。

　　甚至，在住宅周邊設立育兒設備，針對通勤者和通學者，也呼籲必須設立自行車場。整個社會瀰漫著強調自我的意識，學生要求自身在學校的權利，居民也不客氣地對相關單位提出要求，導致國家、單位或自治體，若無視居民的聲音和要求，就有可能發生直接影響政治選舉的狀況 [17]。進入 1970 年代，一時之間彩色電視的價位特高，甚至國內販賣和輸出價格也出現差異的狀況下，區域婦人團體連絡協議會，開始調查價格，連帶各地的主婦聯盟或婦人有權者同盟、日本生協聯合等團體，更是在各地車站或商場旁邊發起禁買運動。

　　住民運動的高漲，也讓居民直接養成了，要求對日常用品價格合

---

[15] 加藤文三，《日本近現代史の發展 下》，新日本出版社，1994年，196頁。
[16] 同上。
[17] 同上。

理化的觀念。各地的居民意識高漲，也引發各地的民眾運動，朝向大眾組織的模式發展。1970 年（昭和 45）之後，開始運作的全學連，聯合了全國一百零六所大學，組織成為二百二十五個自治會，甚至民主青年同盟，也發展成為將近二十萬人會員數的組織。每一個個體所屬的團體，都積極經營自己的自治團體，努力爭取屬於自己的權利，如此自治的民主風潮席捲全日本。

戰後構築經濟大國的日本人，面對另一種「現代化」衝擊的同時，也促使日本人重新思考日本文化的特質。文化研究者青木保提出所謂的「特殊性的認識」，青木強調的日本文化論，就是將肯定的要素，列為日本特殊元素中日本社會的特殊論。日本歷史形成的過程中，日本集團主義組織原理的決定要因，包含了場所的強調、集團的全面參與等，匯集形成許多特殊人際關係的結構；特殊因素的強調，也正是中世以來，日本集團主義生成的背景和原理。唯獨，戰後美、日文化的深層接觸，讓處於戰敗廢墟中的日本必須重新架構「日本式的經營」，並且與美國式經濟體系混雜的過程中，各類型的矛盾因運而生，調合的困難度是可以預見的。

民主聯合政權的提倡

1971 年（昭和 46），日本共產黨提出統一戰線的具體方案，有以下幾點的內容：1.斷絕和美國的軍事同盟，期待軍事中立；2.打破大資本中心的政治模式，期待實施以保護國民生命、生活為主的政治；3.反對強化軍國主義或全面復活，以確立議會營運和民主主義為目標。共產黨以此三點提案，主張集結政黨和個人的統一戰線為目標[18]。社會黨延續了共產黨革新的三目標，於 1972 年（昭和 47）總選舉之際，也標舉了三個方向：1.廢棄安保條約和主張和平中立；

---

[18] 加藤文三，《日本近現代史の發展 下》，新日本出版社，1994年，頁214。

2. 改變以大企業為優先的政策，以守護國民生活和期待國民生活提升為目標；3. 擁護憲法保障的民主權利[19]。

綜合以上的內容，得知社會和共產兩黨，強調安保條約的立場是非常一致的；以兩黨為中心的統一戰線，很清楚都是以國民生計為優先。同年 12 月，第三十三屆總選舉中，自民黨拿到從 1955 年締結保守合同以來最低的席次，民社黨也從之前的三十三席次，退到只剩下十九席次，公明黨也後退到二十九席次。相對於此，社會黨卻晉升到一百一十八席次，共產黨的席次也大躍進成為四十席次，成為第二大的在野黨。此選舉的結果，不管是民主聯合政府的現實目標，或是國民期待的面向而言，都具備了非常現實的意義。

1973 年（昭和 48）11 月，日本共產黨在第十二回大會中，打出「民主聯合政府綱領」，此提案完全符合國民的期待，此民族性的意識，也得到廣大階層的關心。日本共產黨得到廣大民眾的支持，很快地在 1975 年（昭和 50）7 月 27 日，黨發表了「日本共產黨和創價協會的合意協定」（共創協定），依照此協定，雙方都提出了嶄新的詮釋。換言之，創價協會是強調「對共產黨不會有敵視的態度」，而且共產黨也確認「在任何體制下，都確保傳教及信教的自由」的方針，彼此相互協調。但是，此共創協定，之後在公明黨的反對和創價協會的背信下，全然失去實質的效益[20]。

1976 年（昭和 51），共產黨於第十三回臨時大會中，發表的「自由和民主主義的宣言」，完全是朝著市民的生存自由、政治自由和民族自由等三個論點發展。考慮戰後日本國家現實政治的必要，內容明白呈現出宗旨，認為若制約於此，將來日本社會主義將擁有良好的保障，此番言論呈現出多元政治的遠景，當下的確引起國民的關心。

[19] 同前揭書。
[20] 加藤文三，《日本近現代史の發展 下》，新日本出版社，1994年，頁215。

第三節　高度經濟成長的日本

美、蘇牽動的國際情勢

　　大東亞戰爭結束之後，地區性的民族運動興起，整個國際社會的版圖鬆動，大大呈現出不同的面貌。尤其，1965 年（昭和 40）以來，國際情勢影響最大的，就是美、蘇兩國國際地位的變動，此變動直接帶動了全球政治的多樣化。以亞洲而言，1955 年（昭和 30）舉行萬隆會議，列舉了和平十原則、反殖民地主義以及和平共存的宣言；隔年圍繞著，埃及的蘇伊士運河國有化問題所引起的騷動。如此變動的國際社會中，亞洲、非洲和拉丁美洲的國際力量也相繼抬頭，而原先擁有殖民地的英國和法國等，舊宗主國的勢力則逐漸下降。

　　1965 年（昭和 40），美國介入越南的戰爭，引起北越的大暴動。因為美國在越戰動員大批人力，大量耗損軍事費用的結果，導致美國國內的經濟相繼衰退，引起美金的疲軟，一時之間也打擊了美國國內市場。至於，西方的歐洲諸國，成立以煤炭鐵鋼共同體的歐洲共同體，終於在 1967 年（昭和 42）合併歐洲原子能共同體，擴大發展成為歐洲共同體，之後也陸續有國家加盟，形成一股很大的勢力。

　　另一方的共產陣營，匈牙利企圖從蘇聯脫離，雖然在 1956 年（昭和 31）年爆發了匈牙利革命，但是蘇聯軍以「華沙條約」內的基本軍事力量鎮壓革命，最後將匈牙利的首相處死。1968 年（昭和 43），號稱「布拉格的春天」的捷克，為了尋求自由化的改革，最後因為蘇聯的介入而失敗。甚至，1980 年（昭和 55）在波蘭，組織了自主管理勞動組合的「連帶」組織，卻在隔年被當地誕生的新政權鎮壓。美、蘇兩國的地位，因為東、西兩陣營新興力量的變動，所呈現出低下的局面，讓國際情勢呈現出更加詭譎多變的樣貌。

　　1970 年代，中、美呈現一種「桌球外交」的模式，美國國務卿

季辛吉訪問北京，雙方就尼克森總統訪華一事達成協議。很快的，中國共產黨二號人物，被視爲毛澤東接班人的中央副主席林彪發動「九一三事件」政變，林彪在蒙古墜機身亡。10月25日，聯合國大會第二十六屆會議中，決定由中華人民共和國取代中華民國在聯合國擁有的一切權益。年底，中東國家阿拉伯聯合大公國也成立，接下來就是中華人民共和國積極與世界各國建交。

東海道新幹線和萬國博覽會的影響

談到日本戰後的經濟成長，大概有以下幾個分期：1950年代的恢復期，1960年代的高度成長期，以及1970年代的停滯期。首先，1950年代礦工業的生產，恢復到戰前的水準，又因爲作物生產豐收，因此避免了食糧危機的問題。到了1960年代，促成高度經濟成長的兩個代表性的活動，就是1964年（昭和39）的東京奧林匹克運動會，以及1970年（昭和35）在大阪舉行的萬國博覽會。

因爲世界級的運動會首次在亞洲舉行，日本舉辦的東京奧林匹克運動會，促成了連結從羽田機場到代代木附近，以及主要會場之間，首都高速公路的建設。同年，東海道新幹線也開通，大大促進了連貫首都圈與對外的交通。之後，以汽車專用車道而聞名的名神高速公路，以及東名高速公路也陸續開通，可以說汽車普及到日本人的日常生活中，被稱爲「我的車」的汽車時代來臨。

論起日本汽車時代快速來臨的原因，不得不提起，戰前航空機械產業技術的累積；也是因爲戰爭時期實驗的成果，加速了國產技術的開發。當時開發的技術者，也包含海軍技術研究所的資源，幾乎是直接將戰前的技術移轉到戰後，一部分的汽車產業和國鐵受惠良多。富士重工吸收了舊中島五社的資源，合併成爲富士重工伊勢製作所，進入一個重視實驗的新時代。在技術革新和生活水準進步的氛圍中，萬

國博覽會也正式以「人類的進步和協調」為議題，大力展開宣傳[21]。

　　日本技術轉移的模式，也運用在東海道新幹線的開發。大多數的日本人都認為，新幹線是從明治維新以來，在製作開發方面的最大傑作。新幹線不但展現了當時日本的高科技，對於宣揚日本技術立國也有很大的效果；甚至因為距離交通的便捷，很自然地促進了國內企業的流動和觀光產業的發達。甚至，新幹線開通之後，交通運輸網內，所涵蓋的內需服務也提高，大大促進了產能的流通。換言之，交通工具所帶動的服務、物流量都隨之高漲，生活必需品不斷的開發，真正進入一個物盡其用、貨暢其流的社會。

　　高度經濟成長期所研發的交通工業，當然也對國內市場的輸出，產生良善的效益。擴大國內市場輸出的同時，年輕勞動族群也得以往都市集中。甚至，初高中畢業者的就業率，隨著都市就業的需求而提高許多，自然地擴大了勞動人口的比率。市場不斷流通的狀況下，日圓在世界金融市場佔有固定地位，支援了能源輸入品的穩定價格，貿易收支也趨向黑字的穩定狀態。整個社會型態，隨著商業機能的變動，農村和都市的結構開始有基礎性的改變。

越戰的侵略和反戰運動

　　1954 年（昭和 29），依照印度支那休戰協定，越南發生變動，兩年後約定在南、北越舉行統一選舉。但是，取代法國之後，美國勢力介入其中，在南越施以強力支撐後，最後決定了越南南、北分裂的局面。1960 年（昭和 35）南越解放戰線呼籲，「無論什麼政治見解，在越南南部的階層、民族、黨派、團體、宗教、愛國者等都需要團結，要推翻美國的帝國主義，或是其先鋒部隊在越南南部的統治」，兩年後解放了 76% 的農村人口，占總人口 45% 左右的比例。1963

---

[21] 豬木武德，《經濟成長の果實 日本の近代7》，中央公論社，2000年，頁152～156。

年（昭和38）後，由於美國積極的介入，在南越投入大量軍事力，以維持領導政權[22]。

　　1965年（昭和40），越戰正式開戰，估算美軍在越戰所耗損的軍力，達到二千五百億美金；其中炮彈、炸彈等軍備的使用，也達到相當於第二次世界大戰時，軍事花費的三倍總量。當時，除了美軍軍力之外，韓國、泰國、菲律賓和澳洲等國家的軍隊也派兵投入。甚至，美軍在越戰中使用的武器軍備，已經不是普通等級的程度；化學武器的使用，在叢林所使用的枯葉劑，導致日後越南境內誕生了許多畸形兒。殘殺的對象也擴及非戰鬥人員，連民家、醫院和寺廟等，也都遭受波及。

　　隨著越戰的擴大，日本也捲入戰爭中。美軍在戰爭所使用的戰鬥機、轟炸機等戰鬥力，不但從日本本土的沖繩、橫田、板付等基地出發，其他在越戰中使用的軍服及軍中用品等，也都是在日本國內製造。到了1969年（昭和44）越戰中期，美國甚至以高薪招募日本人到越南戰場，派任在拖船上擔任船員等工作，也有不少人在越戰中身亡。因此，當時國內輿論反對美國派日本人參與越南戰爭，日本亦有工會為此向美軍提出抗議，導致反對安保國民議會遭到解散[23]。

　　越戰結束後，1973年（昭和48）9月21日，日本和北越建立外交關係。甚至，越南統一之後，2009年（平成21）日本和越南進一步宣布共同建立「戰略夥伴關係」。2013年（平成25），日本防衛大臣小野寺五典出訪越南，除了參觀金蘭灣軍事基地外，也進一步與越南國防部部長馮光青簽訂有關防務合作的協定。日本積極與越南進行交流，企圖拉攏對方建立友善的外交關係，除了企業的進駐、希望有外交關係的支持之外；也希望支持越南在南海爭端的主張，更期待越南在釣魚台列島的主權問題上可以支持日本。

---

[22] 加藤文三，《日本近現代史の發展 下》，新日本出版社，1994年，頁202。
[23] 同上。

第四節　逆流中的抵抗

日、中國交的恢復與「列島改造論」

　　第二次世界大戰期間，中國國民黨和中國共產黨共同對抗日本軍，這是第二次的國共合作。但是，戰後中國國民黨蔣介石因為黨內的瀆職，隨著中國境內經濟惡化，兩黨在中國大陸發生內戰。1949年（昭和24）10月，中國共產黨在北京成立中華人民共和國；同年，內戰失權的中國國民黨遷移到台灣，以台北為臨時首都，維持了之後的中華民國政權。

　　一開始，日本承認台北政府為中國的代表，於1954年（昭和29）締結了「日華和平條約」恢復了兩國的外交關係。但是北京政府不只持續和蘇聯等共產國家締結關係，包括之後的英國和印度；也陸續和許多國家建立國交關係，使台北政府陷入國際政治上的劣勢。1971年（昭和46），聯合國承認北京政府，取代了台北政府的代表，隔年美國態度也逆轉，開始接近北京政權。日本面對國際對北京政府態度的改變，也開始轉變以往對中國的敵視態度。

　　1972年（昭和47），田中角榮接替佐藤榮作組織內閣；掌握政權之後的田中內閣，向周恩來首相表達訪中的意願。大致而言，1972年之前，日本政府內敵視中國政策失敗，重新檢討中國政策的聲音四起，恢復日、中國交的聲音也日益高漲。就在1972年（昭和47），田中首相訪問中國，9月27日簽定有關恢復國交的日、中共同聲明，其中也包含了「日本對於過去透過戰爭，造成中國國民重大的損害，並深刻反省，也深切的痛感其責任所在」的內容[24]。

　　如此的聲明，等同結束了，日本從日清戰爭以來，對中國一貫敵

---

[24] 加藤文三，《日本近現代史の發展 下》，新日本出版社，1994年，頁218。

視的態度。日本不僅在亞洲外交史上，開創了一個嶄新的局面，整個世界情勢，也進入一個新的階段。但是，田中返國後，對於過去戰爭的相關說詞，在國會上提出「戰爭造成中國很大的困擾」、「過去的戰爭是否就是侵略戰爭，以我目前的立場無法說明」的答辯[25]。換言之，對中國不承認是侵略戰爭，也是日本日後一貫的態度和說詞。

田中內閣時期，日本也積極與韓國恢復經濟關係。1973 年（昭和 48）發生了韓國原大總統候補金大中被 KCIA（韓國中央情報部），從東京下宿的飯店，被強行帶回韓國的事件。田中內閣利用韓國國內掌權者之間的矛盾，積極擴大日本的利益。在國內內政方面，田中內閣為了彌補國內高度成長所造成的諸多矛盾，提出了「列島改造論」。內容是以「新全國總合開發計畫」為名，實施以人和經濟流通的「工業再配置」的方向，創立地方以「基幹型工業」和「知識集約型」的企業集合的新模式。

其他諸如：國內新產業用地，以及和大都市之間連結的交通網路的建設，設定依賴大企業和民間區域開發業者，必須利用政府的資金進行開發。新產業用地的構想，就是以技術克服國土的限制，此番思考對於極需開發的日本而言，所產生的腹地自然可以帶動生產。但是，田中的「列島改造論」，對日本也造成非常大的傷害；包括自然生態的破壞，連帶著的就是國民生活環境的惡化，公害問題成為日後難以收拾的局面。之後出現的問題，就是大企業買收土地，造成地價的高揚，擠壓到一般人民的生存空間，加速了泡沫經濟的來臨。

中國的民主化運動—文化大革命

1960 年代前半，因為中、蘇論爭，中國國內也引起了批判修正主義的聲音。中華人民共和國主席毛澤東為了提升農工生產力，發起

---

[25] 同前揭書。

了大躍進運動，也期待人民公社，可以造成農場大規模的集團化；但是兩項政策都沒有看到成果，最後導致了經濟的混亂和生產力的大衰退。1959 年（昭和 34），劉少奇接任毛澤東成為國家主席，展開了經濟的大改革。

但是，1965 年（昭和 40）發生的文化大革命，改變了整個中國的政治生態。文革開始對知識分子和政府要人進行彈壓，藉著紅衛兵開始整肅政府及黨內的實權派人士。這是毛澤東聯合軍部的力量，整肅實力派的林彪及劉少奇；毛澤東和林彪的關係迅速惡化，林彪對毛澤東的暗殺事件未果，也導致林彪的失權，最終於逃往海外的途中飛機失事身亡。之後，文革強硬派的江青四人幫勢力抬頭，造成周恩來和鄧小平勢力的對立。

1976 年（昭和 51），因為周恩來逝世，在北京天安門廣場舉行追悼集會，要求民主化的民眾，開始對文化大革命和四人幫進行批判。四人幫請求軍部力量鎮壓，結果鄧小平被下放失權，這是第一次「天安門事件」。整個共產黨內部，因為權力的鬥爭，使整個黨陷入個人利益的思考中，同年因為毛澤東的死亡，四人幫和反革命派對立，並在政治上失勢而被逮捕。因為文化革命和大躍進運動，中國百姓被壓抑，特別是知識階層和領導階層，面臨徹底的彈壓和追殺，隨著文化財產的大破壞，中國在經濟和文化上產生極大的損失，面臨了空前的劫難。

文革期間，因為中國採用了全面鎖國的姿態，完全封鎖對外的資訊，也因為完全得不到正確的資訊，一時之間日本對文革有一些讚許的聲音。之後，海內外的知識菁英一致認為，當年文革造成文化財產被全然地破壞殆盡，因為資料的不公開，導致當年許多狀況無法得知，文革十年對於中國到底造成多大的影響，至今仍然無法估計。

貿易磨擦和泡沫經濟

因爲延續戰前的一些條件，持續處於高度成長的熱浪中，當下多數日本人都眞心相信，日本經濟是可能永久持續高漲的，幾乎大多數日本人，是無法預料到泡沫經濟的狀況。但是，高度成長結束，而且經過兩次的石油危機，日本開始陷入長期不景氣的狀態。日本以「廣場協議」爲契機，希望脫離經濟不景氣的狀況。美、日、英、法、西德的五國協議，聯合干預外匯市場，促使美元對日圓及馬克等主要貨幣有秩序的下調，以解決美國鉅額的貿易赤字。此結果促使國際市場開始拋售美元，導致市場出現投資者拋售狂潮，美元大幅度貶值的結果，也導致日圓大幅升值。

美國因爲長期與蘇聯的軍事競爭，導致國內發生財政赤字的窘境，因此希望獲得包含美國在外的英、法、德、日（G5）成員的協助。當下，日本在軍事上貢獻很少，希望以日圓升高爲誘因，解除與各國之間的貿易摩擦[26]。但是，對於貿易立國的日本而言，若是日圓升值的話，有可能蒙受輸出業遭受打擊的危險。結果因爲日圓大幅的升值，日本出口產業失去競爭力，國內企業出現大量倒閉，或者向海外轉移。相對於日本的進口產業，卻因貨幣購買力增強而受益，由於多數日本民眾購買進口商品的能力增強，相關產業短期內，出現了一小波繁榮的景象。

此時，中曾根打出了擴大內需的政策，也靠著金融緩和，以及減稅刺激全民的消費，一時之間達到了很好的效果。其中的差異就是，相對於高度成長是以鐵工業爲核心發展的「實業」，泡沫經濟則是以情報業等「虛業」爲中心的發展。但是，日幣快速大幅度升值的結果，也導致日本產品的出口嚴重受挫，爲了補貼受到沉重打擊的出口

---

[26] 蒼山滿，《總圖解 日本的近現代史》，新人物往來社，2010年，頁318。

產業，日本當局被迫採取超低利率的寬鬆貨幣政策。結果因爲產生了過剩的流動資金，更加速了日本經濟的泡沫化 [27]。

　　接著，日本國內興起了投機熱潮，尤其在股票交易和土地交易的兩種模式更爲明顯。受到「土地不會貶值」神話的影響，以轉賣賺取利益爲目的的土地交易量增加，地價開始上升。當時東京的地價總和，甚至可以用來購買美國的全部國土，銀行則以不斷升值的土地作爲擔保，向債務人大量放款。地價上升也使得土地所有者的帳面財產增加，刺激了消費慾望，從而導致了國內消費需求增加，也直接刺激了經濟發展。

　　結果，日本的經濟以股票和土地等資產價格，達到泡沫式的高漲程度。當時，日本地價帶來的民間住宅問題，引起日本政府的關注。雖然政府採取平抑地價的政策，也對金融機構施加壓力，一時之間問題雖然平息；但是美國希望透過「廣場協議」，解決問題的期待並未完全達成。之後，美方仍然廣泛限制日本高科技產品，促使當時中曾根的著力點，還集中在行政改革，日本眞正意會到泡沫經濟的嚴重性還是之後的事情。

第五節　新國際社會的轉變

新的對立及價值觀

　　就世界局勢而言，以美國爲盟主和西方勢力的連結，導致蘇聯的崩壞，「冷戰」正式結束。這是美國在雷根和布希政權的共和黨政權指導下，依靠與歐洲的同盟力量，共同協力的結果。但是，亞洲共產黨的勢力仍然健在，蘇聯舊 KGB 出身的普京仍然掌握實權，北韓也

---

[27] 同前揭書。

因為金正日核武器開發的成功，加上日本的誘拐事件，仍然未看到良善的處置。

　　諸多狀況顯示，二十一世紀的「冷戰」仍然持續中；之後八年的柯林頓政權，只培育了敵視的對象，對於整個美國外交，沒有實質的幫助。此時，回教惡勢力崛起，爆發了許多恐怖事件，美國因此介入了阿富汗和伊拉克之間的戰爭，對於構築戰後秩序的情勢，完全沒有看到新的展望。如此的國際情勢下，對於日本的影響也是很大的。

　　隨著昭和天皇的駕崩，日本進入平成時代。長期宣揚經濟政策的中曾根康弘的政權也結束，取代田中角榮的竹下登登上政治舞台，將長期自民黨一派優勢的政權推向極致。在此種局勢當中，即便對政治還抱持關心，但是日本國內對現有政黨保持不信任感的「無黨派階層」正逐漸擴大。在平成參議院選舉中，因為自民黨無法獲得過半數的政權，因而失去日本國會政治的領導權，日本正式進入聯合政權的時代。

　　自民黨始終獨佔政權，作為在野黨第一大黨的社會黨，則宣稱是憲法改正，必需確保三分之一議席數的「一九五五年的體制」。從外面看來，好像是美、蘇代理戰爭的狀況，實際上是進行長遠的談和。自民黨經常以社會主義的威權，將經濟化的繁榮合理化，另一方面又身受美國的保護，繼續放棄防衛的努力。而且，延續佐藤榮作、田中角榮、竹下登等人，在自民黨內建立了廣大的政治派系人馬，成為日本腐敗政治的溫床。

　　隨著冷戰和持續進行的高度經濟成長，日本多數的政治家，受惠於可以當選的選舉制度；屬於在野黨之一的日本社會黨，對於擔當政權的意願也不高。另外，只要持續與將蘇聯視為共同敵人的美、中保持友好關係的話，田中和竹下的親中姿勢，和美國的世界戰略也是毫不衝突的。即便，蘇聯的威脅已經解除，但是進入平成時期，日本仍處於長期的經濟不景氣。此時，細川政權導入小選舉區制，一個選

區只限一人當選，此制度將選舉帶入競爭的局面。取代自民黨就是民主黨的成長，但是小泉純一郎利用媒體的效用，打破了此派優勢的局面。之後，小泉積極與北韓交涉，北韓被迫承認誘拐事件，也將日本帶入一個嶄新的年代。

蘇聯的崩壞及天安門事件

　　當時的國際情勢中，最讓人矚目的，就是社會主義大國蘇聯的瓦解。1989 年（平成元）以來，因為東歐在持續的激變中，對美國布希總統之外的西歐諸國的大首腦而言，如何讓蘇聯平穩的結束政權，也是歐洲國家最關心的議題。以當時亞洲的狀況而言，日本參與波斯灣戰爭也是爭議很大；被稱為無政治原則，招致國際社會不信任感的日本，在當時也派出自衛隊掃雷艇援助地雷的掃除，因而稍微恢復了國際信譽。

　　1985 年（昭和 60）開始，戈巴契夫成為蘇聯共產黨總書記，推出改革的方案，並且鼓吹各民族的獨立；但是政治仍然持續激變中，1991 年（平成 3）蘇聯共和國成立。蘇聯境內成立三小國，因為共產保守派引發暴力政變，戈巴契夫被軟禁，遭受葉爾欽一派發起的市民運動所打擊。12 月成立聯邦共和國，共有十一國參加。葉爾欽政權脫離蘇聯宣布獨立，12 月 25 日戈巴契夫下台，蘇聯降下赤旗，列寧人像遭受破壞，蘇聯正式瓦解。

　　蘇聯以外的東歐，也在同年 11 月拆除了柏林圍牆，東、西德完成統一。第二次世界大戰結束後，東歐諸國受到蘇聯共產政治和經濟的制裁，並在一黨專制的獨裁之下，自由和民主主義受到打壓，經過長年累積爆發出矛盾。很早就有民主運動的波蘭，也在同年的選舉中，首次誕生非共產黨出身的領袖；東歐諸國受到極大的刺激，陸續開始有複數政黨的運作，爭取言論、出版自由和出入國境自由的聲浪

持續高漲[28]。東歐諸國回神爭取自由氛圍的同時，也有要求回歸資本主義陣營的傾向，表明要加入北大西洋公約組織等意見。

亞洲的中國則又爆發了「天安門事件」，起因於 1989 年（平成元）4 月原黨總書記胡耀邦過世，學生開始進行民主活動，要求政治民主化、媒體報導的自由化、反對貪污及腐敗的政權等，抗議活動持續到 5 月為止，參加活動的人數高達百萬人。中國共產黨將此抗議活動定位為「動亂」，很快地公布了戒嚴令。到了 6 月 3 日中國共產黨領導階層，針對聚集在北京天安門廣場訴求民主的學生群眾，發動軍隊、戰車以及機關槍等的武力攻擊。百姓群眾死傷多數，成為政府槍殺自己百姓的一個惡例，因為此事件西方自由民主主義國家，也大肆批評中國共產黨。

對亞洲而言，當時美、中和蘇聯之間的對峙，情勢還算比較舒緩。日本國內則因為支持海部首相的竹下派是屬於傾中派，此番政策雖然與美國的世界戰略毫不衝突，但美國對中國發生的天安門事件，以及打壓人權和壓抑民主化等也不重視。自由民主黨在參議院以過半數之眾，持續和在野黨進行談和，之後竹下派也以政治改革為理由，將總理之席交給宮澤喜 。基本上日本國內的政局，必須是竹下派所支持的政治家，可以在自民黨的主席選舉中，得到勝利才得以被任命為首相，此番基本結構也並沒有轉變。

EU歐洲聯盟的設立

因為二次大戰，歐洲面臨了決定性的沒落，在東西分裂的德國境內，東側成為蘇聯的衛星國，失去自主的優勢。另一方面，即便超強大國的美國無意放棄歐洲，僅僅也只能選擇確保發言權而已。

早在 1952 年（昭和 27）法、德、意和北歐三國的比、荷、盧，

---

[28] 加藤文三，《日本近現代史の發展 下》，新日本出版社，1994年，頁237。

共同設立了歐洲煤炭、鋼鐵共同體。當時，歷經幾次戰爭同盟的法、德兩國共同抱持的理念，就是希望藉著締結同盟的關係，可以維持歐洲的安定。1957 年（昭和 32）開始的歐洲經濟共同體（EEC），進而發展成 1967 年（昭和 42）的 EU（歐洲各國共同體），是從特定的範圍發展成組合性、統合式的模式，甚至在蘇聯瓦解之後，進展成為 1993 年的 EU（歐洲聯盟）的模式。因為，可以發展成為統一的模式，也就是導入貨幣統一的模式。

日本經常稱 EU 為「主權國家的結束」，並主張東亞也應該要有共同體的組織。但是，仔細看 EU 參加國的結構，可以說除了白人基督教集團國之外，沒有其他的共同點。雖然對蘇聯的軍事性，以及對抗美國經濟的必要性已經排除，但是 EU 其實是相當具備區域性格，而且是深具排他性。1993 年（平成 3），歐洲聯盟 EU 成立，這年對於日本而言，也是極具變化的一年。

竹下派內鬥爭的結果，使羽田孜和小澤一郎從自民黨脫黨組成新生黨。此時，對於繼承政黨不滿的風潮崛起，稱為「新黨熱潮」的呼聲不斷。尤其以細川護熙的日本新黨和武村正義的新黨，聯合對宮澤內閣提出內閣不信案，在總選舉中獲得全勝，因此開始了細川護熙的聯合政權。此時的日本，正沉浸於政治改革的熱潮中。

9．11恐怖事件

日本的「五五年體制」，在細川護熙聯合內閣任內被短暫打破。短時間，日本政壇糾紛不斷，細川聯合內閣之後的羽田孜內閣，僅僅只經歷了十個月的短暫政治生命，自民黨藉以社會黨委員長的村山富市的聯合政權，而恢復了自民黨的政權。一時之間，竹下派以小瀏派為名，持續了優勢的地位，只是最終竹下登因為健康因素而失去權力。

之後，小泉純一郎打著結構改革的口號，當選了自民黨主席；而且二度以解散總選舉權獲得勝利，打出 IT 經濟的政策，獲得國內短

暫的回響。對外政治方針，則是追求徹底的親美政策；甚至毫無畏懼在可能與中國摩擦的狀況下，強行參拜靖國神社。到了 2001 年（平成 13）9 月 11 日，美國發生了回教激進派的恐怖事件，此時小泉也馬上支持美國的政策，派出海上自衛隊到印度洋。

同時，小泉任內也積極著手處理，日本放置了三十年都無法解決的北韓誘拐人質事件。2002 年（平成 14），小泉親自飛到北韓進行談判，甚至迫使北韓的獨裁者金正日承認誘拐事件的事實；結果是金正日做出道歉、謝罪和不會再度發生的承諾。同時，逼迫北韓讓五位被害者回到日本，這就是所謂的「平壤宣言」。短時間內，北韓的人質誘拐事件在各大媒體宣揚，引起了日本人的強烈批判。

2003 年（平成 15），美國開始了與伊拉克的戰爭，雖然打倒了從波斯灣戰爭以來的宿敵—薩達姆政權，但是對企圖重建戰後秩序而言，可以說是失敗的。戰後靠著安保條約，在美國政治保護傘下的日本，對於誘拐事件還尚未能獲得完全的處理，這將會是日本未來的課題。

國家圖書館出版品預行編目資料

日本近現代史／張修慎編著. ── 初版. ──
臺北市：五南圖書出版股份有限公司，
2021.11
　面；　公分
ISBN 978-626-317-369-9（平裝）

1.現代史　2.近代史　3.日本

731.27　　　　　　　　110018818

1XOS

日本近現代史

編 著 者 ─ 張修慎（202.3）

發 行 人 ─ 楊榮川

總 經 理 ─ 楊士清

總 編 輯 ─ 楊秀麗

副總編輯 ─ 黃文瓊

責任編輯 ─ 吳雨潔

封面設計 ─ 王麗娟

出 版 者 ─ 五南圖書出版股份有限公司

地　　址：106台北市大安區和平東路二段339號4樓

電　　話：(02)2705-5066　　傳　　真：(02)2706-6100

網　　址：https://www.wunan.com.tw

電子郵件：wunan@wunan.com.tw

劃撥帳號：01068953

戶　　名：五南圖書出版股份有限公司

法律顧問　林勝安律師事務所　林勝安律師

出版日期　2021年11月初版一刷

定　　價　新臺幣320元

經典永恆・名著常在

五十週年的獻禮——經典名著文庫

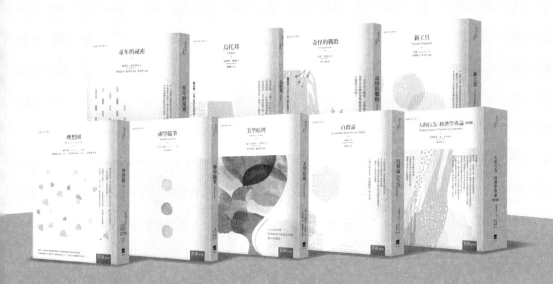

五南，五十年了，半個世紀，人生旅程的一大半，走過來了。

思索著，邁向百年的未來歷程，能為知識界、文化學術界作些什麼？

在速食文化的生態下，有什麼值得讓人雋永品味的？

歷代經典・當今名著，經過時間的洗禮，千錘百鍊，流傳至今，光芒耀人；

不僅使我們能領悟前人的智慧，同時也增深加廣我們思考的深度與視野。

我們決心投入巨資，有計畫的系統梳選，成立「經典名著文庫」，

希望收入古今中外思想性的、充滿睿智與獨見的經典、名著。

這是一項理想性的、永續性的巨大出版工程。

不在意讀者的眾寡，只考慮它的學術價值，力求完整展現先哲思想的軌跡；

為知識界開啟一片智慧之窗，營造一座百花綻放的世界文明公園，

任君遨遊、取菁吸蜜、嘉惠學子！